创新导向人力资源管理实践对企业绩效的作用机理研究

杨 鹏 著

中国社会科学出版社

图书在版编目（CIP）数据

创新导向人力资源管理实践对企业绩效的作用机理研究/杨鹏著．—北京：中国社会科学出版社，2022.3

ISBN 978-7-5203-9851-0

Ⅰ.①创… Ⅱ.①杨… Ⅲ.①人力资源管理—影响—企业绩效—研究 Ⅳ.①F243 ②F272

中国版本图书馆CIP数据核字(2022)第038366号

出 版 人 赵剑英
责任编辑 李庆红
责任校对 刘 娟
责任印制 王 超

出 版 中国社会科学出版社
社 址 北京鼓楼西大街甲158号
邮 编 100720
网 址 http://www.csspw.cn
发 行 部 010-84083685
门 市 部 010-84029450
经 销 新华书店及其他书店

印 刷 北京明恒达印务有限公司
装 订 廊坊市广阳区广增装订厂
版 次 2022年3月第1版
印 次 2022年3月第1次印刷

开 本 710×1000 1/16
印 张 17.5
插 页 2
字 数 259千字
定 价 95.00元

前　言

随着经济全球化程度不断加深和科学技术发展的日新月异，国际市场竞争日趋激烈，我国经济进入新常态，需要破解改革深化下的深层次矛盾，获取并保持持续增长的动力进而赢得竞争优势，因此，经济结构转型和创新驱动发展成为必然。而企业无论在走出供给侧结构性改革困境还是在创新驱动发展中都居于主体地位，需要大力增强其自身创新能力来应对激烈的市场竞争，不断提升企业绩效并获得持续竞争优势。企业创新能力来源于员工的知识技能和素质水平，为了保持企业的持续创新，尤其需要构建能够激发员工创新意愿、充分发挥其素质能力的促进机制。人力资源管理实践作为企业人力资源的重要管理体系和载体，对挖掘员工创新潜力有着不可替代的关键作用。因而，依据指向性人力资源管理实践发展逻辑的构念，本书重点探究员工感知视角下创新导向人力资源管理实践、心理授权和员工创新行为对企业绩效的影响机制问题。

本书首先对创新导向人力资源管理实践、心理授权、员工创新行为、企业绩效等构念的理论基础展开文献调查研究，采用 Citespace 软件对中外文相关文献进行关键词和引文分析，梳理这些构念的发展、维度、测量、动因以及影响作用，提炼出后续研究有待拓展的空间，构建本书的逻辑线索和研究脉络。其次，对企业中层管理者、基层管理者和资深员工进行一对一的半结构化深度访谈，借助 Nvivo 质性研究工具编码分析，建构创新导向人力资源管理实践的维度结构。再次，按照“认知—心理—行为”的研究框架，整合社会认知理论、计划行为理论、创新扩散理论、社会交换理论和目标设定理论，提出研究假设并构建理论模型。复次，展开问卷设计和调查，发放问卷预调研360份和正式调研1100份，具有充足的数据支撑，使用AMOS软件检验问卷信度效度、测量模型和竞争模型。最后，运用结构方程模型进行研究假设检验，深入剖析员工感知视角下创新导向人力资源管理实践影响企业绩效的作用机理。

本书在研究视角方面较为新颖。近年来，一些学者指出，人力资源管理是一个多层次活动，既包括组织计划的人力资源管理、组织实施的人力资源管理，也包括员工感知到的人力资源管理。以往研究大多没有区分这三种人力资源管理，大多停留在企业组织层面，体现的是企业计划的或实施的人力资源管理实践。实际上，这三种人力资源管理是不同的。根据利益相关者理论，企业不应只关注企业所有者的利益，还应关注其他重要利益相关者（如员工、中低层管理者）的利益，站在他们的视角看待问题。从员工感知视角研究的是员工真正感知到的人力资源管理实践，这才是最有效的，对员工的行为和结果有更直接的影响，有助于从根本上激发员工创新行为。本书以“多元利益相关体”为理论支撑，将研究视角定位于员工感知，从微观个体层面揭示创新导向人力资源管理实践影响企业绩效的作用机理，顺应最新研究趋势，更契合研究背景和对象。

本书在研究的深度和广度上，加深和拓展了指向性人力资源管理的研究体系，凝练完善了创新导向人力资源管理实践的核心范畴与构念结构，构建并验证了员工感知视角下创新导向人力资源管理实践影响企业绩效的理论模型，揭示了内在规律和作用机理。

本书在研究方法上进行了科学的前瞻性的有益探索和尝试。突破以往单中介效应或调节效应的研究范式，着眼心理、行为双视角，引入两个中介变量和一个调节变量，层层剖析，讨论多重中介效应、链式中介效应、有调节的中介效应、有中介的调节效应以及混合效应。

本书在企业实践上提供了具备较强操作性和启发性的建议对策：第一，对创新导向人力资源管理实践的质性研究，明晰了其结构组成和最主要的影响因素，为企业管理者从创新能力、创新动机、创新机会三方面出台具体举措提供了丰富的借鉴。第二，本书采用的“心理—行为”研究路径，有利于激发并维持员工的创新热情。因为员工的行为很大程度上受心理的影响，只有提高员工的心理授权水平，员工真正感受到企业的重视和对创新的渴求，对自己能力充分自信，有充分的自主性，才能充分发挥自己的创新能力，从事企业希望的创新行为。第三，本书揭示的作用传导机制和调节机制，有利于企业管理者针对具体影响过程实行针对性的措施。不光要从自变量入手，更要从作用机理的中间环节着眼，对影响心理授权和员工创新行为的因素多加关注，深入调研哪些措施能对二者有较大促进作用，找准关键点，提高心理授权感知优越度，以心理促行为，从心理上让员工真正愿意从事创新行为，才能使创新导向人力资源管理实践发挥出应有的功效。

目 录

第一章 绪论

第一节 研究背景与问题提出

一 研究背景

党的十九大提出，创新是引领发展的第一动力，是建设现代化经济体系的战略支撑。党的十八大也提出创新驱动的发展目标，指出创新是提高国家实力的重要途径，需要将其放在发展的中心地位。经济新常态的一个重要内容就是我国正处于转变经济增长方式的关键时期，由之前的投资驱动转变为创新驱动（魏巍、彭纪生，2018）。李克强总理在2015年提出“大众创业、万众创新”，激发亿万人民群众的创造力，共同推动国家经济转型、结构优化的目标实现。在颁布的《国家中长期科学和技术发展规划纲要》中，明确阐述了企业在科技创新中的主体地位，实施创新战略的企业对提高国家自主创新水平发挥着巨大作用。随着经济全球化进程和科技的快速进步，企业的创新能力成为获得持续竞争优势的核心要素（Ployhart，2015）。在国家创新驱动政策指引下，企业需要大力增强创新能力来应对激烈的市场竞争，以创新促发展。

企业创新能力来源于员工的创新行为和能力素质，员工作为企业的人力资源，是新知识、新技能、新观念的载体，是实现企业创新的关键主体（Chen et al.，2016）。人力资源管理实践作为发挥人力资源效能的实践活动，对激发员工创新热情、提高员工创新水平、充分发挥创新能力有至关重要的作用。企业创新目标的实现离不开人力资源管理实践的引导和激励（李培楠等，2014）。所以，使用恰当的人力资源管理实践来实现企业以创新促发展的战略目标，提升企业绩效，已成为学者和企业管理者关注的热点。

二　问题提出

在当前人力资源管理研究和企业实际运营中，指向性人力资源管理实践已成为一个新的发展方向（于维娜等，2016）。战略人力资源管理学者指出，企业应采用与自身战略目标匹配的有针对性的人力资源管理实践（孙锐，2014）。之前大多数研究沿用一般性的人力资源管理实践来揭示对某一具体变量的影响，不易明晰哪些具体的人力资源管理实践更能有效地促进创新提升绩效。近年来，学者们契合企业特定的战略目标，提出一系列的指向性人力资源管理实践，如服务导向人力资源管理实践、安全导向人力资源管理实践、内控导向人力资源管理实践（罗海滨等，2015）。按此研究逻辑，2014 年学者们开始提出创新导向人力资源管理实践（Innovation Oriented Human Resource Management Practice，IOHRMP）这一崭新的构念（张瑞娟，2014；王博艺，2014）。

创新与人力资源管理是企业利润的重要促进剂，有着千丝万缕的联系，创新导向人力资源管理实践是二者的有机结合，是创新战略与人才战略的重要执行方式（Shipton et al.，2017；曹勇等，2016）。因为创新导向人力资源管理实践的构念提出时间未久，关于对其他变量作用影响的研究还不多见，本书将着重探究创新导向人力资源管理实践对企业绩效的影响机理，揭示其中的“黑箱”问题，为企业通过创新提高绩效提供有针对性的参考建议。

基于利益相关者理论，企业或组织不应只专注于企业所有者的利益，还应关注其他重要利益相关者的利益，站在他们的视角看待问题，例如员工、中低层管理者等，将各利益相关者纳入组织决策，才更有助于提升企业的竞争优势。传统的人力资源管理实践大多停留在企业、组织层面，这样体现的是企业计划实施的人力资源管理实践，即措施制定者设定的人力资源管理实践。从员工视角研究得到的是员工真正感知到的人力资源管理实践。两种视角下的人力资源管理实践可能存在明显差异。

本书认为员工作为企业重要的利益相关者之一，能被员工感知到的人力资源管理实践才是有效的，员工不仅仅只是企业或组织实行某一措施的被动接受对象，而且他们会根据感知到的实践措施，依据各自的心理、行为、措施认同度等个体情形，做出相应的行为举动和努力程度。本书更注重通过员工心理、行为等微观因素，激发员工的主观积极性与潜在创新性，进而促进企业绩效的提升。

第二节　研究意义

一　理论意义

（a）有助于创新导向人力资源管理实践和指向性人力资源管理的理论体系发展。目前，关于创新导向人力资源管理实践的研究大都为理论定性研究和一般的实证分析。指向性人力资源管理实践是战略人力资源管理发展到一定阶段的产物（Walsworth & Verma，2007），创新导向人力资源管理实践是指向性人力资源管理实践的一个发展方向（张瑞娟，2016）。本书通过大量的样本数据，使用多种定性和定量的研究方法，深入剖析创新导向人力资源管理实践影响企业绩效的作用机理，这是对创新导向人力资源管理实践和指向性人力资源管理研究的加深和拓展，丰富其研究体系，为今后的继续研究打下较为坚实的基础。

（b）对创新导向人力资源管理实践的结构进行验证性研究。因为该构念提出时间不长，目前对此构念的结构认知还比较有限，仅有为数不多的一些研究成果。本书基于实地访谈进行质性研究，明晰当前情境下的结构组成，是对已有成果的实地验证。

（c）把员工的心理、行为因素纳入理论研究框架，在双视角下更深入一步，研究二者的作用先后性，对于之前只研究心理或行为，是一次理论的拓展。

二　现实意义

（a）揭示创新导向人力资源管理实践如何影响企业绩效。本书在直接效应基础上，引入多个中介变量、调节变量，探索心理授权、员工创新行为这两个中介变量传导影响的机理以及学习目标导向的调节作用，有利于企业管理者针对具体影响过程实行针对性的措施。

（b）激发并维持员工的创新热情。因为员工的行为很大程度上受心理的影响，只有提高员工的心理授权水平，员工真正感受到企业的重视、对创新的渴求，对自己能力充分自信，有充分的自主性，才能充分发挥自己的创新能力，从事企业希望的创新行为（韩杨等，2016）。

（c）通过对创新导向人力资源管理实践的质性研究，明晰了结构组成和最主要的影响因素，从创新能力、创新动机、创新机会上出台具体引导创新的举措。

第三节　研究目的与内容结构

一　研究目的

本书的主要目的是探究员工感知视角下创新导向人力资源管理实践通过员工的心理、行为影响企业绩效的作用机理。这将为有效利用创新导向人力资源管理实践提供理论基础与实证依据。具体如下所示：

一是创新导向人力资源管理实践的核心范畴与构念结构。通过对相关文献的研读，发现人力资源管理实践有很多成熟的量表（蒋琬等，2013；覃大嘉等，2018），但当创新战略和人才战略结合形成创新导向人力资源管理实践后，相关研究就为数不多了，对其核心范畴与构念结构也没有定论。创新导向人力资源管理实践的核心范畴与构念结构，影响着整个研究的预期目标。本书将借助质性研究的方法，通过实地走访企业的中层管理者、基层管理者和有三年以上工作经验的资深员工，进行一对一的深度访谈，获取相应材料，之后进行抽取、合并、分类，凝练出创新导向人力资源管理实践的核心范畴与构念结构，并以此选取最合适的量表。

二是探究创新导向人力资源管理实践对企业绩效的影响。在以往文献研究中人力资源管理实践与企业绩效有密切的联系（Chen & Huang，2009；杜娟，2007；王艳平等，2014），那么这种融入创新导向的指向性人力资源管理实践对企业绩效有无影响？什么样的影响？本书将进行细致深入的论述。

三是剖析创新导向人力资源管理实践与企业绩效之间的“黑箱”问题。在明确创新导向人力资源管理实践对企业绩效存在影响作用之后，本研究将进一步揭示此作用的内在影响过程。从员工心理、行为方面入手，探究多个中介变量所发挥的中介作用，不光检验单一中介效应，还需检验多中介效应以及串联中介效应，揭示内在影响路径。

四是讨论员工个体特征因素在创新导向人力资源管理实践对企业绩效影响过程中的调节作用。在剖析理论模型的影响路径基础上，进一步研究影响路径作用的调节变量。根据本书的研究主题，拟定员工个体特征因素为员工学习目标导向。本书首先检验学习目标导向在各个路径上的调节作用，之后再结合证实的中介变量，深入讨论复杂作用，如：有调节的中介作用、有中介的调节作用以及混合作用。

以上各项研究内容分别探讨了不同的研究问题，但又都是从研究目标按科学逻辑推演来的，步步深入，紧密联系，较为深刻全面地揭示了创新导向人力资源管理实践对企业绩效的复杂影响过程。

二 本书结构

全书共分八章，分别是绪论、相关文献综述、创新导向人力资源管理实践构型的质性研究、研究假设与理论模型构建、问卷调查与数据收集、测量模型检验与数据质量评估、员工感知视角下的影响效应检验、研究结论与展望。

第一章绪论。在当前以创新促发展的背景下，提出研究的中心问题，简述研究意义，之后对研究内容、框架结构、研究方法、技术路线和创新点进行阐述。

第二章相关文献综述。在对相关文献广泛研读的基础上，围绕创新导向人力资源管理实践、心理授权、员工创新行为、企业绩效、员工学习目标导向五个研究变量，进行文献梳理和综述。为之后章节的研究奠定理论基础，并进一步论述后续有待拓展的问题和本书的努力方向。

第三章创新导向人力资源管理实践构型的质性研究。在第二章相关文献综述的基础上，对创新导向人力资源管理实践进行质性分析。挑选 18 家代表性企业进行实地访谈，一对一深入了解创新导向人力资源管理实践的实际情况，搜集大量材料进行编码和归纳，得出当前情境下创新导向人力资源管理实践的结构，为之后的量表选取和实证研究提供铺垫与支撑。

第四章研究假设与理论模型构建。通过前文的主要变量的综述研究，逐步明晰了创新导向人力资源管理实践、心理授权、员工创新行为、企业绩效和学习目标导向的逻辑关联，之后进一步整合社会认知理论、计划行为理论、创新扩散理论、社会交换理论和目标设定理论，提出主要变量间的研究假设，构建包含创新导向人力资源管理实践、心理授权、员工创新行为、企业绩效和学习目标导向的理论模型。

第五章问卷调查与数据收集。根据前文的文献研究和质性分析，选取用于测量各个变量的合适量表，组成原始问卷。为保证调查的效果，先进行了预调研，分析信度和效度，对不合适的题项进行调整或删除，形成正式问卷。之后是正式调研，大规模发放问卷，对获得的数据做初步的统计分析。

第六章测量模型检验与数据质量评估。运用验证性因子分析对各个变量的测量模型进行检验，评估信度和效度，为之后的假设检验建立科学可信的基础。同时，本章还进行了竞争模型检验、共同方法变异和变量相关性分析。

第七章员工感知视角下的影响效应检验。运用正式调研数据对研究假设进行检验，考证理论模型的路径可行性，验证变量间的直接效应、单中介效应、双中介效应、串联中介效应、调节效应、有调节的中介效应、有中介的调节效应和混合效应。

第八章研究结论与展望。对本书实证分析的结果进行梳理总结，形成研究结论，归纳最终的创新点，并简要阐述以后的研究方向。

第四节　研究方法与技术路线

一　研究方法

（一）文献研究

对相关经典文献的研读和整理是科学研究的开端和首要条件。本书搜集大量关于创新导向人力资源管理实践、心理授权、员工创新行为、企业绩效和员工目标导向的文献，分别对概念内涵、结构维度、测量工具、前因后果等内容进行综述，逐步形成逻辑关联线索，依据社会认知理论、计划行为理论、创新扩散理论、社会交换理论和目标设定理论，明确影响路径，构建理论模型。

本书采用 Citespace 软件对创新导向人力资源管理实践、心理授权、员工创新行为、企业绩效的相关文献进行关键词和共引文分析。

（二）质性研究

质性研究法从被访谈人的主观感知出发，当面访谈，有利于深入了解事物背后的规律（苏芳、黄江明，2013）。本书通过对相关文献的研究，发现有关创新导向人力资源管理实践的研究成果相对稍显单薄，对于结构与测量的结论还不够成熟。所以本书进行创新导向人力资源管理实践的质性研究，通过一对一的半结构化实地访谈，收集大量实际材料，采用 Nvivo 软件编码分析，探究当前情境下创新导向人力资源管理实践的结构组成等问题，为之后的量表选取和研究假设提供实际情况的佐证。

（三）实证分析

在提出假设和构建理论模型之后，本书通过问卷调查来获得数据，运用统计软件进行假设检验。首先是形成问卷，选取被广泛证实的成熟的量表，根据研究内容和目的做必要的调整。然后是预调研，对一些企业的管理者和员工发放问卷，根据回收数据，检验问卷的效度与信度，对不合适的题项做调整或删除。之后是正式调研，大规模地发放正式问卷，采用验证性因子分析法进行测量模型检验和竞争模型检验，并评估数据质量。最后是假设检验，运用结构方程模型检验研究假设。

本书采用 SPSS 软件做预调研的信度效度检验和常见的统计分析，采用 AMOS 软件做正式调研的信度效度检验、测量模型检验、竞争模型检验和结构方程模型检验。

二 本书技术路线

本书的技术路线见图 1－1。

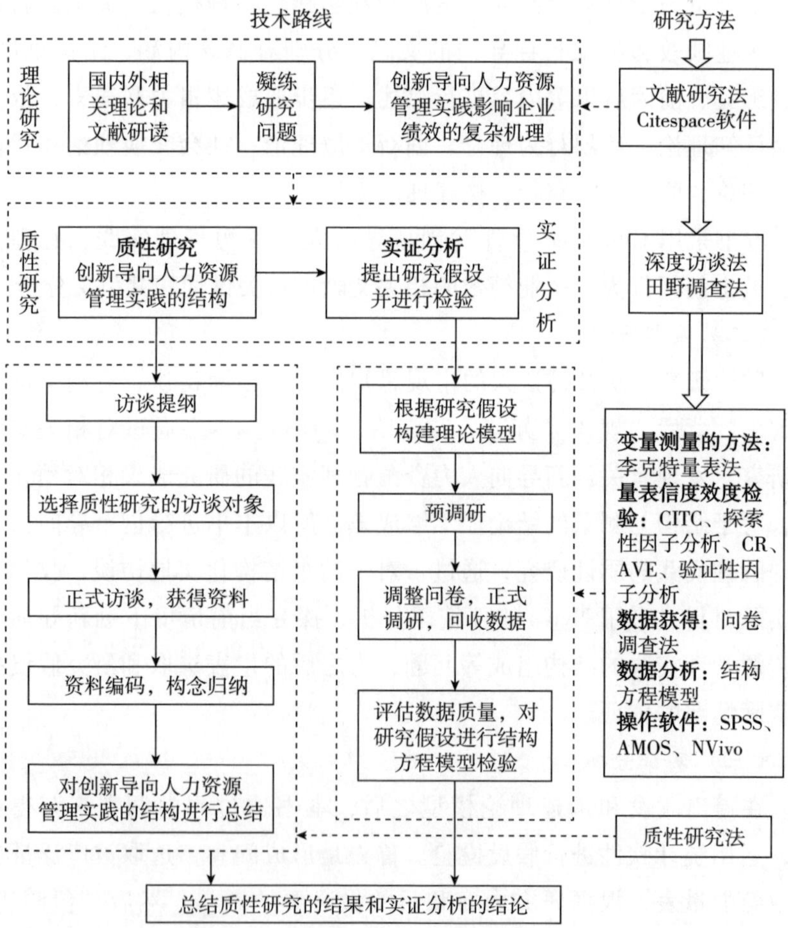

图 1－1　本书技术路线

资料来源：作者绘制。

第二章　相关文献综述

依据第一章拟定的研究内容，本章对创新导向人力资源管理实践、心理授权、员工创新行为、企业绩效、员工学习目标导向进行相关文献梳理，分析研究现状，找寻有待拓展的空间。

第一节　创新导向人力资源管理实践的文献综述

随着对创新理论和实践的深入研究，学者们发现创新需要从技术部门的职责范围扩大到全体员工，否则企业很难持续保持创新（李显君等，2018）。这种观点与人力资源管理不谋而合。人力资源领域的研究表明每位员工都具备创新能力和潜质，企业应创造良好的组织环境激发员工的创新意识和行为（王迅、孙吉国，2016）。创新理论与人力资源理论都承受着巨大的变革压力，加之二者关系紧密，又是企业发展的两大支柱，最终促成二者的有机结合，形成创新导向人力资源管理实践，这一新构念对于理论研究和实际应用都有重大意义。

一　基于 Citespace 的相关文献可视化分析

Citespace 是美国的陈超美教授基于 Java 开发的一种数据可视化软件，能够将大量分散的数据通过运算展示为简练、美观的可视化图谱，以便研究者探究文献数据背后的规律，了解掌握相关文献的研究现状和研究热点，在文献计量领域得到广泛应用。

因为创新导向人力资源管理实践是新兴构念，在中国知网（CNKI）以“创新导向人力资源管理实践”为主题搜索的高质量期刊文献只有 9 篇，在 Web of Science（WOS）中以“innovation oriented human resource management practice”为关键词搜索的文献也为数很少，所以在 CNKI 中将搜索范围调整为“篇名或关键词中同时含有创新和人力资源管理”的文献，在 WOS 中将搜索关键词调整为“innovation 和 human resource management”，这样得到 1998—2018 年 379 篇 CNKI 中文文献和 311 篇 WOS 外文文献。

（一）关键词分析

1. 研究现状

关键词是论文内容的核心点，反映的是论文的研究重点、研究方法以及重要结论，一篇文章的几个关键词就能够给予读者一个清晰的逻辑结构，获悉文章的主要内容。所以，对相关文献的关键词做共现网络分析，生成可视化的聚类图谱，将会对该领域的研究现状和热点有清楚的认识。

对 1998—2018 年的文献进行关键词分析，在 Citespace 操作界面将共线网络分析定为 Keyword，得到该范围内文献的关键词分析结果。图 2 - 1 是 CNKI 文献的关键词共现网络图谱，网络密度值是 0. 0085，图 2 - 2 是 WOS 文献的关键词共现网络图谱，网络密度值是 0. 0029，二者的密度值较低，表示所选的文献未形成明晰的逻辑脉络，研究范围较为宽泛。

由图 2 - 1 可知，国内有关创新与人力资源管理的研究主要聚类为 12 大类，大致集中在政治、自主创新、人力资源管理创新、知识产权、战略人力资源管理、人力资源管理实践、会计领域、工资等级、人力资源开发、人力资源管理强度、成本、彼得 · 德鲁克（见图中#0 - #11），具体属于以下几方面：

（a）背景、体制、政策环境下的因素：政治、会计领域

（b）创新的实行：自主创新、知识产权、人力资源管理创新、工资等级、成本

（c）构念的内涵与演变：战略人力资源管理、人力资源管理实践、人力资源开发、人力资源管理强度

（d）关键人物：彼得 · 德鲁克

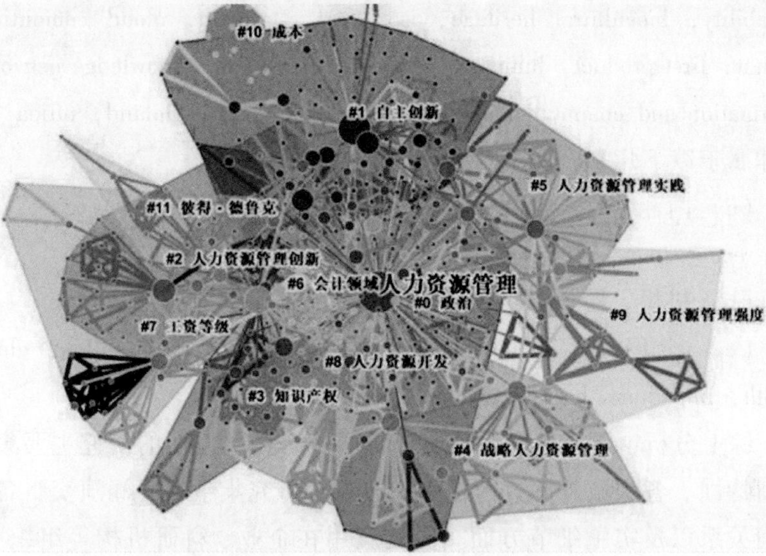

图 2－1 CNKI 中 IOHRMP 相关文献关键词共现网络图谱

资料来源：中国知网（CNKI）。

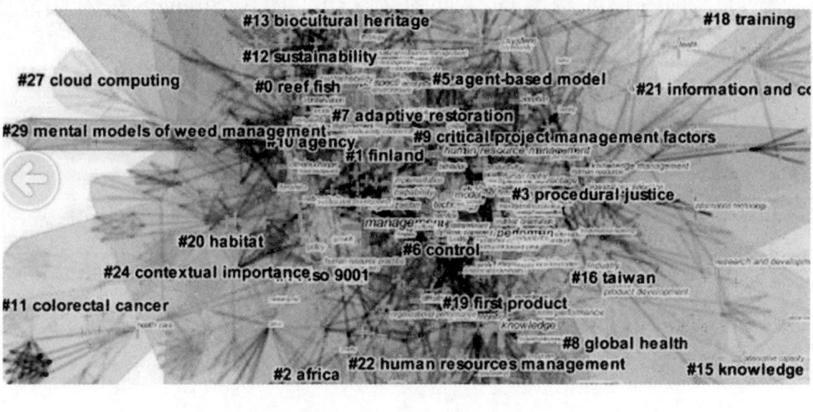

图 2－2 WOS 中 IOHRMP 相关文献关键词共现网络图谱

资料来源：WOS。

由图 2－2 可知，国外有关创新与人力资源管理的研究主要聚类为 29 大类，大致集中在 Procedural justice，agent－based model，sensitivity analysis，adaptive restoration，control，global health，agency，sustainability, biocultural heritage, iso 9001, training, cloud computing, habitat, first product, human resources management, knowledge network, information and communication technology, reef fish, finland, africa 等，具体属于以下几方面：

（a）内涵特性：control, sustainability, training, first product, human resources management, knowledge network

（b）机构、模式：agent-based model, agency

（c）应用项目：sensitivity analysis, adaptive restoration, global health, biocultural heritage, cloud computing, habitat, reef fish

综上分析，研究现状逐步明晰：国外有关此方面的研究主要集中在新特性、各领域具体应用方面。国内的研究集中在内涵演变、各构念间关系以及实施细节方面。主要应用在企业、科研机构等组织中。未发现关于研究方法的聚类结果。

2. 研究热点

将节点选定为关键词，运行 Citespace 得到 1998—2018 年 CNKI 中文文献排名前五位的频发词（见图 2-3），图中 Strength 表示频发强度，数值越大，反映该词受到的关注度越高。

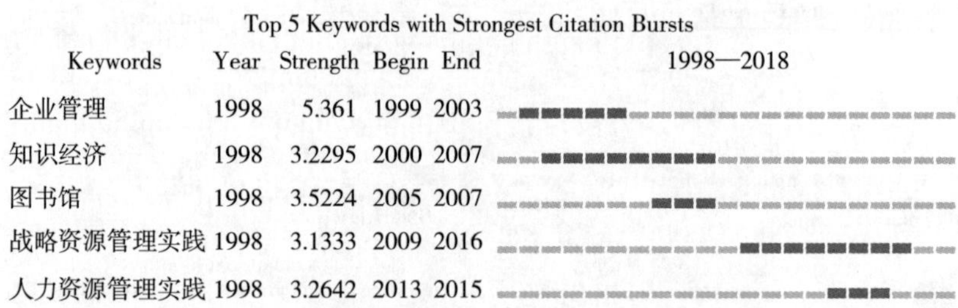

图 2-3 CNKI 中 IOHRMP 相关文献的频发词

资料来源：中国知网（CNKI）。

由图 2-3 看出，按频发强度从高到低的热点为企业管理、知识经济、图书馆、战略资源管理实践、人力资源管理实践。企业管理在 1999—2003 年成为热点词，知识经济在 2000—2007 年是热点词，图书馆是2005—2007年的频发词，说明学者们已经意识到在知识经济时代，企业的管理与发展需要借助先进的知识。战略资源管理实践在2009—2016年一直是热点词，说明无论学者还是企业管理者都已将人力资源管理提升至企业战略的层面，不仅仅只是一项管理措施，而是与战略发展紧密联系的，也衍生出多种指向性的人力资源管理。在这期间，人力资源管理实践在2013—2015年同时成为热点，说明在战略资源管理实践研究过程中，人们已经开始重视具体的人力资源管理实践措施了，意识到不同的企业战略需要有不同的人力资源管理实践相适应。

表2-1是WOS中对1998—2018年外文文献关键词分析，出现频率较高的热点词，innovation出现93次，management出现65次，performance出现60次，往下依次是human resource management，firm，knowledge，technology等。说明创新已成为该范围文献中最受关注的热点，学者们已逐步将创新融入人力资源管理中，通过管理方式、知识技术的创新突破来促进绩效的提升，企业的创新战略与人力资源管理的结合已成为热门研究方向之一。

表2-1　　WOS中IOHRMP相关文献出现频率较高的词

频率	关键词	频率	关键词
93	innovation	25	impact
65	management	24	perspective
60	performance	23	system
34	human resource management	21	strategy
30	firm	20	model
29	knowledge	17	competitive advantage
25	technology	17	sustainability

资料来源：根据软件运行结果整理。

（二）引文分析

对WOS文献进行引文分析，在Citespace操作界面将共被引分析定为 cited reference，得到在 1998—2018 年该范围内文献引文的聚类时间线图谱，汇聚的大类有：grandest challenge，sustainable land，considering change，organizing principle，Africa programme，agricultural nitrogen loss，European countries，area network，exploratory study 等。

借助引文分析，可以看出被引用较高的文献分别归属哪几大类，还能间接得出该段时间的研究主题，因为被引用频繁的文献类别，说明受到研究者们的重点关注，也可作为使用关键词进行热点研究的补充。这类文献对该主题有着关键的研究支撑作用，有利于读者掌握该主题的基本内涵、构念关系、研究方法、研究现状等重要信息。从分析结果中，选出被引频率较高的 10 篇引文，进行重点研读（见图 2 –4）。

references
Chen CJ, 2009, J BUS RES, 62, 104
Beugelsdijk S, 2008, ORGAN STUD, 29, 821
Laursen K, 2003, CAMBRIDGE J ECON, 27, 243
Collins CJ, 2006, ACAD MANAGE J, 49, 544
Teece DJ, 2007, STRATEG MANAGE J, 28, 1319
De MV, 2012, RES POLICY, 41, 614
De LJ, 2005, CREATIVITY INNOVATIO, 14, 108
Subramaniam M, 2005, ACAD MANAGE J, 48, 450
Podsakoff PM, 2003, J APPL PSYCHOL, 88, 879
Shipton H, 2006, Human Resource Management Journal, 16, 3

图 2 –4 WOS 关于 IOHRMP 相关文献的重要引文

资料来源：WOS。

二 人力资源管理实践的发展

Wright 等（1999）的资源基础论认为，人力资源因为具有独特性、价值性、不易模仿性，被视为企业竞争优势的来源，这为从企业战略视角来探索人力资源管理实践打下良好的理论基础。具体什么样的人力资源管理实践对企业发展产生较大的影响？Delery、Doty（1996）的研究指出人力资源管理的三个模式：普适、权变与形态。

普适模式由早期的研究者提出，认为无论什么样的企业环境和外部条件，都会存在一种相同的人力资源管理实践，它能直接促进企业绩效的提升和竞争优势的获得，也称为“最佳实践模式”（田立法，2017）。

普适模式在后来的实际中不断受到挑战，有的学者发现，企业战略等权变因素会影响人力资源管理和绩效的关系（Vaishali，2017），研究中还应充分考虑这些外部因素的影响，才能促成企业目标的实现。这种观点显示了人力资源管理实践和外部条件相匹配的权变思维，又称为“权变模式”，比最佳实践模式的简单关系复杂一些，更贴近实际境况，故受到更多的关注（王林，2016）（见图2-5）。

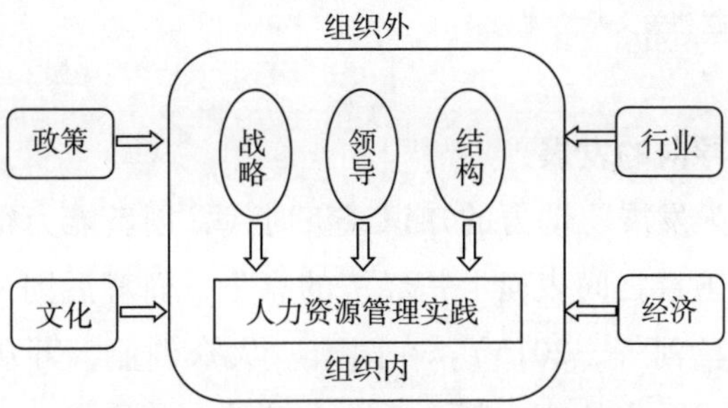

图2-5 人力资源管理实践的外部匹配

资料来源：根据相关文献整理。

随着研究进一步发展，学者们发现人力资源管理实践内各部分的构成形态及关系也会影响企业绩效的提高（蒋建武等，2018），但以前两种模式都未曾涉及，应再确定一种包含内部形态的新模式，称为“形态模式”，这种模式较之以前更复杂（见图2-6）。形态模式沿用系统理论观点，认为人力资源管理实践各部分应相互配合相互支持，整合成高效的运作系统，实现良好内部匹配，并与企业外部因素相匹配，实现内外部匹配的最优化（寇跃等，2014）。在三种模式中，形态模式与实际最为贴近，也最复杂，但也最能有效发挥人力资源管理实践对企业绩效的正向促进作用（Nyberg et al.，2014）。在此基础上，学者从不同视角研究人力资源管理实践的内部匹配，形成多种人力资源管理实践，例如承诺型和控制型人力资源管理实践（王朝晖，

2014）、市场型和内部型人力资源管理实践（苗慧、宋典，2010）等。

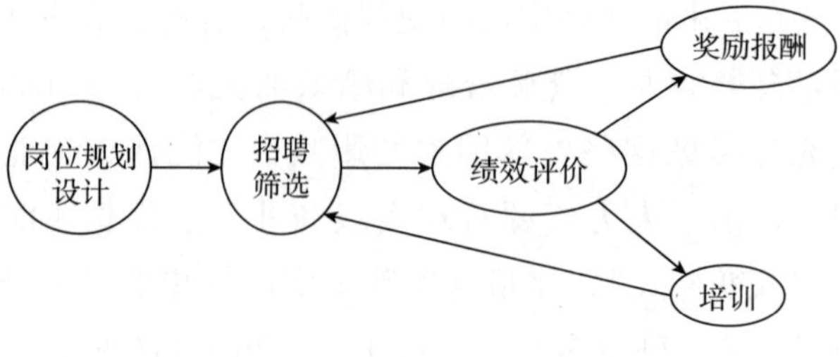

图 2－6　人力资源管理实践的内部匹配

资料来源：根据相关文献整理。

三　创新导向的发展

在以创新为发展驱动力的知识经济时代，创新能力很大程度代表核心竞争力，国家之间表面上是经济的竞争，而背后则是国家创新能力的竞争（张治河等，2015）。在国家"大众创业，万众创新"的大背景下，企业应顺应趋势，制定适合自己的创新导向，才能在竞争激烈的环境里生存发展（张治河等，2014）。现今企业快速发展的关键是创新的广度与深度，是产品创新、工艺创新、管理创新、文化创新的综合创新（吴延兵，2014）。

Berthon 和 Hulbert（1999）指出创新导向是企业长期健康发展的关键战略指向，这是许多学者从理论和实际两方面经过论证的。提倡创新导向的管理者认为，消费者比较喜爱技术上领先的新产品，故而新创企业应该将有限的财力、资源和精力投入新产品的开发和应用。苹果公司的兴起是一个很有说服力的例子，苹果公司在没有显著技术优势的背景下，实施积极主动的创新导向，借助 IPad、IPhone 等新产品，使用软件和硬件相结合的模式，找准移动互联这个切入点率先发力，取得辉煌的业绩，让一批老牌企业错失良机。这类实例举不胜举，皆说明创新导向是一种企业运作机制，应选择优良的创新点、培养提高员工乃至企业的整体创新能力以及对创新理念的实际操作执行。创新导向能够重新组合企业资源，寻找最有利的创新点，迎合市场焦点和客户需求，来建立行业新标准、市场新秩序（弋亚群等，2018）。

Siguaw 等（2006）在资源基础观与知识基础观的研究背景下，将创新导向界定为一个能指导企业制度措施，促使企业拥有自主创新想法，并有助于企业研发各种创新的知识体系。创新导向被细化成三个维度，分别是跨职能合作、战略方向和学习理论。其中学习理论指的是企业里关于知识技能的学习、获取、传递、交流、共享等一系列组织理念。战略方向指的是企业对自身的定位以及对企业未来的战略目标规划。只有确认了企业未来的前进方向，才能更有效地让创新活动与企业战略目标相匹配，确保创新的最大效力。

杜鹏和万后芬（2007）的研究指出创新导向的特征是：勇于承受风险、行动先知效应和破坏性创新。企业中创新导向有显著优势，是因为：一是创新导向着眼于提高员工的创造力，以此激发创意的产生和实行，并促使员工积极学习；二是创新导向是主动尝试、主动学习和主动选择的机制，能重新配置资源，质疑当前存在的问题，进而产生探索性的创新行为，并以此订立行业新标准新规则。

Simpson 和 Siguaw（2006）的研究表明创新导向能促使探索型创新与应用型创新达到最优的均衡水平，因为一些事例已证明其中一种创新的过度实行，都将给企业带来破坏或停滞。他们的研究还指出创新导向是一种战略取向，职能间的协调是重要组成部分。跨职能协调能被企业成员广泛承认，能促进知识技能在各个企业部分之间的交流，只有交流沟通才有利于保证想法的多元性，培养协同合作意识和创新意识，进而提高企业的整体协调性和创新能力。

张婧和段艳玲（2010）将制造型企业作为调查对象，指出创新导向是提高新研发产品绩效的重要指导途径，它不仅能够提升新产品性能，还能最大限度契合市场需求扩大营销面。该研究揭示了企业创新导向影响新产品绩效的作用机理以及环境变化对这一过程的调节作用。

Hurley 和 Hult（1998）把创新导向界定为开放性吸收学习新事物的企业氛围，创新导向的企业会积极寻找新契机以提高企业利润，而不会满足于现有的资源及优势，这类企业关注变化，鼓励创造，敢于承担探索新事物的风险。

四 创新与人力资源管理实践的融合

（一）企业创新战略与 HRM 变革的背景

熊彼特在其著作《经济发展理论》里首次将创新引入经济学与管理学的研究范畴，之后创新就成为研究者们的思考热点。在 20 世纪 90 年代以后，创新型公司在世界不断出现，随之带来的是大量的各种创新情况和问题，熊彼特开创的创新理论更是引起世界各国研究者的极大重视。

随着经济全球化以及企业竞争的日益激烈，企业成功的关键越来越取决于企业的创新能力。很多企业管理者和研究者对企业创新效果做了较深入的实证分析，认为在传统技术部分负责创新的职能框架下，企业很难长久保持创新（Nieves & Quintana，2018）。企业应该把创新从技术部门职能推展到整个企业，不仅要关注技术部门专家的创新贡献，更要把思路放宽，着眼全体企业员工在创新体系中的作用。

创新理论中的这种观点与人力资源管理领域的研究不谋而合。人力资源管理的研究显示，每位员工个体都具备一定的创新能力或潜力，但在日常工作中大多数员工没有把这种能力或潜力表现出来（顾琴轩、张冰钦，2017），也有些员工没有意识到自己的创新能力，还有些员工认为展示创新能力或潜力的代价高于收益，不值得自己这样做。因此企业领导者应该考虑，如何创设良好的工作氛围使员工了解企业需要的创新行为和鼓励措施、发现自身具备的创新能力或潜力以及创新的风险。

学者们认为，积极高效的人力资源管理实践可以创立宽松的创新环境，有利于在企业内部建立员工网络关系（Collins & Clark，2003），有助于产生多元性的建议（Vogus & Welbourne，2003），增进知识积累与共享，提高员工间的协同合作（Kakar，2017）。以上这些结果都是萌发创意的必要基础。Guzzo、Shea（1992）的研究说明了人力资源管理实践在构建创新情境过程中的重要意义，其中的招聘开发培训、工作反馈、薪酬以及员工评估是主要的输入因素。Axtell 等

(2000) 提醒企业需要培养员工面对实际问题产生创新想法的意识和能力，并出台支持创意产生推广的有效措施。综上，创新的发展给人力资源管理实践带来巨大的变革压力。

(二) 企业创新与人力资源管理实践的关系

创新的理论分析一般有两个视角，从不同角度进行探究，一个视角是影响创新的要素，另一个视角是创新的过程（Trojanowski, 2017）。因为企业创新战略与人才战略密不可分，因此影响创新的要素也主要是人力资源管理方面的措施。下面分别从这两个视角进行阐述。

(1) 以人力资源管理实践为主导的观点。上文说到人力资源管理实践面临着巨大创新压力，人力资源管理实践变革主要可从几个方面着手：塑造创新氛围、招聘创新型员工、激励员工创新动机、领导创新活动、培训员工素质、公平绩效评估。这些内容是能造成较大影响的核心要素。

以人力资源管理实践为主导，加入促进创新的要素，有以下几方面（见图2-7）：(a) 工作任务设计，给员工指明需要完成的任务，给予员工发挥创造性的自由（Morris & Jones, 1995）；(b) 招聘培训开发，如何能招聘到企业需要的创新人才，如何通过培训开发提高已有员工的创新效果；(c) 主要着眼于创新的绩效评价体系，将评价向有利于创新的方向倾斜，覆盖多个方面；(d) 激励员工从事创新行为，在绩效评价基础上，给予创新行为水平高的员工丰富的奖励。

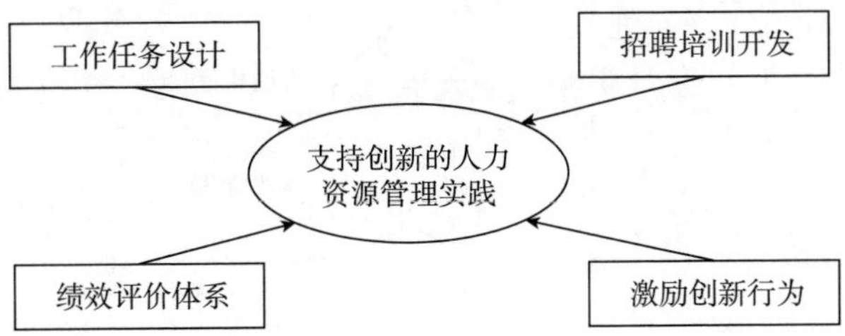

图2-7 以人力资源管理实践为主导加入创新

资料来源：根据相关文献整理。

（2）以创新为主导的观点。按事物发展规律，创新的过程分为三个阶段（杨百寅、高昂，2013）：一是创意产生，在这阶段里，创意有时是灵感触动无意发现，有时是不断尝试有意为之，突破传统，转换方式方法，促进生产经营；二是创意推广，创意产生后，需要将其推广，让更多的人接受此创意，并进行查漏补缺，逐步完善；三是创意实现，创意推广后，需要员工们将其应用于实际，只有这样才能对企业绩效产生实际的效果。对应创新的三个阶段，可把人力资源管理实践也分为三类（见图 2－8）。第一类是积累创新来源和创设员工学习探究的氛围，积累创新来源包括创新型员工的招募和培训，还要实行专题攻关、轮岗制、走访考察等方式，促进员工创意的产生。这一过程与探索式学习（March，1991）较为相像，即通过不断的试验来获得创意。一些研究者（如 Woodman、Sawyer）指出，适度的有针对性的培训可以促进创意的形成。第二类是积极平等的工作氛围和有效的沟通机制，创意的产生有时不是一个人能够完成的，往往需要团队成员的支持，所以企业应给予有效沟通机制，使员工之间达成知识技能建议的共享。第三类实践要确保创意顺利实现，需要高效稳定的管理机制和公平的绩效评估。比如，明确员工的责权，理顺运行关系，绩效引导，提高员工工作效率与企业的运行效率。

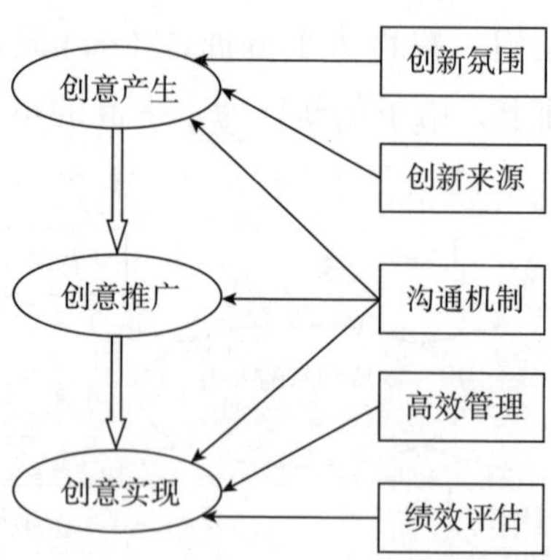

图 2－8　以创新过程为主导融入人力资源管理实践

资料来源：根据相关文献整理。

（三）企业创新与人力资源管理的整合

有关创新的研究近年来呈现显著的整合态势，包括创新体系内的整合、创新网络的拓展、柔性措施的设定、全过程创新等（Hosseinpour，2018）。同时期，战略人力资源管理的研究也出现与创新趋同的新方向，强调创新在提高绩效中的作用，并且开始关注新战略的生成实施问题，不仅注重已有战略下的实行效率问题，而且侧重出台更有效的企业战略（孙锐、赵晨，2016）。

从创新和人力资源管理的关系来看，人力资源管理实践对创新的主要贡献不仅在于企业的整体层面，还在于具体的项目或阶段，后者强调管理者的创新管理实施、项目组的创新需求以及员工创新行为等（Ceylan，2013）。从创新与人力资源管理实践的互动出发研究，一方面从创新视角上讲，人力资源管理实践被视为整个企业或机构的整合框架；另一方面从人力资源管理实践视角上讲，创新被视为企业内外的动态因素，具有长期性与变化性。

Kozlowski（1987）基于时间长短与具体程度把创新战略和人力资源管理整合在一起。根据不同配对组合，生成创新战略与人力资源管理的四种整合情况。长期且具体程度较低的组合，可对未来的变化做好灵活应对。短期且具体程度较高的组合，有很强的针对性，能够发挥各要素的效率。

（四）创新导向人力资源管理实践初步形成

创新与人力资源管理都对企业持续竞争优势有重要作用，是绩效的重要驱动力，二者相互联系，并非孤立存在。人力资源是创新的基本承载体，是企业创新的重要条件（Esfahani et al.，2017）。二者的有机结合成为研究的新趋势，符合企业发展需求。

当前国内外人力资源管理研究中，指向性人力资源管理实践成为一个新的发展方向（谢凌玲等，2017）。之前大多数研究沿用一般性的人力资源管理实践来揭示对某一具体变量的影响，这在一定程度上不利于学者从具体人力资源管理的视角去探究组织创新，也不易明晰哪些具体的人力资源管理实践能更加有效地促进创新提升绩效（张武装，2015）。战略人力资源管理学者指出，企业应采用与自身战略目标匹配的有针对性的人力资源管理实践（Craigl & Charles，2014）。近年来，学者们契合企业特定的战略目标，提出一系列的指向性人力资源管理实践，如：服务导向人力资源管理实践、安全导向人力资源管理实践、内控导向人力资源管理实践（罗海滨等，2015）。按此研究逻辑，学者们提出创新导向人力资源管理实践（张瑞娟，2014；Stock et al.，2014），其发展演化如图 2－9 所示。

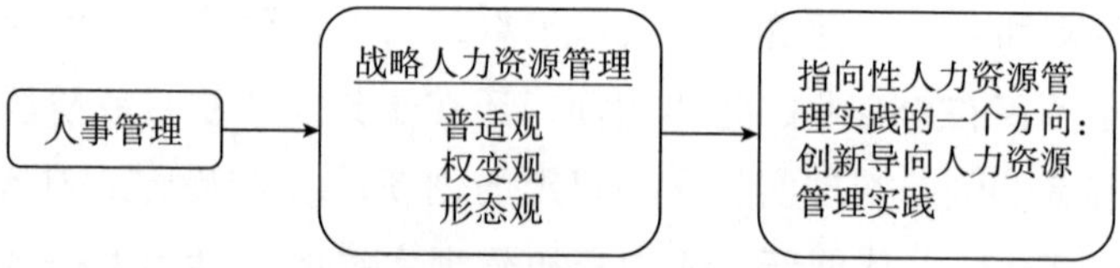

图 2－9　创新导向人力资源管理实践的发展历程

资料来源：根据相关文献整理。

与一般性的人力资源管理实践不同，创新导向人力资源管理实践更多着眼于如何促进员工的个体创新和组织创新，在实践的各个环节都加入了支持创新的元素，促使员工提出新颖有效的创意（Christian et al.，2017）。本书将创新导向人力资源管理实践界定为与企业创新目标保持一致，有利于激发员工创新动机、给予员工创新机会和增强员工创新能力，通过组织创新提高企业绩效的实践措施。

创新导向人力资源管理实践是企业实施的以创新促绩效提升的人力资源管理实践（赵洪彬等，2015）。Stock、Zacharias（2011）指出创新导向人力资源管理实践应涵盖员工挑选、培训开发、业绩评价、激励措施。张瑞娟和孙健敏根据对 14 家企业的质性分析认为中国的创新导向人力资源实践需包括培训开发、激励晋升、有效沟通和岗位设计，对企业创新产生明显影响。企业在创新导向人力资源管理实践上做得越好，整体创新水平提升得就越快（Atuahene，1996）。

五　维度与测量

（一）维度

构念提出后，随着研究的深入，研究者们逐步意识到创新导向人力资源管理实践对组织绩效的巨大影响，是组织成功的重要保障（聂婷、孙艳伟，2018）。但现今研究者们还未就创新导向人力资源管理实践的构型达成统一。所以，需要探究具体哪些方面的人力资源管理措施有利于提升员工创新和企业创新能力。

Gupta 和 Singhal 比较创新水平高低的两类公司，发现创新好的企业实施的人力资源管理措施有几个方面：人员需求评估，确定企业需要的人员类型；绩效系统，将员工绩效与组织绩效保持一致；报酬激励，激发员工从事创新活动，敢于迎接新挑战。Wolfe 的研究更进一步，指出创新导向人力资源管理实践可分为待遇、筛选、培训、沟通几个部分。

孙锐等（2009）通过对技术型企业的实地访谈调查，总结出有利于提高员工创新水平的人力资源管理实践：工作积极参与、针对性的培训活动、岗位轮换、学习欲望行动。杨洁（2013）借鉴 MacDuffie 的观点，建立支持性人力资源管理系统，注重从能力、自主性和动机方面影响员工，具体来说就是提高创新素质、突出创新欲望、加强创新自我主导。高艳等（2014）通过华为的案例研究、质性分析得出创新导向的人力资源管理系统的组成部分，即招聘培训、优化配置、业绩评价、奖励制度、岗位设定等。

张瑞娟和孙健敏（2015）明确了创新导向人力资源管理实践对企业创造力的重大助力，之后阐述创新导向人力资源管理实践借助有创新倾向的人员招聘、员工培训、业绩奖励、领导反馈等措施来实现对创造力的提升。

王博艺（2015）指出有利于提高创造力的人力资源管理实践需要在能力、动机、机会三方面都融入支持创新的成分，着力提升员工有关创新的技能，根据创新效果给予员工物质精神奖励，还有营造利于创新的环境氛围。

李乾文和赵曙明（2008）指出人力资源管理是个较为复杂的概念，主要包括岗位设计、员工选聘、培训开发、业绩评定和薪酬待遇，应在这几个环节中强调创新的融入效果。岗位设计指长期稳定的工作任务设计、宽大的职责权限、方向性的工作描述。员工选聘指公开公平的招聘流程、多元职业发展路径。培训开发指常态化的培训活动、与实际工作紧密结合的培训内容、注重知识技能的培训方向。业绩评定指注重效果、容许风险、长期稳定、客观公正。薪酬待遇指根据绩效评估给予导向正确的奖励，并鼓励创新和迎接挑战。

（二）测量

张瑞娟在AMO理论的基础上，确定了创新导向人力资源管理实践的组成构造，提出创新导向人力资源管理实践应包含提高员工创新能力的实践、激励员工创新动机的实践以及提供员工创新机会的实践。不仅在理论上拓展了指向型人力资源管理的方向，而且在实际应用上有利于找出提高绩效的措施。除此之外，还有一项更重要的成果是获得了包含“员工拥有在公司内部不同岗位上流动的机会”等19个题项的测量量表。

王博艺（2015）注重分析了创造力导向人力资源管理实践对个体创造力和组织创造力的影响，在“能力、动机、机会”三方面都融入支持员工创新的要素，并且提出了包含“注重员工多样化知识和技能培训”等11个条目的创造力导向人力资源管理实践量表。

茆汉成、宋典（2011）指出内部社会资本在创新型人力资源管理和组织绩效之间发挥着部分中介作用。创新型人力资源管理的一部分作用是通过内部社会资本传导进而影响组织绩效的（Esfahani et al.，2017）。其中的创新型人力资源管理实践量表出自Delaney与Huselid（1996）的研究成果，包含20个题项，囊括慎重招聘、绩效管理等六个维度。

六 前因变量和结果变量

创新导向人力资源管理实践作为企业运营中的重要一环，与很多变量有着千丝万缕的联系，这些变量可分为前因变量与结果变量（见图2－10）。

（一）前因变量

1. 背景层面

（1）国家政策。企业处在国家政策的大背景下，采取的战略要符合当前社会的要求。当今国家大力提倡“大众创业，万众创新”，全社会掀起了一片创新浪潮。企业采用创新导向人力资源管理实践，会得到政策支持、人才支持、技术支持，将更有效地推进企业绩效的提升。

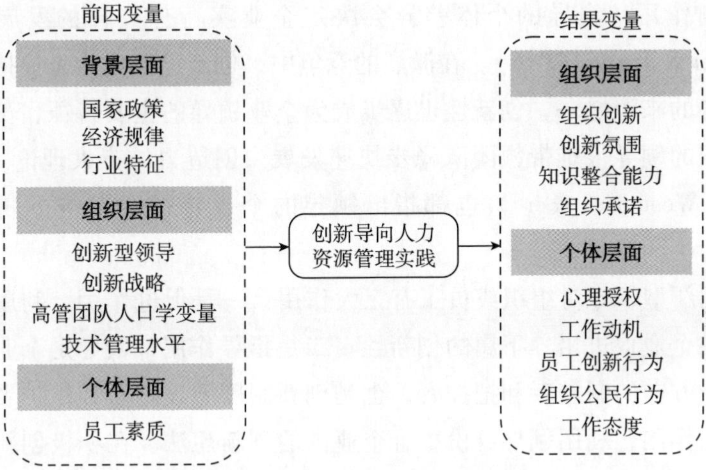

图 2-10　创新导向人力资源管理实践的前因变量和结果变量

资料来源：作者绘制。

（2）经济规律。经济发展遵循着一定的规律，在每一个经济发展阶段，都要有与之配套的战略。我国利用“人口红利”形成的成本优势大量吸引投资，学习技术，积累资源。我们不可能一直处在产业链的低端位置，当技术资本积累到一定程度，就会向产业链高端进发（Huang & Kim，2013）。这就需要有自身的竞争优势，进行产业转型升级，淘汰落后产业，发展高新技术产业，这就需要实行以创新为导向的人力资源管理实践，激发员工技术、工艺、管理的全面创新，充分发挥企业的创新潜力。

（3）行业特征。行业的发展分为几个阶段：上升期、繁荣期、下滑期。产业也有劳动密集型和技术密集型之分。若所在行业正处于下滑期，企业一般不会把大量精力和财力放在创新上，而会更关注成本控制。同样，一个企业若是劳动密集型，相比技术密集型，则会将注意力放在提高人员生产率和各环节协调程度上。

2. 组织层面

（1）创新型领导。因为创新导向人力资源管理实践是企业创新战略与人才战略的有机结合，所以制定企业发展战略的领导对其有较大的影响作用，领导的个体差异会决定企业实行什么样的发展策略（Marler & Parry，2016）。在激烈的竞争中，创新已经成为企业持续竞争优势的来源之一，创新性也逐步成为企业领导的主要特征，没有创新意识的领导很难带领团队稳步快速发展。创造力的三大理论（Amabile、Woodman、Ford）也都指出领导的个性特征会影响下属的创新性。

创新型领导对组织或员工有三大作用：一是促进作用，利用领导角色在企业促进培养下属的创新性。二是指导作用，领导是企业或团队创新方向的制定者和把控者，也是创新制度的设定者和维护者。三是整合作用，利用领导身份整合企业内的创新想法。在积极创新的企业内，各级管理者和员工会产生许多有益的创意，这些想法的贡献有大有小，顺序有先有后，这时候就需要领导整合创意，合理安排，实现创新。

（2）高管团队的人口学变量。高管团队的人口学变量包括团队成员的年龄、性别、学历、任职时间、教育程度等要素（徐宁、徐向艺，2013）。年龄偏年轻、受教育程度较高的高管团队更可能采取创新导向人力资源管理实践。男性比女性也更会采取创新性较强的人力资源管理实践。随着任职时间的积累，越会对本企业本行业有更清楚的认识，更会深深意识到创新是企业发展的动力和源泉。徐宁、吴创（2015）指出高管团队对企业的双元创新战略有较大的影响作用。

（3）技术管理水平。创新分为技术创新、流程创新、管理创新、工艺创新等，最终目的是提高产品质量、生产效率和运营效率。创新水平的高低受限于企业当前的技术管理水平，脱离企业技术管理水平过远的创意不适合企业实行（Kalimullin et al.，2016）。所以，技术管理水平影响着企业实行符合自身情况的创新导向人力资源管理实践。

3. 个体层面

员工素质。创新导向人力资源管理实践的实行，离不开新技术的开发与运用，离不开先进的管理方式，这都要求员工具有较高的科学文化素质。企业实行的人力资源管理实践要与员工实际情况相匹配。员工素质一定程度上影响着企业实行多深程度的创新战略。

(二) 结果变量

1. 组织层面

（1）组织创新。组织创新作为创新导向人力资源管理实践的主要目标，是其最关注的内容。创新导向人力资源管理实践与一般的人力资源管理实践不同，是在实践的各个环节都融入了创新的成分，从员工的创新能力、创新动机、创新机会等方面全方位考虑，制定了最为合适的措施，这些都将有力地促使创意的产生与实现，从而提高组织创新。

（2）创新氛围。张瑞娟在创新导向人力资源管理实践影响组织创新的过程中发现了创新氛围这个完全中介变量（张瑞娟，2016）。一系列的有利于创新的实践措施实行后，会在组织内营造一种积极创新的氛围，之后影响到员工的心理，再对员工行为产生影响，从而促进组织创新。

（3）知识整合能力。创新导向人力资源管理实践中有一项重要措施就是培训开发，以此提高员工的知识技能。现在是知识信息膨胀的时代，培训开发带来了众多的知识技能，员工应针对自身实际，有鉴别地学习，找到最适合自己最能有效提升创新能力的知识技能，这也是员工对知识消化整合的过程，所以在提高员工创新能力的同时，知识整合能力也得到了充分锻炼与提高，也会在人力资源管理和企业创新的关系中发挥中介作用（蒿坡等，2014）。

（4）组织承诺。组织承诺是指员工对企业的信任以及对其发展目标的认同（Batt & Colvin，2011）。企业实行创新导向人力资源管理实践契合时代脉搏，顺应经济形势，与社会主流认识一致，一般也与员工自身的发展目标相统一，通过具体的实践措施，增强了员工的知识技能，激发了创新热情，并给予创新活动多样的奖励，促使员工对企业产生积极的情感，提高了组织承诺，员工将会按照企业要求从事创新活动（Julia，2014）。

2. 个体层面

（1）心理授权。根据知行观的表述，当发生变化时，人们会先对其进行感知，心理会预估该变化对自己工作的影响，包括自己的工作意义、胜任力、自我效能和自主性，也就是说创新导向人力资源管理实践能对员工心理授权产生有效影响，之后才会在行为上做出相应的变化（Nyberg & Wright，2015）。

（2）工作动机。当企业执行某一种人力资源管理实践时，员工会对其有一个基于自身的感知，会考虑新措施对自身有何影响，并确定自己的行为方向，是以学习新技能为主还是以提高绩效为主，员工会在长期利益与短期利益之间进行抉择（Ployhart et al.，2014）。

（3）员工创新行为。由资源基础论观点出发，人力资源管理实践之所以能使企业获得竞争优势，是因为它能影响员工行为（肖小虹等，2017）。按此规律，创新导向人力资源管理实践对企业绩效有积极影响的一部分原因在于它能对员工创新行为进行引导和激励。

每位员工都是企业的基本单元，创新导向人力资源管理实践的作用对象就是每一个人。当创新导向人力资源管理实践作为企业一项措施进行活动时，受到直接影响的还是每一位员工（李燕萍、齐伶圆，2016）。假设企业实施一项基于创新成果的奖励机制，虽然是面向全企业颁布的，但会直接对员工个人产生影响，措施实行后因为个体之间绩效的不同，获得的奖金也不同，有比较才会有动力，员工才会萌发通过创新来获得更多奖金的意识。从中可以看出创新导向人力资源管理实践的作用效应会在个体身上直接体现，进而提高员工创新行为的水平。

孙锐等（2009）的研究指出企业实行创新导向的一系列人力资源管理政策将企业对创新的期望带给员工，员工感知到组织信息，认同并接受措施，从事企业希望的创新活动。所以，创新导向人力资源管理措施对员工创新行为有促进作用。

(4) 组织公民行为。创新导向人力资源管理实践会通过员工感知，对心理状态构成影响，该实践措施很大程度上符合社会和员工的价值观，员工会对企业产生好感，根据社会交换理论，员工会自觉从事有益于企业的行为，以促进企业高效运行和绩效提升（井辉，2017）。

(5) 工作态度。创新导向人力资源管理实践对员工心理形成影响，因为个体差异，有人感知到正向积极的信息，而有人感觉到较大压力。有较高知识技能、富于创新、甘冒风险的员工会积极从事企业期望的创新活动，提高工作任务的参与度（宋源，2014）。知识技能水平较差、性格消极的员工将不适应企业的氛围和要求，有较大离职可能性。

第二节 心理授权的文献综述

一 基于 Citespace 的相关文献可视化分析

在中国知网（CNKI）以“心理授权”为主题搜索到高质量期刊文献有 248 篇，在 web of science 中以“psychological empowerment”为主题搜索到文献 535 篇，时间跨度从 1998 年到 2018 年，分别通过关键词分析和引文分析，解析研究现状、热点以及主要参考文献。

（一）关键词分析

1. 研究现状

将 Citespace 操作界面的共现网络分析定为“Keyword”，进行关键词分析。图 2－11 是 CNKI 文献的关键词共现网络图谱，网络密度值是 0.0137，图 2－12 是 WOS 文献的关键词共现网络图谱，网络密度值是 0.0414，二者的密度值较低，表示所选的文献未形成明晰的逻辑脉络，研究范围较为宽泛。

由图 2－11 可知，国内有关心理授权的研究主要聚类为 10 大类，大致集中在工程项目团队、员工满意度、社会支持、授权管理、员工创新、领导者、工作投入、心理契约、授权型领导、团队心理授权

（见图中#0－#9）。具体属于以下几方面：

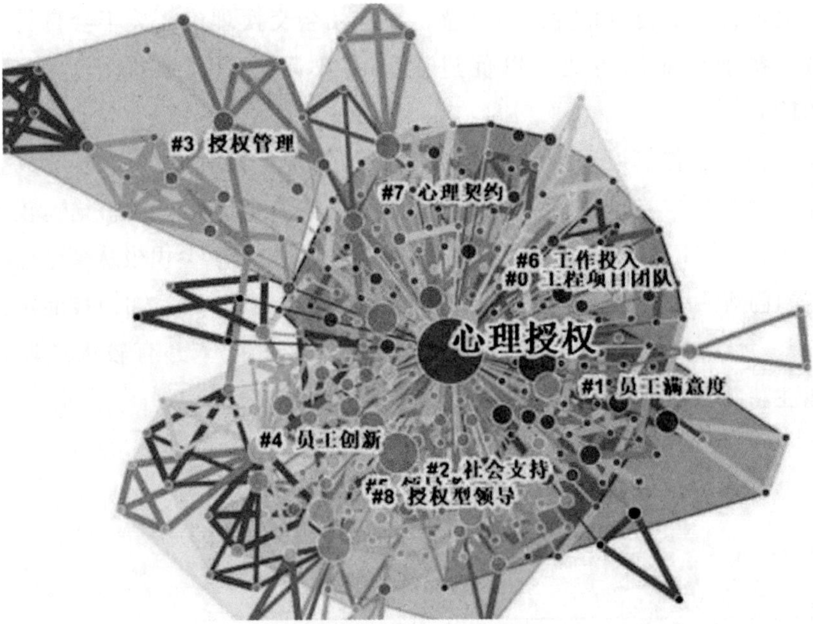

图2－11　CNKI中“心理授权”关键词共现网络图谱

资料来源：中国知网（CNKI）。

（a）产生机制：领导者、授权型领导、社会支持

（b）构念的内涵与演进：授权管理、心理契约、团队心理授权、工作投入

（c）应用对象：工程项目团队

（d）紧密联系的构念：员工满意度、员工创新、心理契约、授权管理

由图2－12可知，国外有关心理授权的研究主要聚类为8大类，大致集中在structural empowerment，primary care，fibromyalgia，safety culture，quality of life，questionnaire，multiple sclerosis，psychological capital等，具体属于以下几方面：

（a）内涵演进：structural empowerment，psychological capital

（b）应用项目：primary care，fibromyalgia，multiple sclerosis

（c）影响效果：quality of life，safety culture

（d）研究方法：questionnaire

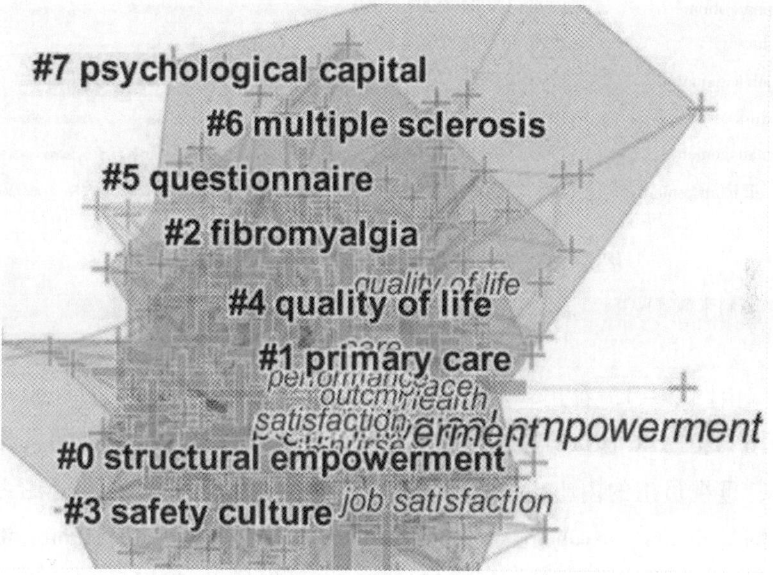

图 2－12　WOS 中“心理授权”关键词共现网络图谱

资料来源：WOS。

综上分析，研究现状逐步明晰：国外有关此方面的研究主要集中在内涵演进、应用和效果上，多数采用问卷调查的研究方法，国内研究集中在内涵演变、产生条件和构念逻辑关联上。文献在企业、团队和个人层面皆有研究，研究切入点多样，同时还发现该主题与员工创新、员工满意度有密切联系。

2. 研究热点

将节点选定为关键词，运行 Citespace 得到 1998—2018 年 WOS 外文文献排名前 9 位的频发词（见图 2－13），图中 Strength 表示频发强度，数值越大，反映该词受到的关注度越高。

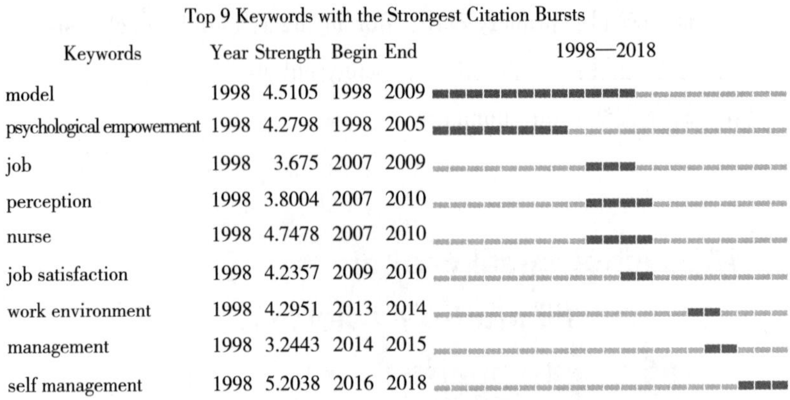

图 2-13　WOS 中"心理授权"主题的频发词

资料来源：WOS。

由图 2-13 看出，频发强度在 5 以上的是 self management，在 2016—2018 年成为相当热门的频发词，反映出学者聚焦员工的自我管理，重视员工的内心想法，激发员工的内在原动力。频发强度在 4 以上的是 model、psychological empowerment、nurse、job satisfaction、work environment。其中 model 在 1998 年至 2009 年的 11 年间一直是研究热点，关注心理授权的研究方法或者模式，job satisfaction 在 2009—2010 年成为热点，同期的热点还有 nurse、perception 和 job，说明在此期间，学者们着重研究员工工作感知与满意度的关系，属于员工个人层面的研究视角。2013 年以后，热点转变为 work environment 和 management，显示研究视角逐步转变为中观组织层面，着重讨论组织环境对员工心理授权的影响。

表 2-2 是 CNKI 中对 1998—2018 年中文文献关键词分析，在出现频率较高的热点词中，变革型领导出现 28 次，组织承诺出现 20 次，组织公民行为出现 15 次，员工创新行为出现 12 次，创新行为出现 12 次，往下依次是工作投入、工作满意度、授权型领导、创造力、员工创造力等。从高频词分析得出，心理授权的提高，首先应取决于变革型领导的意识，之后还会有相应提高员工心理授权的措施。另外，有关员工创新的词（如员工创新行为、创新行为、创造力、员工

创造力、知识型员工）共出现44次，频率最高，说明员工创新已成为心理授权主题文献中的热门关注点和研究方向。

表2－2　CNKI中以“心理授权”为主题出现的频率较高的词

频率	关键词	年份	频率	关键词	年份
191	心理授权	2006	7	结构授权	2010
28	变革型领导	2006	7	家长式领导	2010
20	组织承诺	2006	7	顾客心理授权	2012
15	组织公民行为	2007	7	组织支持感	2010
12	创新行为	2008	6	员工满意度	2006
12	员工创新行为	2010	6	知识型员工	2006
10	工作投入	2010	5	顾客参与	2015
8	工作满意度	2009	5	工作倦怠	2006
8	授权型领导	2011	5	新生代员工	2013
7	创造力	2008	5	授权赋能	2006
7	团队心理授权	2010	4	影响因素	2007
7	员工创造力	2011	4	心理契约	2008

资料来源：根据软件统计结果整理。

（二）引文分析

对WOS文献进行引文分析，在Citespace操作界面将共被引分析定为cited reference，得到在1998—2018年主题为“psychological empowerment”文献的引文聚类时间线图谱，汇聚的大类有：job satisfaction、quitters communication、mobile video game、current position、problem－based learning、exploratory study、ethical leadership等。

借助引文分析，可以看出被引用较高的文献分别归属的类别，还能间接得出该段时间的研究主题，因为被引用频繁的文献类别，说明受到研究者们的重点关注，也可作为使用关键词进行热点研究的补充。这类文献对该主题有着关键的研究支撑作用，有利于读者掌握该主题的基本内涵、构念关系、研究方法、研究现状等重要信息。启用Burst功能能够直观展示以心理授权为主题的相关文献，频发强度最高的24篇引文，可对此做重点研读（见图2－14）。

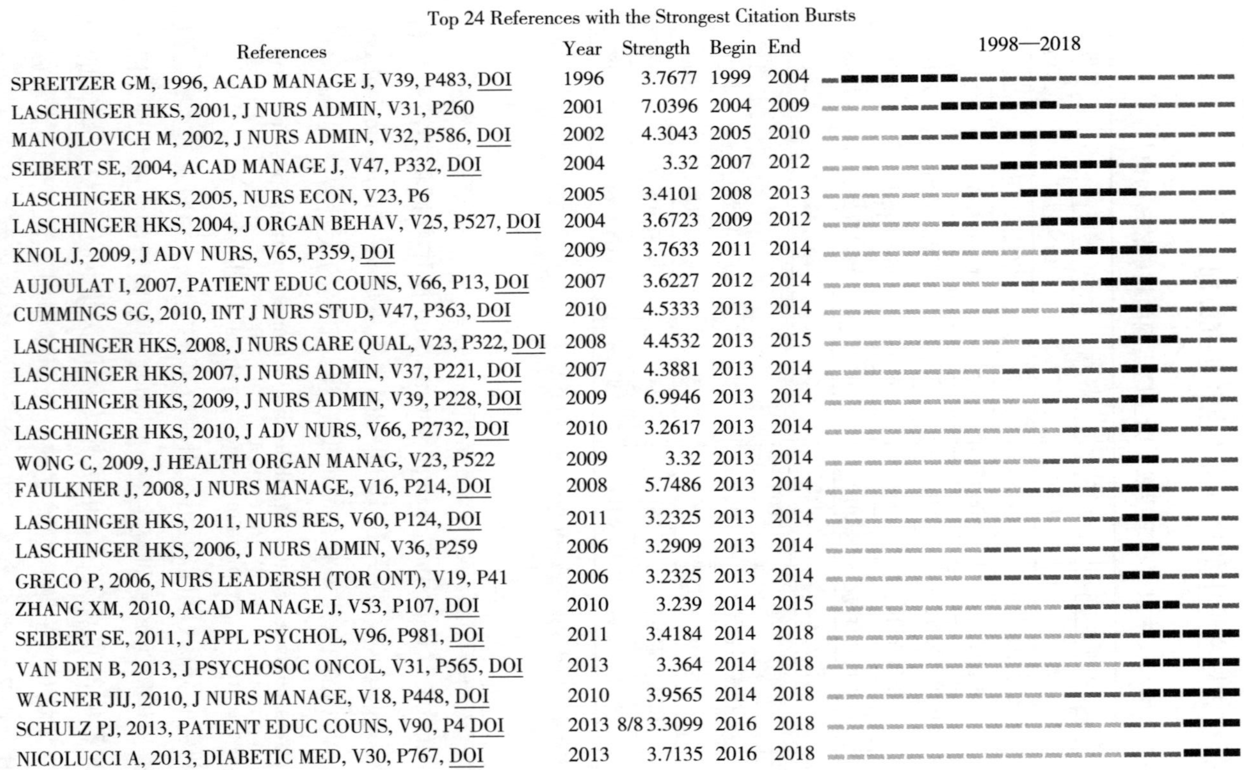

图 2-14　WOS 关于“心理授权”主题的高频发强度引文

资料来源：WOS。

二 心理授权的概念演进

“授权”在词典中理解为“让别人代为履行某项权力”，此概念来自20世纪60年代的社会民权运动。之后，学者们分别从两个视角对授权进行研究，对授权的概念内涵有不同的关注点。一是基于组织权力运行和人员工作特点（Hackman，1978），对宏观、相互联系等方面进行解释；二是基于员工的心理感受（Bandura，1978；Bandura，1982），对微观、动机等方面进行解释（Spreitzer，1995；Menon，2001；Leach et al.，2003）。

20世纪90年代之前，研究者们主要秉承关系视角探索企业中的授权，属于管理学领域。授权在管理中意味着权力的转移、下放和分享，该现象主要来自管理层，是一些管理制度或措施，包括领导赋予下属一定决策权力、为下级员工提高各种支持等（刘云、石金涛，2010）。所以，这样的授权是在企业宏观层面的针对组织结构的管理授权，称为“结构授权”。结构授权主要侧重企业氛围、政策环境、领导风格和管理层级设计，强调在一定的组织结构中通过企业领导层的干预使得权力发生移动、扩散和分享，促进员工积极性和主动性，缩减员工离职率。

这种“结构授权”是基于授权人或领导的立场，在被授权人的角度上没有进行任何考虑，对被授权人的心理状态没做任何研究，形成了一个“黑箱”。这容易导致一种现象：企业授权措施与员工自身感受脱节，员工能够感知到的企业各项授权制度很少，措施不能真正发挥作用（Spreitzer，1995；Spreitzer，1996；Spreitzer，2008）。

20世纪90年代以后，结构授权遇到的问题引起了越来越多的关注，学者们开始从动机视角探讨授权的相关问题，已属于心理学的范畴。Conger和Kanungo（1988）指出授权区别于一般意义上的委托授权，授权还含有激励的功能，使员工能够做某些工作。Conger还总结界定了授权的概念内涵：授权是借助正式或非正式的管理措施来消除员工的无权感，进而提高自我效能感的行为过程。该内涵第一次指出，只有被授权人能够感知到被授予一定权力时，授权才算取得进展。Conger的研究在心理学上开辟了授权的研究新视角，所以，这样的授权是在微观层面的符合认知规律的心理上的授权，称为“心理授权”。

综上可知，企业中的有关授权的研究一般涉及管理学与心理学两个范畴，是基于关系视角和动机视角做的研究，着眼点是组织和个体层面，有不同的发展时间和阶段，形成了结构授权和心理授权两种不同的模型（见图 2 －15）。

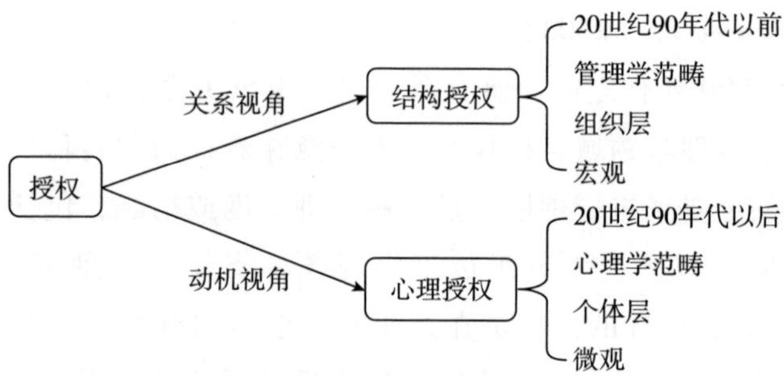

图 2 －15　授权模型

资料来源：根据相关文献整理。

在动机视角下，授权经历多个发展阶段，才进展到心理授权。如图 2 －16 所示，其间有自我效能感授权（Conger & Kanungo，1988）、认知评价授权（Thomas & Velthouse，1990）和心理授权。下文对此三个阶段做简要阐述。

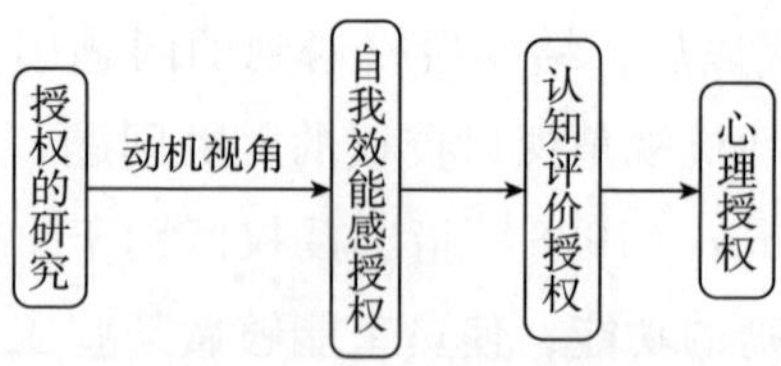

图 2 －16　心理授权概念的形成

资料来源：根据相关文献整理。

（1）自我效能感授权。Conger 和 Kanungo 是从动机视角研究授权的最早研究者。他们研究的出发点或理论基础是 1973 年的期望理论和 1977 年的自我效能理论，Conger 和 Kanungo（1988）指出授权是企业或机构通过制度、措施促进下属自我效能感增加的过程。自我效能感授权将被授权人作为研究对象，用自我效能感作为指标来检验员工的心理情况，企业通过一定的措施制度强化员工被授权的感知，使被授权的员工感到自己有能力完成高难度工作，相反，任何有损于被授权人自我效能感的做法，都使被授权的员工自信心受到打击，认为自己无法完成挑战性工作，导致员工绩效降低，最终影响企业绩效。

从动机视角研究授权是自我效能感授权的一大进步，它将组织实行的授权措施和被授权人的动机有机结合在一起，但它在内在结构上是不完整的，因为它只考虑了自我效能感，在实际工作中员工还有其他的感受未被列入考查范围。自我效能感授权主要的关注在被授权人的体验，但是被授权人对工作任务的感知会受到自身认知的影响，企业管理层出台的授权措施不一定能使被授权人真正感受到被授权。自我效能感授权提出了“企业授权措施自我效能感”的研究线条，但没有详细讨论员工形成授权感受的认知过程，Thomas 和 Velthouse 在之后的研究中对此过程做了详细的探讨。

（2）认知评价授权。Thomas 和 Velthouse（1990）指出，组织的授权措施通过激励来提高被授权人的工作积极性和主动性，根据社会交换理论，被授权人有义务通过实际工作回报企业。在自我效能感授权的基础上，提出认知评价授权，这与前人研究有三个方面的不同：一是将授权的目标不只放在自我效能感上，而是扩展到被授权人的内在动机上；二是归纳出被授权人内在动机的来源，即四方面的任务评价；三是阐述了被授权人完成四方面任务评价的认知过程。任务评价是员工对工作任务的四个方面（意义、胜任力、影响力和选择性）做出的评价，是对授权程度的一种体验。

认知评价授权将授权视为被授权人的心理状况，强调此心理状况是如何通过感知来促成的。认知评价授权较完整地再现了认知过程，提出被授权人对四方面的任务评价能够影响授权的效果。但欠缺的是，该授权模型没有开发出相关量表来测量认知评价授权的四维度构念。

（3）心理授权。Spreizer（1992）总结认知评价授权的研究成果，对认知授权的测量方法做了重点关注，心理授权的概念被首次提出，并划分出四个维度，即工作意义、胜任力、自我决定和影响力。这与认知评价授权理论提出的维度很相似，只是在某个维度的命名上有所区别。Spreizer（1995）检测了这四个维度的信度和效度，开发出十二题项的测量量表，之后此量表因为良好的测量效果得到学术界的广泛认可和普遍应用。下面对这四个维度做简要介绍。

工作意义是指员工依据自身的标准对一项工作的价值进行估量。由于员工之间价值观、人生观、经历等方面的不同，对同一项工作的估测中也存在差异。对工作有更大意义评价的员工更愿意借助组织实行的授权措施来完成工作任务，更容易将自身目标和组织目标相统一，工作意义是提高员工心理授权的起始动力（杨春江等，2015）。

胜任力是被授权人对自己知识技能水平的认识和定位，体现了员工完成工作任务的自信程度，是员工能够被授权的能力保障，与自我效能感有一定的相似之处。

自我决定是指在工作过程中，被授权人对工作行为和环节过程能够自己决定，体现了员工作为行动主体的控制力和决策力。员工首先是具有自主意识的人，都希望能够自由决定自身行为，不愿被动接受他人的控制，只有让员工充分掌握自身行为，对具体工作细节自主决定，才能提高对组织的信任度和好感度。

影响力指员工感受到的自身对组织的影响程度，包含对企业战略、管理制度、经营决策的影响。感知到自身影响力的被授权人能够主动参与公司管理和企业决策，将自身视为具有主观能动性的情境主体，而不是被动受控制的情境客体。

三　心理授权的维度与测量

经过文献研读归纳，学界对心理授权构念的研究大致有三种结论：单维观、三维观以及四维观（见表 2－3）。

表 2-3 心理授权的维度、内容及文献出处

维度	内容	文献出处
单维	自我效能感	Conger & Kanungo，1988
三维	控制感 胜任感 目标内化	Menon，2001
	工作意义 自我效能感 个人影响力	Fulford & Enz，1995
四维	工作意义 选择性 胜任力 影响力	Thomas & Velthouse，1990
	工作意义 自主性 自我效能 工作影响	Spreitzer，1996； 李超平等，2006

资料来源：根据相关文献整理。

（1）单维观。研究者最初是将心理授权的范围限定在自我效能感的单维度上，建议企业应凭借诸多的鼓励措施，提高被授权人自我效能感，让被授权人感觉自己有足够的能力完成工作任务，本质上是凭借改变被授权人的心理信念，来促成行为的变化。

（2）三维观。随着授权研究的深入，一维观遇到了越来越大的限制，学者们发现一维观已经不能体现授权的完整过程。于是，研究者将研究视角扩大，从多个方面来描述心理授权，开展心理授权的多维度研究，其中有多位学者提出了三维观。

Menon（2001）分析多种研究取向，从心理方面提出测量授权的综合方法，认为心理授权的维度应涵盖三个内容，即目标内化、控制感和胜任感。目标内化指的是企业实行有针对性的管理方法，使被授权人自身的目标理想与企业的发展目标达成一致，是心理授权中最重

要的一个维度。控制感反映被授权人的心理感受，企业应该让被授权人充分感到自己能够掌控工作，有足够的自信力，这里的控制感相当于认知评价授权模型中的自我决定和影响力两个任务评价。企业实行的资源支持、管理参与、轮换领导等措施都能提升被授权人的控制感（Kanter，1979）。胜任感是指员工对自己能否顺利完成工作的评估，这与其他授权模型中的自我效能感或胜任力类似。Menon 依据心理授权的界定，开发了三维度的九题项心理授权测量量表。

Fulford 和 Enz（1995）提出另外一种的三维度心理授权，包含个人影响力、工作意义和自我效能感。沿用单维观的自我效能感，认为这是影响员工心理授权的主要维度，和另外两个维度（工作意义、个人影响力）组成了“事前、事中、事后”按时间阶段顺序的三维度结构模型。

（3）四维观。Thomas 和 Velthouse 的认知评价授权模型已经将授权分为工作意义、选择性、胜任力、影响力四个维度，但没有进行测量量表的开发。之后，许多学者对心理授权进行深入的探究，从构念认知阶段进展到实际测量阶段，研究开发了多个心理授权的测量量表。

Spreitzer 在吸收 Thomas 和 Velthouse 的研究成果的基础上，开发了心理授权测量量表，共有十二个题项四个维度，并进行信度效度检测。结果显示，各维度的信度在 0.75—0.90，验证性因子分析效果也不错，此量表因为不错的测量效果得到学界的认可和普遍应用。

中国学者李超平等（2006）检验了心理授权在中国情境下的结构，结果是同样的一个四维概念（见表 2－4）。以 Spreitzer 的测量量表为参考蓝本，通过中外文互译、深度访谈、发放问卷、数据分析、调整量表等步骤，获得了用来测量中国实际情况的心理授权中文量表。探索性因子分析用来研究概念维度结构，验证性因子分析用来进行测量模型检验，得出四维度模型具有较好的指标反映，同时问卷的信度效度良好，是中国情境下具有代表性的心理授权量表。

四　心理授权的前因变量和结果变量

（一）前因变量

通过研读文献，发现心理授权会受到多种因素的影响，笔者进行归纳，影响因素分为三个主要方面：个体情况、领导行为类型与工作环境特征。

表 2 - 4　　心理授权的四维结构

维度	内容解释
工作意义	对自己所从事工作的价值和重要性的认识
自我效能感	对自己有实力顺利完成工作的自信程度
自主性	员工对自己能够决定工作方案、任务方式的一种感知
工作影响	员工对企业运营、组织绩效、公司战略的影响程度

资料来源：根据相关文献整理。

1. 个体情况

心理授权本质上是人对外界事物的心理反应，不同被授权人具有不同的教育背景、职业经历、性格特征，这些自然会对人的心理造成影响。大多数学者的研究也表明，个人情况对心理授权有较大影响（Zimmerman，1990）。Spreitzer（1996）研究了一些人口学变量与心理授权的关系，发现受教育水平、工作时间、年龄等情况对心理授权正向影响。其中年龄与心理授权中的自我决定、工作影响均有正向关系。我国学者对心理授权的前因变量也进行了调查研究。齐昕、刘洪等（2017）指出被授权人的职位、工作时间对心理授权影响明显。雷巧玲等（2009）把高科技公司员工作为研究样本，发现婚姻状况、年龄、性别、受教育水平均较大程度影响心理授权。刘云和石金涛（2010）也得到类似的研究结论。

2. 领导行为类型

授权归根到底是将企业领导的一部分权力下放给被授权人，作为权力的原主人，企业领导的态度和行为至关重要，这决定着授权的程度和效率。根据文献研读和 Citespace 可视化结果发现，企业领导者对员工心理授权有很大程度的影响，领导者的意识行为决定企业实行何种管理措施，创新型领导等行为特质可大幅提高员工的心理授权程度，领导支持、领导关注、领导成员互换等行为也对心理授权有促进作用（Avolio et al.，2004）。变革型领导对心理授权有显著影响，领导的有关授权行为能够使员工感到有充分的工作自主权，有完成工作的信心和能力（Aryee et al.，2012）。同时魅力型领导能对心理授权产生影响，高效率的领导成员互换措施能有效促进心理授权的提高。相反，企业领导层若实行独裁专断的集权行为将会对心理授权产生负面的影响。

3. 工作环境特征

被授权人从事的工作任务也会对心理授权产生较大影响，比如工作的重要程度、难易程度、工作对员工的要求等情况。经研究证实工作的明确性、重要性、多样性会提升被授权人的心理授权。Liden 和 Wayne（2000）认为工作的具体情况会影响心理授权的意义、自我效能感两个维度。工作越重要，越会提升工作意义和影响力；工作越难以完成，可能越会降低自我效能感。

工作环境因素也是影响被授权人心理授权的一个主要方面。员工所处的环境氛围、企业文化都对员工心理情绪有着潜移默化的影响（王瑞文、刘金兰，2014）。Spreitzer（1995）分析了企业环境与心理授权的关系，指出提倡员工参与的工作氛围、信息获取支持、管理措施支持、员工自主程度与心理授权存在正向关系。Seibert（2011）通过研究说明企业中积极的授权氛围对心理授权有提升作用。雷巧玲、赵更申（2009）的研究也显示工作环境对员工心理授权的影响作用。

（二）结果变量

对心理授权的作用变量进行归纳总结，得出三个类型，即态度、行为、效果，这说明了心理授权的核心重点是通过提高被授权人的心理授权，来激发内在动机，进而提升员工绩效和企业绩效。

1. 有关态度的结果变量

在员工态度方面，学界针对不同的研究对象都进行了探究，例如，心理授权对组织承诺、心理授权对工作态度、心理授权对离职意愿，均得到相应的结论（Banks & Kepes，2015；汤学俊，2014；王丽平等，2014）。Spreitzer（1992）的研究指出心理授权正向促进组织承诺和满意度。Kirkman（2004）更细致地发现工作影响和自我决定两个维度对组织承诺有正向关系，还指出工作意义、影响力和自主性对组织认同感和忠诚度发挥着正向作用。国内学者的研究也不甘落后。李超平等（2006）的结论指出，在中国情境下，工作意义对组织承诺和工作满意度有正向作用，对离职意愿有反向作用，自主性同样对组织承诺和满意度有促进作用。最近几年有的学者从团队层面研究心理授权，例如王国猛等（2012）证实团队心理授权对团队主动性与组织公民行为均有促进作用。

2. 有关行为的结果变量

在员工行为方面，刘耀中（2008）重点研究员工创新行为和心理授权各维度的内在逻辑联系，说明心理授权对员工创新行为有明显的影响作用。心理授权对员工创新行为有正向作用，同时在二者关系之间主管支持发挥着调节作用（王丽平等，2014）。通过文献研读，得悉其他学者也对心理授权和员工创新行为的作用关系进行了研究。

还有一些学者研究了员工的组织公民行为。自我效能感和自主性对员工的组织公民行为有明显的提升作用。通过对心理授权和组织公民行为进行结构维度层面的影响作用检验，发现工作意义对工作贡献维度有正向影响，自我效能感对组织责任感维度有促进作用（汤学俊，2014）。

3. 有关效果的结果变量

在工作效果方面，大多数讨论集中在工作绩效上。王国猛、郑全全（2008）不仅证实心理授权和工作绩效有正向关系，还将组织公民行为作为中介变量去研究团队心理授权对团队绩效的影响作用。除了工作绩效、团队绩效之外，学者们也研究了心理授权对其他有关工作效果变量的作用。张振刚等（2015）的研究发现心理授权对企业管理创新有着较大的积极影响。王顺江等（2012）探索了员工心理授权对员工忠诚、任务绩效的影响机理。心理授权感知良好的员工具有较高的工作效率，心理授权正向促进管理人员的创新意识、感召力和影响力。

综上所述，心理授权的前因变量和结果变量如图 2－17 所示。

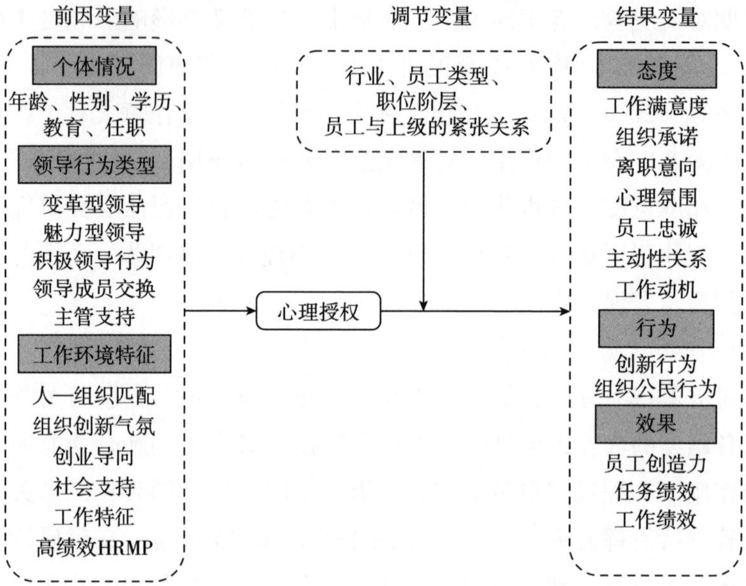

图 2－17　心理授权与多个变量的逻辑关系

资料来源：作者绘制。

五　心理授权发挥中介效应的研究

心理授权除了作为自变量和因变量之外，在企业运营中，还是某两个变量的中介变量，许多学者立足实践，逐步将前因变量、结果变量有机融合到一起，进行心理授权作为中介变量的研究。除了将心理授权作为一个整体进行中介作用讨论之外，有的学者还将心理授权的维度分别作为中介变量进行探究。讨论结果既有部分中介作用，又有完全中介作用（见表 2－5）。

表 2－5　　心理授权发挥中介效应的研究

中介变量	作用路径	结论	文献支撑
心理授权	授权气氛→工作满意度	中介作用成立	Seibert et al.，2011
心理授权	变革型领导→组织承诺	中介作用成立	Avolio et al.，2004
工作意义维度	工作特征→工作满意度	中介作用成立	Liden et al.，2000
自我效能感维度	工作特征→工作满意度	中介作用成立	

续表

中介变量	作用路径	结论	文献支撑
心理授权	差异化变革型领导→组织创造力	中介作用成立	孙永磊等，2016
心理授权	主管支持→创新行为	完全中介作用	刘云、石金涛，2010
心理授权	家长式领导→企业管理创新	中介作用成立	张振刚等，2015
心理授权	心理氛围→工作绩效	中介作用成立	王国猛、郑全全，2008
心理授权	高绩效 HR 实践→员工创造行为	中介作用成立	何洁，2013
心理授权	绩效考核目标取向→工作绩效	部分中介作用	姚艳虹等，2017
心理授权	社会环境因素→创新行为	中介作用成立	Spreitzer，1995
心理授权	变革型领导→员工离职倾向	部分中介作用	张红丽、王婷，2017

资料来源：根据相关文献整理。

六 影响心理授权与其他变量关系的调节变量

在已有的文献研究中，除了检验心理授权的前因变量、结果变量之外，还有的学者研究了影响心理授权与其他变量关系的调节变量。目前，已有一些学者也证实了心理授权与其他变量的影响过程中存在调节变量，例如：行业（Seibert et al.，2011；Batt，2002）、被授权人类型（Avolio et al.，2004）等。Batt（2002）比较了服务业与其他行业的情况，发现服务业员工心理授权与其他一些变量的关系要比其他行业更紧密，此现象是因为服务业的员工相比其他行业员工有更大的发挥余地和更多的自主权，更能促进心理授权感知优越度，进而有效提升结果变量。另外，员工类型也对心理授权与其他变量的关系有明显影响（Agarwal & Farndale，2017），例如员工的工作目标各不相同，有的基于提升自身知识能力，以便获得更大的长远发展，有的基于绩效业绩，这样会获得更大的近期利益，以此可以将员工初步划分为学习目标导向和绩效目标导向。不同目标导向的员工在面对企业实施的一系列措施或工作任务（比如创新导向人力资源管理实践或某项创新任务）时，会有不同心理、行为反映，体现在积极性、认可度、努力程度上的差异，自然也会影响心理授权与其他变量的关系（Yuan & Zhou，2015）。Janssen（2004）发现被授权人与授权人的关系紧密程度也会促进或阻碍心理授权对其他变量的影响。员工与客户的接触次数也能起到激励的作用。Spreitzer（1996）在研究中发现，被授权人所处的职位阶层也对心理授权与其他变量的关系有影响，中层管理者的心理授权感知更能转化为企业绩效。但也有学者提出反对意见，认为一般员工的心理授权感知水平与企业绩效有更直接的关系。

第三节　员工创新行为的文献综述

一　基于 Citespace 的相关文献可视化分析

在中国知网（CNKI）以“员工创新行为”为主题搜索到高质量期刊文献 559 篇，在 Web of Science 中以“employee innovation behavior”为主题搜索到文献 121 篇，时间跨度从 1998 年到 2018 年，分别通过关键词分析和引文分析，解析研究现状、热点以及主要参考文献。

（一）关键词分析

1. 研究现状

将 Citespace 操作界面的共现网络分析定为“Keyword”，进行关键词分析。

图 2－18 是 CNKI 文献的关键词共现网络图谱，网络密度值是 0.0169，图 2－19 是 WOS 文献的关键词共现网络图谱，网络密度值是 0.0068，二者的密度值较低，说明研究范围较分散，未形成明晰的逻辑脉络。

由图 2－18 可知，国内有关员工创新行为的研究主要聚类为 10 大类，大致集中在分层线性模型、面板数据、正式地位、元分析、个人价值观、知识转移、计划行为理论、工作激情、批判性反思、自发性（见图中#0—#9）。具体属于以下几方面：

（a）研究方法：分层线性模型、元分析

（b）影响因素：个人价值观、知识转移、工作激情、批判性反思、自发性、正式地位

（c）理论基础：计划行为理论

（d）数据类型：面板数据

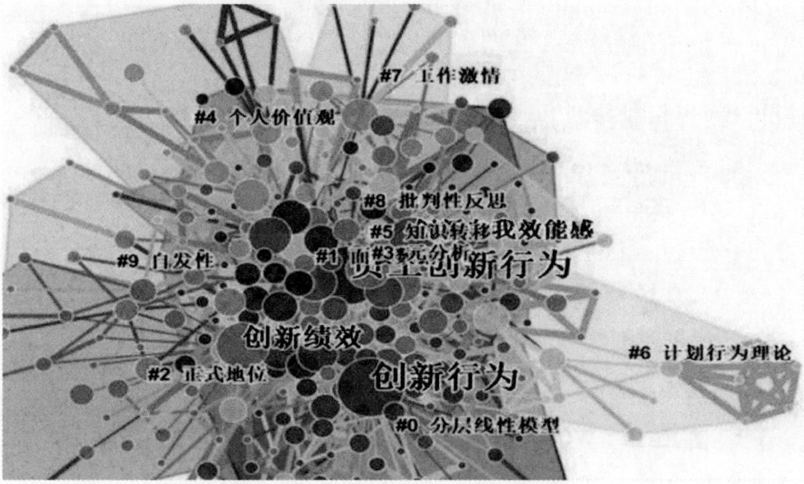

图 2－18 CNKI“员工创新行为”关键词共现网络图谱

资料来源：中国知网（CNKI）。

由图 2－19 可知，国外有关员工创新行为的研究主要聚类集中在 biodiversity conservation，job performance，technology adoption，team technology use，international competitiveness，green human resource management，absorptive capacity，market orientation，electricity saving behavior，innovations，well－being，social networks，organizational culture，sustainability 等，具体属于以下几方面：

（a）内涵特性：technology adoption，team technology use，absorptive capacity，innovations，social networks，sustainability

（b）应用项目：biodiversity conservation，electricity saving behavior

（c）影响效果：job performance，international competitiveness，well－being

（d）促进机制：green human resource management，market orientation，organizational culture

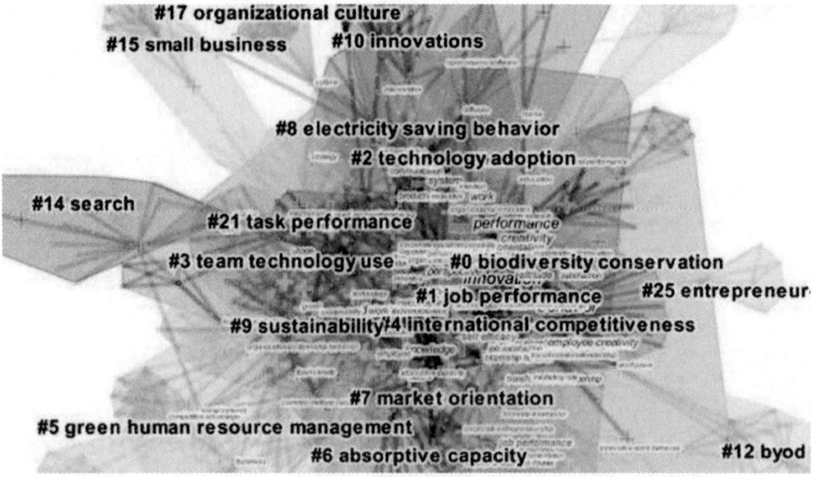

图 2－19　WOS 中“员工创新行为”关键词共现网络图谱

资料来源：WOS。

综上分析，国外有关此方面的研究主要集中在内涵特性、促进机制、应用项目和影响效果上，更加关注能够提高员工创新能力的要素。国内研究也对影响员工创新行为的因素做了重点的研究，集中在员工个人心理、情绪、知识的表现，研究方法较多地采用分层线性模型和元分析，面板数据也是一个研究侧重点。

2. 研究热点

运行 Citespace 得到 1998—2018 年 CNKI 中文文献排名前 3 位的频发词（见图 2－20），图中 Strength 表示频发强度，数值越大，反映该词受到的关注度越高。

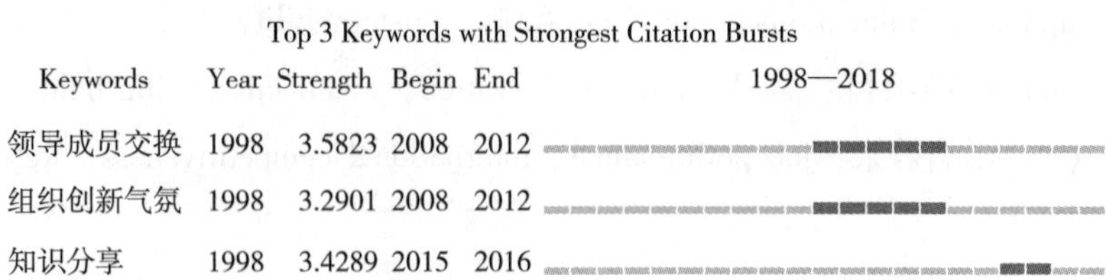

图 2－20　CNKI 中“员工创新行为”主题的频发词

资料来源：中国知网（CNKI）。

由图2－20看出，按频发强度从高到低的热点为领导成员交换、组织创新气氛和知识分享。在2008—2012年领导成员交换与组织创新气氛同时成为热点词，说明学者们意识到员工创新行为受到领导创新意识和创新措施的极大影响，只有领导的创新支持，才能形成创新氛围，促进员工创新行为。2015—2016年知识分享成为高频词，说明要想发挥每个员工的创新能力，就需要成员之间知识技能经验的交流与分享。

表2－6　　WOS中“员工创新行为”频率较高的词

频率	关键词	频率	关键词
43	innovation	11	perspective
33	performance	11	system
30	behavior	10	industry
17	model	10	work
17	management	10	firm
16	creativity	10	research and development
14	determinant	9	information technology
11	organization	9	knowledge

资料来源：根据软件统计结果整理。

表2－6是WOS库1998—2018年文献中出现频率较高的热点词，innovation出现43次，performance出现33次，behavior出现30次，model出现17次，management出现17次，往下依次是creativity、determinant、organization等。分析得出，员工创新行为与绩效的关系最受关注，探究创新行为促进绩效的机理，同时学者们也一直在探索提高员工创新行为的管理模式。

（二）引文分析

对WOS文献进行引文分析，在Citespace操作界面将共被引分析定为cited reference，得到在1998—2018年主题为“employee innovation behavior”文献的引文聚类时间线图谱，汇聚的大类有：innovative work behavior、firms product innovation performance、individuals technology exploration、social capital、high - performance human resource management、new product development team、organizational commitment 等。

借助引文分析，可以看出被引用较高的文献分别归属的类别，还能间接得出在该段时间内的研究主题，因为被引用频繁的文献类别，说明受到了研究者们的重点关注，也可以作为使用关键词进行热点研究的重要补充。这类文献对该主题有着关键的研究支撑作用，有利于读者掌握该主题的基本内涵、构念关系、研究方法、研究现状等重要信息。从分析结果中，选出被引频率较高的10篇引文，可对其进行重点研读（见图2-21）。

references
Yuan FR, 2010, ACAD MANAGE J, 53, 323
Anderson N, 2014, J MANAGE, 40, 1297
Rogers EM, 2003, DIFFUSION INNOVATION, 0, 0
de Jong J, 2010, CREAT INNOV MANAG, 19, 23
Zhang XM, 2010, ACAD MANAGE J, 53, 107
Chang SJ, 2010, J INT BUS STUD, 41, 178
Jasperson JS, 2005, MIS QUART, 29, 525
Podsakoff PM, 2003, J APPL PSYCHOL, 88, 879
Hair JF, 2010, MULTIVARIATE DATA AN, 0, 0
Hammond MM, 2011, PSYCHOL AESTHET CREA, 5, 90

图2-21　WOS关于员工创新行为文献的高频发强度引文

资料来源：WOS。

二　员工创新行为的界定

员工创新行为是员工创造力的直接表现，一定数量的员工从事创新行为汇聚成组织创新。Kanter（1988）指出创新分几个阶段，开始于对某问题的认知，然后是创意的萌发，接着是寻求周围的支持人，让尽可能多的人实行，最后使其达到普及和实用化。

West和Farr（1989）认为个人的创新行为是生成或引进新构想和新工艺，并应用于生产活动中。将创新行为界定为能够促使新过程、新方法、新思路的产生并实际应用的行为。

Scott 和 Bruce（1994）沿袭了创新过程的视角，把个体创新行为划分成三个环节：一是针对问题产生创新想法，该想法有一定的创新性；二是寻找别人对此想法的认同；三是将此想法广泛传播，产生足够大的生产经营效果，实现当初的构想。

West 和 Anderson（1996）扩大了创新的理解范围，认为创新效果还应包括组织凝聚力增强、更顺畅的交流沟通机制、经济指标的不断提高等。员工个人方面的创新包括工作新方法、新流程、新工艺等，不局限在技术改进方面。

Kleysen 和 Street（2001）提出的员工创新行为是指把有用的新想法推广并运用到企业中的员工行为。这些对于产品、技术、管理的新想法能够明显提升劳动效率、技术水平和管理能力。与之前研究者一样，他们针对经典文献提到的二百多项创新活动，总结归纳出员工创新行为的维度，即寻找机会、从事利于改进的行为、调查评估、支持所采取的行为、应用普及，并据此开发了调查量表。

Janssen（2005）参考了前人的研究，把员工创新行为界定成能够提升个体、企业绩效的新构想的萌发、引进与实现，认为员工创新行为的三个组成方面是想法的产生、创意的推动与创意的实现。同时把创新的含义做了拓展，包括日常生产经营中的改良。

周飞等（2018）指出员工创新行为是对新技能、新产品、新流程的发掘、确定、执行、实现。

通过对员工创新行为内涵界定的研究发现，大多数的定义都是以过程论为视角的，从创新行为的几个阶段进行界定。

三　影响员工创新行为的个体因素

员工自身特征会对其创新行为构成影响，自身特征包含动机、情绪、性格、创新自我效能、具有的知识技能（李晓红等，2017）。

员工创新能力对员工创新行为有很大影响，员工的能力与学历、经历、性格等因素有关，属员工自身个体特征（李海刚、卢燕，2016）。员工创新能力越高，越会从事创新行为，没有创新能力作为基础和保障，员工创新行为将变成“无源之水、无本之木”。企业可通过培训方式培养和提高员工创新能力（王春玲、刘建准，2017）。

Leede 和 Looise（2005）证实员工个人具有的能力和知识是影响员工创新发挥的直接因素。

动机有内在与外在之分。内在动机指员工对某项工作抱有很强的兴趣，希望通过自己的努力推进工作进行；外在动机指员工受到环境及所在组织的激励，被激发从事某项工作的热情。卢小君等（2007）指出，员工内在动机是从事创新行为最好的驱动力，当企业创新需求与员工个人内在动机一致时，将极大提高创新行为的效率和成果。

王艳子等（2015）研究证实学习目标取向对员工创新行为的正向促进作用，在此过程中内在动机与创新效能感起到了部分中介作用。有学习目标取向的员工更关注自身能力的发展，积极培育自己的各种能力知识，会有高于其他员工的创新效能感，这样的员工更有可能会随着时间的积累取得成功。

丁明磊等（2009）探究了创新自我效能感的产生过程和作用发挥，运用实际数据证实创新自我效能感能够影响个体的创新行为。Arvanitis 等（2016）、孙彦玲等（2012）通过研究发现创造力自我效能感对员工创新行为的影响过程机理。创新是一项集智力、体力、精力、毅力于一体的复杂高级工作，需要有持续的长久的动力，创造力自我效能感属于这项动力的范畴，它是对自身创新能力的自信，激发着员工的创新热情和勇气，对员工创新行为有明显的促进作用。

杨晶照等（2011）对员工创造力自我效能感做了总结归纳，凝练了创造力自我效能感和员工创新的逻辑关联，指出创造力自我效能感不管是员工心理的维度，还是作为单独构念都和创新行为有着密切的关系。

员工个人认知代表了个人对待事物的认识方式和思维方式，是个体属性因素。王雁飞等（2017）指出员工认知和思考能力是从事创新行为的基础条件之一，富于尝试探索的认知个体更倾向进行创造性的工作。创造性思维较少的员工受到习惯和已有程式的影响，偏爱用不同的方式方法解决工作中遇到的问题，寻找更好的技能、理念、工艺等。

另外，刘耀中（2008）的研究显示心理授权显著正向影响员工创新行为。积极主动的情感沟通对员工创新行为也有正向影响。

四 影响员工创新行为的组织因素

除了影响员工创新行为的个人因素之外，组织内的一些要素也对员工创新行为有着较大的影响，比如，组织氛围、领导因素、工作特征、薪酬待遇、组织文化、人力资源管理、成员关系等（张丽华等，2016）。

Scott 和 Bruce（1994）指出组织氛围作为员工所处的环境因素，会对员工创新行为构成影响。组织氛围中的创新支持从各个环节各个方面对员工的创新行为给予便利。领导的关注、主管的期望、同事的配合鼓励都是组织氛围的组成成分，与员工创新行为紧密联系。Bain 等（2001）探究了团队氛围对员工创新的影响程度，发现团队氛围中的工作取向、工作目的、工作支持对员工创新行为有促进作用。其他学者也论证出企业的氛围情境会对员工创新行为产生深刻的影响（王士红等，2013；连欣等，2013；Feifei，2015；王辉、常阳，2017）。张宁俊等（2015）同样发现差错管理氛围对员工创新行为有激励促进作用。

迄今为止，有大量的研究显示，组织的领导因素会激励员工从事创新行为（Scott & Bruce，1994；Gong & Huang，2009；方慧等，2017；冯彩玲，2017；袁朋伟等，2018）。领导对个人创新的渴望有助于创新氛围的生成，进而促进员工从事创新行为。领导对员工的关心以及和谐的领导员工关系也会使员工感到身心愉悦，根据社会交换理论，员工会用努力从事组织希望的工作来回报组织（沈伊默等，2017）。方阳春和陈超颖（2017）在研究中证实了员工能够感知到的领导创新支持与创新行为的正比例关系。但是反之，如果领导过度监督和干扰员工的工作，就会降低员工创新的主动性和自主性，影响创新行为的效果。

工作特征作为工作的描述性要素，对员工创新行为保持着一定的影响力，包括：工作的自我支配性、工作的挑战性、工作的压力（林志扬、裴彩霞，2017）。工作的自我支配性可以提高员工的行为动机，促进创新活动的开展（Shalley et al.，2009）。工作的挑战性能使员工在努力完成工作后获得更多的成就感。研究者对工作压力如何影响员工创新行为意见不一，有的学者认为过长时间的压力或过重的工作负荷会压迫员工创新行为，而有的学者则指出正常的压力会激发员工的斗志，提高解决工作问题的动力，促进员工创新行为。

薪酬待遇对员工创新行为的影响是变化的。组织能够凭借物质奖励等薪酬方式激励员工从事创新行为（Woodman et al.，1993；刘宁、刘颖，2014；荆炜、韩冬日，2016），可是也有研究指出，过高的待遇会增加员工的惰性，降低员工创新的意愿，即薪酬对员工创新行为的作用在函数图像上表现为倒 U 形（Aino et al.，2017）。

组织文化对员工创新行为的影响不像其他变量那样明显，而是一种日积月累的潜移默化的影响。随着日常的反复宣传强化，员工逐步认同组织提倡创新的价值观，促成了员工的创新行为（胡建军等，2013）。卢小君和张国梁（2007）指出学习型的企业文化通过动机的中介作用影响员工的创新行为。

宋典等（2011）运用跨层次的研究方法对员工创新行为进行分析，结果显示战略人力资源管理和组织氛围均正向影响着员工创新行为。何会涛、彭纪生（2008）基于知识学习的视角探讨人力资源管理实践影响创新绩效的过程机理，在此过程中员工创新行为发挥着重要的作用。

组织内成员关系在以往研究中被证实对员工创新行为有影响作用。同事之间良好的关系可以促进知识技能的传播共享，自己的创新构想会在周围同事中得到迅速的推广，同时也会得到同事们的改良建议，从而促使创新构想的实际应用（谢礼珊等，2015）。

综上所述，影响员工创新行为的个体因素和组织因素如图 2 - 22 所示。

五 员工创新行为的结构与测量

针对员工创新行为的维度结构和测量，多数研究者依据创新过程视角，产生了多种不同的结论，形成了几类测量量表，经过文献研读归纳，学者们对员工创新行为结构的研究大致得出几种结论：一维观、二维观、三维观以及五维观（见表 2 - 7）。

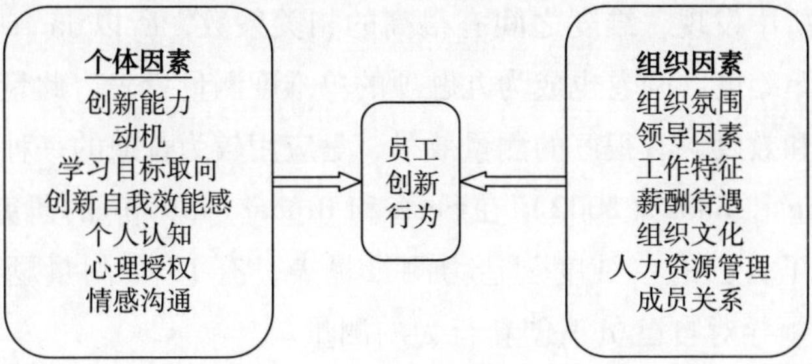

图2-22 影响员工创新行为的个体因素和组织因素

资料来源：作者绘制。

表2-7 员工创新行为的结构

结构	维度	主要文献支撑
一维	创新过程	Janssen，2000 George & Zhou，2002
二维	想法产生、想法实施	卢小君，张国梁，2007 顾远东，彭纪生，2010
三维	想法生成、寻找对自己的支持、想法实行	Scott & Bruce，1994
五维	创新机会的找寻、 创新构想的生成、 创新构想的评估、 创新构想的支持、 创新构想的应用	Kleysen & Street，2001

资料来源：根据相关文献整理。

（1）员工创新行为的一维结构和测量工具。Janssen（2000）从创新的过程入手分析，认为员工创新行为分为：创意产生、创意推动、创意实现三个阶段。创意产生有三个题项，测量了员工对新想法、新点子、新方法、新技术的创新情况；创意推动有三个题项，反映的是员工用创意影响周围同事的情况；创意实现也有三个题项，测量的是员工将创意转化为实际应用的情况。原本设定为三个维度，但在实证分析中发现，维度之间有很高的相关系数，所以 Janssen 将三维度整合为单维度，问卷也成为九题项的单维度测量量表。此量表具有很高的信度和效度，有很好的测量效果，是应用较为普遍的一种量表。

George 和 Zhou（2002）在 Scott 和 Bruce（1994）的研究基础上，编制开发了自己的单维度创造力测量量表，有 13 个测量题项，一般用于直接领导对自己员工创新行为的测量。

（2）员工创新行为的二维结构和测量工具。有关员工创新行为二维结构的研究指出，创新行为可被分成想法产生阶段和想法实施阶段。想法产生阶段要求具有发散性思维，力争从各个视角对现有工作进行创新改进，得到有实际用途的新想法；想法实施阶段是将新想法转化为实际行动并取得实际效果，来提高企业绩效。此外，在卢小君和张国梁（2007）、顾远东和彭纪生（2010）的研究中，也将员工创新行为分成两维的构念结构。

（3）员工创新行为的三维结构和测量工具。Scott 和 Bruce（1994）根据创新理论，认同创新过程的多阶段理念，开发出员工创新行为测量问卷，可以被用于测量员工的创新行为表现，包含三个维度（想法生成、寻找对自己的支持、想法实行）、六个测量题项，可以用于员工对创新行为的自评，有较好的信度与效度，具有较高的水准。

（4）员工创新行为的五维结构和测量工具。Kleysen 和 Street（2001）在员工个人层面的基础上，进行了更全面的创新行为内涵的测量。通过对之前文献涉及的近三百项创新活动的分析总结，提出员工创新行为的五维度结构，包括：创新机会的找寻、创新构想的生成、创新构想的评估、创新构想的支持和创新构想的应用。欠妥的是该量表的效度水平较低。

第四节　企业绩效的文献综述

一　基于 Citespace 的相关文献可视化分析

在中国知网（CNKI）搜集 1998—2018 年篇名含“企业绩效”且

关键词也是“企业绩效”的文献，共2011篇。在Web of Science中从1998年到2018年以“enterprise performance”为主题搜索到4023篇文献，分别通过关键词分析和引文分析，解析研究现状、热点以及主要参考文献。

（一）关键词分析

1. 研究现状

将Citespace操作界面的共线网络分析定为“Keyword”，进行关键词分析。图2－23是CNKI文献的关键词共现网络图谱，图2－24是WOS文献的关键词共现网络图谱，二者密度值较低，说明研究范围较分散。

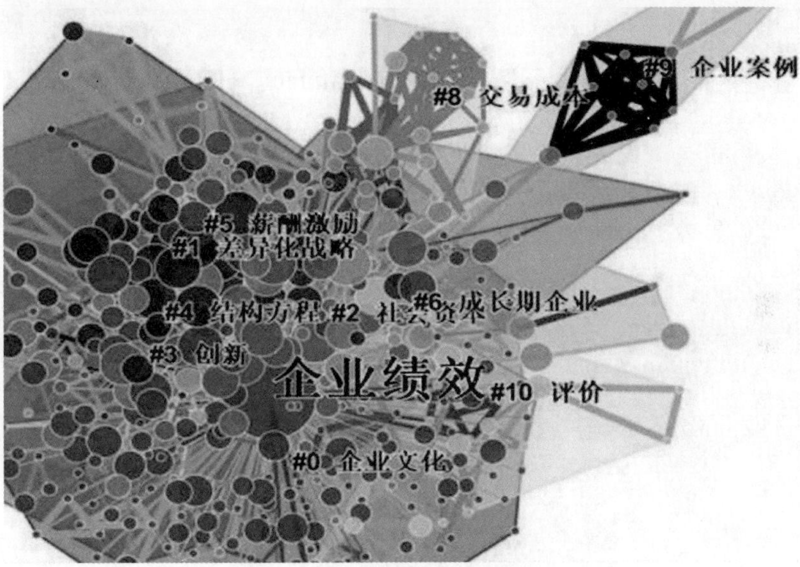

图2－23　CNKI中“企业绩效”关键词共现网络图谱

资料来源：中国知网（CNKI）。

由图2－23可知，国内有关企业绩效的研究主要聚类为11大类，大致集中在企业文化、差异化战略、社会资本、创新、结构方程、薪酬激励、成长期企业、指标分解、交易成本、企业案例、评价（见图中#0－#10）。具体属于以下几方面：

（a）研究方法：结构方程、企业案例、指标分解、评价

（b）战略：差异化战略

（c）提升机制：企业文化、创新、社会资本、薪酬激励、交易成本

（d）企业类型：成长期企业

由图2－24可知，国外有关员工创新行为的研究主要聚类为12大类，大致集中在enterprise resource planning、optimization、corporate governance、Japan、competitiveness、human－machine cooperation、calf separation、growth、decision support system、disk array、lessons learned、sourcing等，其中又有以下归属：

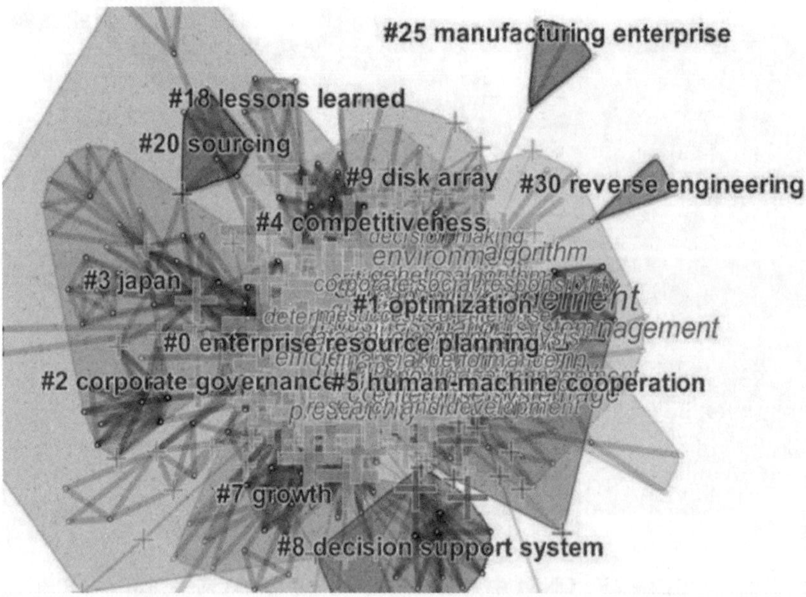

图2－24 WOS中“企业绩效”关键词共现网络图谱

资料来源：WOS。

（a）地域行业：Japan、calf separation、disk array

（b）战略：enterprise resource planning、optimization、growth

（c）提升机制：corporate governance、competitiveness、human - machine cooperation、decision support system、lessons learned、sourcing

综上分析，国内外的研究集中在企业绩效的提升机制，国内的提升措施包括创新、薪酬以及成本，国外的提升措施更多在于公司治理、提高竞争力、协调员工与组织关系、吸取经验教训等方面。战略方面，国内主要研究差异化战略，国外文献则更注重企业资源优化。

2. 研究热点

运行 Citespace 得到 1998—2018 年 CNKI 中文文献排名前三位的频发词（见图 2 - 25），图中 Strength 表示频发强度，数值越大，反映该词受到的关注度越高。

Top 12 Keywords with Strongest Citation Bursts

Keywords	Year	Strength	Begin	End	1998—2018
实证分析	1998	3.8163	2004	2011	
高层管理团队	1998	3.5052	2006	2008	
企业文化	1998	3.5249	2006	2008	
多元化	1998	3.8647	2006	2007	
市场导向	1998	5.2248	2007	2010	
实证研究	1998	3.612	2008	2010	
创业导向	1998	3.2455	2011	2013	
企业社会责任	1998	3.4145	2012	2015	
动态能力	1998	3.2767	2012	2013	
技术创新	1998	4.6391	2015	2018	
研发投入	1998	8.4885	2015	2018	
商业模式创新	1998	3.3072	2015	2018	

图 2 - 25　CNKI 中企业绩效文献的频发词

资料来源：中国知网（CNKI）。

由图 2 - 25 看出，研发投入的频发强度最高，达到 8.4885，之后是市场导向、技术创新，二者频发强度都在 4 以上，这些都与企业创新密切相关。实证分析在 2004—2011 年一直是研究热点，说明学者们倾向使用数据采用统计方法揭示事物发展规律。另外，技术创新、研发投入、商业模式创新在 2015—2018 年同时成为热点词，说明当前企业绩效相关文献的研究聚焦于通过创新提升绩效方面。

对1998—2018年WOS外文文献同样进行频发词分析，得到70个频发词，由于篇幅有限，挑选近几年的频发词进行重点分析（见图2-26），图中Strength表示频发强度，数值越大，反映该词受到的关注度越高。

Top 70 Keywords with Strongest Citation Bursts

Keywords	Year	Strength	Begin	End	1998—2018
financial performance	1998	10.4636	2014	2018	
determinant	1998	8.293	2015	2018	
empinical analysis	1998	5.0973	2015	2018	
capability	1998	4.0022	2015	2018	
corporate social responsibility	1998	15.6032	2015	2018	
risk	1998	5.0264	2015	2018	
business	1998	3.127	2015	2016	
knowledge	1998	3.9102	2015	2016	
research and development	1998	9.9398	2015	2018	
energy efficiency	1998	6.7929	2016	2018	
company	1998	9.008	2016	2018	
medium sized enterprise	1998	10.0796	2016	2018	
firm performance	1998	6.1671	2016	2018	
china	1998	10.2193	2016	2018	

图2-26 WOS中企业绩效文献1998—2018年的频发词

资料来源：WOS。

由图2-26看出，频发强度最高的是corporate social responsibility、sustainability，达到15.6，之后是china、medium sized enterprise，说明企业的持续发展备受关注，中国企业已受到学者们的关注。在2015—2018年同期的热点很多，说明学者们使用多种视角和研究方法，多方面地研究企业绩效，都取得了较大的进展。

（二）引文分析

对WOS文献进行引文分析，在Citespace操作界面将共被引分析定为cited reference，得到在1998—2018年主题为“enterprise performance”文献的引文聚类时间线图谱，汇聚的大类有：enterprise resource planning、competitive advantage、sustainable supply chain、reliability analysis、

European sme、business management perspective、competitive capability、global firm 等。

借助引文分析，可以看出被引用较高的文献分别归属的类别，还能间接得出该段时间的研究主题，因为被引用频繁的文献类别，说明受到研究者们的重点关注，也可作为使用关键词进行热点研究的补充。这类文献对该主题有着关键的研究支撑作用，有利于读者掌握该主题的基本内涵、构念关系、研究方法、研究现状等重要信息。启用 Burst 功能能够直观展示以企业绩效为主题的相关文献，共有频发强度最高的 134 篇引文，可对此做重点研读，由于篇幅有限，仅列出近几年的部分文献（见图 2 - 27）。

二　企业绩效的概念理解

企业绩效是生产经营效果的综合体现和客观评价，获得优良的绩效是企业存在的基本条件，也是企业能够继续发展的根本保障（Hsu，2017）。

Delaney 和 Huselid（1996）主要从企业效益的视角进行研究，指出企业绩效是在一定经营活动中收到的效益，包括偿债水平、盈利水平、运营水平和可持续发展水平。Lund（2006）运用生产率来衡量企业绩效，代表了企业在产量、生产能力、利润、竞争力方面的情况。

张琦和刘克（2016）认为企业绩效是各项管理措施以及经营举措的综合成果，客观反映了企业的整体业绩，与同行业的其他企业比较可以获悉在行业中的发展地位，和自身之前情况比较能够权衡企业的成长水平。

Jansen 等（2006）把绩效的内涵分为效率、适应性与效能三个层次。效率指企业的投入产出比，一般用资产回报率衡量；适应性指的是企业应对环境变化的处理能力，能否根据环境的变化来妥善安排企业的生产经营活动；效能指企业的产品和服务，比如销售量和市场占有情况。

还有研究者从三个方面理解企业绩效，即预测要素、决定要素和组织要素（毛良虎等，2016；王喜刚，2016）。预测要素是指能力、

Top 134 References with the Strongest Citation Bursts

References	Year	Strength	Begin	End	1998—2018
SARKIS J, 2011, INT J PROD ECON, V130, P1, DOI	2011	8.2967	2014	2018	
GROSSMANN IE, 2012, COMPUT CHEM ENG, V47, P2, DOI	2012	3.3417	2014	2016	
XU X, 2012, ROBOT CIM-INT MANUF, V28, P75, DOI	2012	10.9012	2014	2018	
SYKES TA, 2014, MIS QUART, V38, P51, DOI	2014	4.845	2015	2016	
NARAYANAN D, 2009, EUROSYS09: PROCEEDINGS OF THE FOURTH EUROSYS CONFERENCE, V0, P145	2009	4.2385	2015	2016	
RAM J, 2013, INT J PROD ECON, V144, P157, DOI	2013	6.799	2015	2018	
AGAN Y, 2013, J CLEAN PROD, V51, P23, DOI	2013	8.3281	2015	2018	
BUYUKOZKAN G, 2012, EXPERT SYST APPL, V39, P3000, DOI	2012	5.6634	2015	2018	
KLEWTTZ J, 2014, J CLEAN PROD, V65, P57, DOI	2014	5.4043	2016	2018	
HENSELER J, 2009, ADV INT MARKETING, V20, P277, DOI	2009	7.2104	2016	2018	
HORBACH J, 2012, ECOL ECON, V78, P112, DOI	2012	4.2015	2016	2018	
SCHALTEGGER S, 2011, BUS STRATEG ENVIRON, V20, P222, DOI	2011	6.0965	2016	2018	
TAO F, 2014, IEEE T IND INFORM, V10, P1435, DOI	2014	3.8762	2016	2018	
YIN RK, 2014, CASE STUDY RES DESIG, VO, PO	2014	4.2015	2016	2018	
YIN R, 2013, CASE STUDY RES DESIG, VO, PO	2013	3.3218	2016	2018	
TRIANNI A, 2012, ENERGY, V37, P494, DOI	2012	4.8028	2016	2018	
GOLD S, 2010, CORP SOC RESP ENV MA, V17, P230, DOI	2010	3.3218	2016	2018	

图 2－27　WOS“企业绩效”文献中的高频发强度引文

资料来源：WOS。

受教育水平、实际经验、兴趣等，企业员工的这些情况会合力形成对绩效的一定影响；决定要素包括工作的熟练程度、努力程度、组织认同、积极性等；组织要素指企业所处的行业、组织氛围、制度措施等。对这三个要素的考量有助于理解企业绩效的内涵。

三 企业绩效的结构与测量

对企业绩效的测量指标研究，以往的文献有多种结论，可分为单类指标和多类指标。

单类指标是将企业的某一个经营指标作为企业绩效，比较易于调查研究，比如把销售报酬率视为绩效的评价指标。但是，随着企业的深入发展，产生更多的关注点，形成企业的多重目标体系。

多类指标比单类指标更能全面地反映企业生产经营情况，现今研究者也多采用多类指标来评估企业各个方面的成效（刘善仕、刘辉健，2008）。例如将企业绩效指标分成四类，财务指标有投资回报率、利润率等，顾客指标有顾客满意度、顾客占有率等，运营指标包括成本控制、质量水准、新品开发等，学习成长指标包含员工满意度、离职率等。但是，不同的企业面临的行业形势、环境情境、员工情况都不尽相同，所以制定的企业绩效衡量指标也不一致。

Venkatraman 和 Ramanujam（1986）提出企业绩效涉及多方面的因素，属于多维构念：一是财务绩效，包括销售、利润等财务指标；二是运营绩效，比如市场占有率、顾客满意度等；三是组织效能，有员工效率、离职率等指标。

企业绩效的测量既需要财务绩效指标，也需要非财务绩效指标，只有这样才能全面反映企业的生产经营情况（徐佳、陈艳，2016）。财务绩效的指标容易量化，易于理解，各地区的财务指标差异不大，可比性较强。但随着企业的深入发展，财务绩效指标不能代表企业全部的经营活动，例如，对于新产品的研发投入，短期内财务绩效指标不会向好，甚至还有负面影响，但长期来看是有利于企业绩效提升的。因此还需确定一些非财务绩效指标，才能更全面地衡量企业整体经营水平（Jackson et al.，2014）。

Delaney 和 Huselid（1996）将企业绩效分为组织绩效和市场绩效

两类指标，其中组织绩效指标包含新品开发、吸引人才、顾客满意度、运营效率等，市场绩效指标有市场占有率、利润水平、销售情况等。

四 创新绩效的内涵与测量

随着近年来国家、行业、企业对创新的持续关注，创新绩效已成为企业绩效中的重要一环。创新绩效通常界定为各类创新活动对经营效率和企业利润的作用。Betz（1993）立足创新的对象来定义创新绩效，如流程创新、服务创新以及产品创新。Fritsch 和 Lukas、Jantunen（2005）着重从产品创新与工艺创新的视角考量创新绩效。Matthew（2014）的研究指出创新绩效是通过对创新活动的资源投入而获得的利润和效率的提升。何郁冰、张思（2017）指出最能展现创新绩效的是源自技术、管理、知识的创新。还有一些学者对创新绩效的理解定位在创新程度上，例如将创新绩效按全程创新和改良创新来理解。

从之前文献研究可知，创新绩效的测量分客观与主观两个视角。客观测量采用企业的各种财务指标，包括专利数、论文数、报告、产品利率等数据；主观测量多采用问卷自评的方式，获得产品、流程、性能、市场占有率等数据（Cordero，1990）。

现今在创新绩效的研究领域多数是采取问卷发放的方法，通过被调查人的主观感知来获得数据。具体测量题项一般涉及新产品的引进、开发、转化速度、成功率、销售比重等。

Cooper（1985）开发了创新绩效量表，包含“新产品占销售比例”等 8 个测量题项。John 和 Myriam（2003）把创新绩效的测量划分成狭义和广义。狭义的创新绩效主要关注新产品、新方法的引入程度，指标可设为新产品的开发数量。广义的创新绩效则更多地关注创新的整个过程，从资源投入到产品上市，指标设为研发投资、专利申请引进数量、新产品市场占有率。于晓宇、蔡莉（2013）使用包含“持续推出新产品”等五个题项的创新绩效测量量表，具有很好的信度和效度，取得良好测量效果，得到较为普遍的应用。

第五节 目标导向的文献综述

依据目前对目标导向的大量研究，一般将目标导向看作个体性特征和情境性特征。个体性的特征是把目标导向看成固定的有别于其他人的特质（方琦，2016）。Dweck（1988）认为目标导向源自个人的能力、性格、经历等个性因素，由于这些个性因素的不同会产生各自的目标导向，抱着增长能力观点的员工相信自身能力可以通过努力学习来获得，这类人一般是以学习为目标导向的。情境性特征也认同目标导向是相对个人比较固定的特质，但这会受到情境的影响。Vandewalle（2001）指出周围情境的剧烈暗示会影响个体特征的展现，会屈从于情境的要求。所以，本书将目标导向视为员工个体特征因素，在企业实行创新策略时，由于实行时间过短，不会受到创新导向人力资源管理实践的影响，可作为外生变量引入理论模型。

本书以创新为关注点，变量选取要以此为原则。要实行有关创新的发展战略，不会过于看重熟练员工的重复劳动，而需要大量较高素质的员工积极学习先进方法、理念、工艺，结合生产实践，在自己熟悉的领域有所创新。企业实行的创新导向人力资源管理实践有很大部分内容涉及培训、交流、建议、创新等活动，抱有学习目标导向的员工比绩效目标导向的员工更符合企业要求（汤淑琴等，2015）。因此，分析员工学习目标导向在理论模型的作用地位，对以创新为关注点的研究有更大意义。

另外，根据对目标导向分类的论述，学习目标导向的员工不会过于关注短期绩效的比较，更注重长远的职业能力发展，而绩效目标导向的员工只关注与别人的绩效比较，对学习新事物兴趣不大，绩效目标导向约等同是学习目标导向较低，所以，学习目标导向较低的员工一定程度上可以代表绩效目标导向员工的表现。学习目标导向与绩效目标导向的区别在于注重自我努力、能力提高（夏瑞卿、杨忠，2014）。学习目标导向水平较高的员工有较强的学习动力和进步渴求，在外部环境变化时，会通过提高自身能力来适应环境、掌握环境，所以学习目标导向与创新环境更符合。

由于目标导向属于员工个体特征的变量，所以目标导向的前因变量数量不多。Luzadis 和 Gerhardt（2011）指出员工个人的哲学观点影响着自身的目标导向，秉持低水平理念的员工认为在学习过程中遇到一些困难是正常的，有利于自身知识技能的提升，也是学习的目标所在。张学和等（2013）在研究个人创新的生成机制时，指出员工创新个性会正向促进员工的学习目标导向，因为具有创新个性的员工勇于接受挑战、敢冒风险，能够积极参与竞争，自然就激发了自身的学习热情和积极性，树立了不断学习提高能力的目标。Harris 等（2005）指出学习的需求和学习惯性也会对员工学习目标导向形成影响，责任感是员工绩效目标的形成因素之一。

员工个人动机的差异造成了各自目标导向的不同，这会影响工作中的态度以及行为，又进一步影响员工绩效乃至企业绩效。所以，目标导向的结果变量一般集中在心理、行为和绩效三个方面。比如：宋文豪、顾琴轩（2014）指出学习目标导向有利于激发员工创造力，提高工作绩效；Cellar（2011）运用元分析方法分析 102 份报告，结果显示学习目标导向对任务绩效有正向促进作用，同时绩效避免目标导向消极影响任务绩效；Jansen（2006）通过对企业员工的细致分析指出，学习目标导向对企业绩效尤其是创新绩效有较大促进作用，还与工作满意度构成了正比例关系；梁冰倩等（2015）实地调查了 420 名不同行业的企业中层管理者和员工，发现团队成员之间的学习目标如果过于分散，就难以形成创新合力，只有集中化的学习目标才能对团队创新能力有较大促进作用。除此之外，目标导向的结果变量还包括自我效能、创新意识、认知能力、试错行为、晋升辞职、创新行为、角色创新、自我调节等。

除了前因变量与结果变量之外，学习目标导向还在一些构念间发挥着调节作用或中介作用。因为学习目标导向是个体特征类的变量，很多研究将其定位调节变量。在研究灵活性人力资源管理系统和心理契约满足的逻辑关系时，指出员工学习目标导向发挥着反向调节作用。在探究阻断性压力源对工作—家庭冲突的影响过程中，发现学习目标导向反向调节二者关系。在组织支持感影响员工创新行为的整合模型中，目标导向发挥部分中介作用，权力动机发挥调节作用。在工作压力对员工创造力的作用机理中，学习目标导向在其中发挥着部分中介作用。

对目标导向的维度结构一般有几种结论：两维观、三维观与四维观。

Dweck（1988）把目标导向分为学习目标导向和绩效目标导向。学习目标导向是指通过学习新方法、新观念、新技能来提高自身能力，认为人的能力是可以通过努力学习来提高的。绩效目标导向主要关注绩效的表现，在意与其他人的绩效比较，愿意从事能够展现自己绩效的工作，回避自己不擅长的工作任务。目标导向的二维度量表有Button（1996）的十六题项量表与Van Yperen和Janssen（2002）的十九题项量表。

Vandewalle（1997）通过进一步对绩效目标的研究，将绩效目标导向又分为绩效趋近目标导向和绩效规避目标导向。持有绩效趋近目标导向的员工把困难当成挑战，为了证明自身实力，订立较高的绩效目标，一般表现出较高的员工绩效，而持有绩效规避目标导向的员工把困难视为威胁，力求避免绩效目标订立较低，表现为较低的员工绩效。他在此维度划分的基础上，目标导向分成了三个维度：学习目标导向、绩效趋近目标导向、绩效规避目标导向。目前，研究者大多采用的是三维度的目标导向测量量表，比如Vandewalle（1997）开发的量表，共有十三个测量题项。

Elliot等（2001）认为学习目标导向能够进一步细分，划分为学习证明目标导向和学习避免目标导向。学习证明目标导向主要注重学习新事物来完成预定目标，而学习避免目标导向是说员工避免暴露已经忘记了的新事物。不过在Elliot以后，几乎就没有其他学者继续研究这个四维度结构了。

目标导向相关文献的梳理综述给予本书的启示如下：将目标导向视为员工个体特征因素，作为外生变量引入理论模型；考虑到本书是以创新为关注点，企业更多地需要员工积极学习先进的方法技能，抱有学习目标导向的员工比绩效目标导向的员工更符合企业的迫切需求和长远发展，参考相关文献的研究方法，只选取学习目标导向作为本书的重要变量之一。

第六节　目前研究有待拓展的空间

第一，专门研究特殊指向性的人力资源管理实践的文献相对匮乏。多数研究从一般性的人力资源管理实践出发，去探讨对其他变量的影响，一般按照这样的研究逻辑：各项人力资源管理措施通过招聘或培训获得具备良好知识技能的员工，提高工作效率成果，增加企业绩效，促进企业发展壮大。比如寇跃、贾志永（2013）深入论述了战略人力资源管理的复杂“黑箱”问题，对SHRM影响组织绩效的作用过程进行多层次因果关系讨论。一般性人力资源管理实践影响企业绩效作为一个经典问题，已经有了相对成熟的理论体系和丰富的研究成果。但一般性人力资源管理实践不利于学者从具体人力资源管理的视角去探究组织创新，不易明晰哪些具体的人力资源管理实践能更加有效地促进创新提升绩效。随着战略人力资源管理的深入发展，指向性人力资源管理实践因为拥有具体针对性，成为新的研究方向，后续研究可围绕该主题做相关研究。

第二，关于创新导向人力资源管理实践的维度构型的研究还不太成熟。通过对创新导向人力资源管理实践的文献综述，发现当前只有为数不多的文献归纳出该构念的几种结构组成，提出时日尚短，还未经过大量的实际检验，所以需要对当前情境下的创新导向人力资源管理实践的结构做进一步的质性分析，验证已提出的几类结构组成，为下一步的研究提供实际佐证。

第三，以往研究在人力资源管理与企业绩效之间的中介变量以代表员工能力水平的人力资本居多，其他具有中介效应的变量研究相对较少。如Youndt（1998）指出智力资本包含人力资本、组织资本与关系资本，同时探索人力资源管理实践、智力资本、企业绩效间的关系，证实智力资本的中介作用。Wright 等（2001）认为员工的技能和知识是人力资源管理实践影响企业绩效的过程中的一个中介变量。蒋建武等（2010）以知识资本为其中一个分析视角，探究战略人力资源管理影响创新的过程机理，建立针对企业创新的战略人力资源管理模型。未来的研究可继续从人力资本以外的领域引入中介变量进行研究，以达到较为全面揭示影响机理的目标。

第四，单一中介视角下影响企业绩效的结构性缺失问题。从上述第三点可知以人力资本为中介变量讨论的文献很多。之后通过对心理授权和员工创新行为的文献综述可知，多数文献研究的是心理或行为因素对企业绩效的单一中介影响。例如有学者认为人力资源管理实践除了直接影响企业绩效之外，还会通过员工行为或者心理状态间接对绩效构成影响。通过实际调研访谈获悉，心理因素和行为因素更多情况下是同时发挥作用的，因此后续研究可考虑引入多个中介变量来揭示作用传导机制。

第五，创新导向人力资源管理实践的员工感知问题。之前文献许多是集中在组织层面探究人力资源管理对绩效的影响作用，本书的研究思路是主要从员工心理、行为视角讨论创新导向人力资源管理实践与企业绩效的关系，应更多地关注员工的感知情况，因为只有能被感知到的实践措施，才有可能是有效的。依据利益相关者理论，企业不应只关心所有者的利益，还应关注员工、管理人员等内部利益相关者的利益，重视他们的感受和利益诉求。所以，后续研究可从员工感知视角探讨创新导向人力资源管理实践。

第六，员工心理或行为因素的结果变量定位问题。因为员工心理、行为的变化，最直接的影响是员工的行为效果，例如工作效率、工作质量、工作业绩等，这些汇集起来就是员工绩效。企业在关注员工绩效的同时，会更多地关注企业的整体经营情况，所以后续研究可以拓展至员工绩效的汇集效果——企业绩效。企业绩效一般分为财务指标和非财务指标。企业无论采取哪种实践措施，最终落脚点都是财务利润等方面，是企业追求的根本利益和最终目标。企业绩效评价不仅要有现实的财务指标，还要有可持续发展的前瞻性的非财务指标。在当前国家创新战略下，创新对企业的影响性与日俱增，更应关注企业以创新促发展的经营方略和创新能力。同时，人力资源是企业最核心最重要的战略发展资源，企业创新战略的实现离不开人力资源的大力支持和充分响应，人力资源绩效体现的是企业人力资源的利用效能。所以，企业绩效的评价应立足人力资源绩效、创新绩效和财务绩效三个方面。

第七，心理授权的前因变量中“人力资源管理实践”的研究不足问题。心理授权作为员工心理感知的反映，大多数文献将前因变量集中在员工个体情况、企业领导行为以及工作环境上，有关特定具体的人力资源管理实践发挥前因作用的研究还为数不多，后续可在此方向做相应拓展。

第七节　本章小结

本章主要针对各个构念进行相关文献研究。首先，使用 Citespace 进行文献的关键词分析与引文分析，总览该构念的研究现状、热点、重要关注点以及经典文献。其次，从概念演化出发，逐步剖析演变过程。例如：创新导向人力资源管理实践，本章从创新战略与人力资源管理两方面入手，提出二者面临的变革背景，阐述二者的紧密关系与整合的必要性，逐步形成创新导向人力资源管理实践的构念。再次，分析各个构念现有研究的维度和测量工具，归纳出经典的常用的最符合本书结构与测量问卷。又次，总结该构念的前因变量和结果变量，将逻辑链条阐述清楚。在阐述员工创新行为时，将前因变量分为个体因素和组织因素分别论述。在企业绩效部分，因为本书重点关注的是创新融入人力资源管理实践之后，对其他变量的影响，所以在绩效中加入了创新绩效的衡量。在目标导向的论述中，指出学习目标导向更符合本书的研究主题，遂将学习目标导向引入理论模型，又由于其属于员工个体特征范畴，所以作为调节变量进行讨论。最后，根据对各个研究变量的文献梳理综述，得出后续研究有待拓展的空间，进而汇聚成本书的研究脉络：以员工感知到的创新导向人力资源管理实践为切入点，讨论其通过员工心理因素和行为因素，影响企业绩效的过程。

第三章　创新导向人力资源管理实践构型的质性研究

第一节　研究设计

基于第二章的文献综述发现，创新导向人力资源管理实践是战略人力资源管理的具体发展类型，是指向性人力资源管理实践的发展方向之一。创新导向人力资源管理实践提出时间不长，学者们对其核心范畴与结构维度一直没有定论，而这又是进行下一步研究的基础条件。

本章的研究目标是运用质性研究法探索当前情境下创新导向人力资源管理实践的核心范畴与结构维度，为后续章节的理论假设和量表选取提供实际依据和佐证支持。这就需要实地走访各类企业，与相关人员进行深度访谈，掌握第一手情况数据，依据实际材料归纳创新导向人力资源管理实践的核心范畴与结构维度，提高研究的可信性和科学性。

通过访谈工作的准备、访谈问题的界定、访谈提纲的确定、正式访谈、访谈材料的处理编码、得出结论等步骤进行构型分析，深层揭示事物内在本质，为后续的理论假设、实证研究做有力的支撑。本章内容大致分为三部分，一是访谈前的准备；二是访谈和资料收集；三是访谈后资料的编码和分析，通过对被访谈者话语内容和特征的比照归纳，分析出当前中国情境下创新导向人力资源管理实践的核心范畴与构念结构。

质性研究方法，源自田野调查法，是把调查者自己当作工具，通过访谈、观察、资料查阅等方式，收集多种各类材料，对研究对象进行全方位探究，得到理论结果（林小英，2015）。本章运用质性研究中的“半结构性访谈”法，该法是指按照大概的方向性的提纲进行的比较自由的访谈，对访谈时间、地点、提问方式、回答方式、记录方式都可以灵活对待，在取得访谈资料后，采用归纳法处理资料，科学严谨地编码，逐步形成理论结论。

本章利用质性研究的方法探究创新导向人力资源管理实践的核心范畴与构念结构，主要依据两方面原因：一是出于研究视角的需要。质性研究主要关注受访者本人的看法和感受，而本书也是以个体感知视角为切入点，在这一点上目标是一致的。研究对象是不同行业不同地域不同所有制的企业中层管理者、基层管理者与资深员工，半结构式访谈可以更加清楚透彻地把握受访者在感知、心理、行为上的变化，这是量化研究无法获得的，质性研究可以从非量化的角度为本书的研究提供佐证。二是在自由坦诚融洽的情境下，深度访谈可能会发现更多事先没有预想的信息，完善自己的理论体系，也可以获得更内部更深入的信息，有利于揭示事物背后的规律，提高自己结论的深度（李高勇、毛基业，2015）。

本章使用的是 Nvivo10.0 软件，该软件是目前国内外采用较广泛的质性研究工具，它的运行原理基于扎根理论，具备功能强大的编码程序。Nvivo 软件可以帮助研究提高工作效率，将纷繁复杂的手工编码工作转化为软件运行，有利于学者抓住敏感点，探索到有用的信息，为形成结论提供坚实的保障。

第二节　研究过程

一　步骤环节

（1）准备访谈工作。广泛阅读经典前沿文献，对要研究的构念做必要的理论或实践准备。筛选访谈对象，联系相关企业，商定访谈时间地点。

（2）界定访谈问题。精读相关领域的经典文献，重点关注创新导向人力资源管理实践的核心范畴与构念结构，熟知现今该问题的研究现状。起草访谈提纲，并与熟悉的企业人士探讨，不断修改完善。

（3）正式访谈。依据访谈提纲，与受访者进行一对一的半结构式访谈，在自由轻松的环境中，围绕中心问题让受访者畅所欲言，通过各种开放式问题把握受访者的心理、行为、感知等各方面的情况。访谈完成之后，尽快把访谈记录转化为文字。

（4）材料处理。对访谈内容的文字转化稿运用 Nvivo 软件进行编码归类，观察各个概念之间的关系变化，不断总结，逐步形成创新导向人力资源管理实践的核心范畴与构念结构。

具体过程见图 3－1。

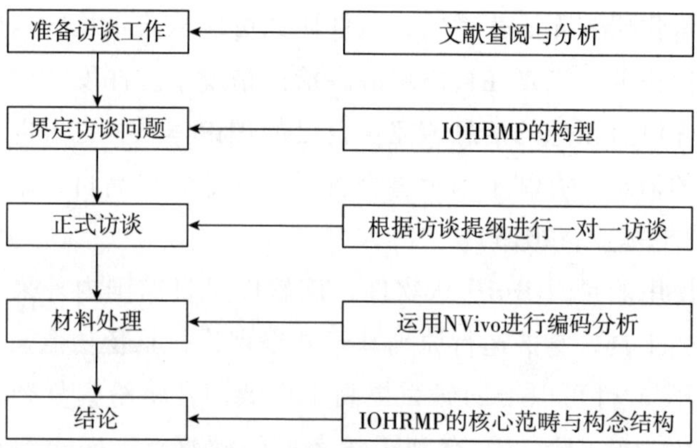

图 3－1　质性研究过程

资料来源：作者绘制。

二　访谈提纲

参考国内外相关研究领域高质量的访谈提纲并结合实际情境，起草本书的访谈提纲，尽力避免使用生僻难懂的学术语言，并提前三天通过书面或网络途径把访谈提纲告知被访谈者，使其能够充分了解访谈内容。访谈提纲主要是为了研究者了解并发现人力资源管理实践中哪些措施有助于显著促进创新，并以此提高绩效。除此以外，还有几个问题可作为创新导向人力资源管理实践影响其他变量的实践佐证。访谈提纲如下所示：

（a）研究者介绍访谈的目的（解释访谈的重点在人力资源管理实践措施，并用通俗易懂的语言解释企业绩效，如企业绩效包括创新绩效、财务绩效、人力资源绩效等，具体指哪些方面）。

（b）被访谈者的基本情况（包括工作年限、工作部门、工作职务或岗位）。

（c）请您谈谈贵公司目前采用了哪些人力资源管理的方式和手段，可具体说说在公司运作的各个环节上的实际做法。

（d）您认为贵公司目前采用的人力资源管理方式和手段，哪些措施能够促进员工创新，即有助于员工在工作中不断产生和实施新的想法，对公司产品、工艺、流程、制度、管理等方式有所改进（对一些回答要适当追问）。

（e）这些有利于创新的人力资源管理措施对员工绩效乃至企业绩效有什么影响？能说一说印象深的几件事吗？你认为企业实行的这些利于创新的措施是怎么一步步影响企业绩效的？有哪些中间的影响因素？

（f）这些有利于创新的人力资源管理措施对员工心理和行为（比如：工作意义、工作自主性、创新信心、创新行为等方面）有什么影响？员工心理和行为发挥什么样的影响？能说一说印象深的几件事么？

（g）员工中有哪些目标导向？在这些有利于创新的人力资源管理措施影响绩效的过程中，员工自身的目标导向（比如：致力于增强自身的能力或是致力于提高自身业绩）会否产生影响？说说如何具体影响？

第一类问题是简介本次访谈目的，如第 1 题。第二类问题是被访谈者的基本情况，包括工作年限、工作部门、工作职务或岗位等，如第 2 题。第三类问题，主要了解企业采用了哪些人力资源管理实践，其中哪些有利于创新，如第 3、4 题。第四类问题是为下一步的研究寻找实践佐证和支撑，涉及一些中间的变量，包括剩下的问题。

三　正式访谈

访谈对象是河北、北京、天津、上海、福建等地的18位企业中层管理者、基层管理者和资深员工。资深员工指在企业工作较长时间的员工，本书定为有三年以上工作经历的员工。访谈对象所在企业，一方面具有完整的人力资源管理体系，另一方面确定了以创新促发展的企业战略方向，并已获得良好的效益。企业涉及的行业包括制造业7家、金融业1家、批发零售业2家、信息技术业3家、设备研发2家、电力行业1家、电子行业1家和建筑业1家，如表3－1所示。

表3－1　受访者基本情况

编号	所在企业	行业	地域	被访谈者职务
A	邢台钢铁有限责任公司	制造业	河北	部门主任
B	707所	设备研发	天津	项目负责人
C	富奥电装空调有限公司	制造业	天津	科长
D	SK润滑油	制造业	天津	部门经理
E	中钢集团邢台机械轧辊有限公司	制造业	河北	资深员工
F	家乐园集团	批发零售业	河北	经理
G	百度	信息技术业	北京	部门经理
H	腾讯	信息技术业	北京	资深员工
I	邢台山垆商贸有限公司	批发零售业	河北	经理
J	福建智趣互联科技股份有限公司	信息技术业	福建	部门经理
K	54所	设备研发	河北	资深员工
L	蓝鸟家具	制造业	河北	部门经理
M	中国石化润滑油有限公司天津分公司	制造业	天津	资深员工
N	阳光恒昌投资管理集团	金融业	北京	部门经理
O	长城汽车	制造业	河北	资深员工
P	上海众辰电子科技有限公司	电子	上海	部门经理
Q	中国民航工程咨询公司	建筑业	北京	项目负责人
R	国家电网	电力	河北	资深员工

资料来源：根据访谈对象资料整理。

人们谈起创新，往往会想到高新技术产业和巨额的研发投资。但是，德国费劳恩霍夫协会的一项长期实证研究表明，中低技术产业同样具备巨大的创新性（非研发创新），其对社会创新能力的提高至关重要。中低技术产业是指研发费用占销售额的比例小于3%的产业，又称非研发密集型产业，包括多数的传统产业，比如塑料制品、家具等。这些产业多数是中小企业，产品简单，属于劳动密集型和中低技能要求的传统领域公司。2006—2010年，欧盟27国的制造业有三分之二的员工从事中低技术产业。德国也有一半的产业工人在中低技术的传统产业工作，该类产业占总工业增加值的42%。中低技术的传统领域企业借助向高新技术企业供应半成品或成品，进而对经济增长产生影响。同时，中低技术的传统领域企业还是高新技术产品（如工业机器人、自动系统）的使用者，刺激促进了高新技术产业的创新发展。

创新的类型不只是产品创新和技术创新，中低技术的传统领域公司一样可以在工艺创新、服务创新、制度创新、管理创新、流程创新等方面寻求提升。例如2014年欧盟创新调查数据显示，工艺创新对中低技术企业的贡献是对高新技术企业贡献的两倍有余。

所以，有关创新导向人力资源管理实践的访谈对象的选取，没有特别局限于高新技术产业公司，还吸纳了一些传统领域的公司。制造业、信息技术业有技术创新、工艺创新；批发零售业有管理创新、服务创新；建筑业有流程创新；金融业有管理创新和制度创新。企业若只选取一种创新类型也不易得到持久的发展动力，特别是单一的产品创新，很快会被模仿超越。相比高新技术产业，传统领域公司一定程度上更需要创新变革，若没有足够的创新提升，就更难以适应经济结构转型、供应侧改革的国家形势要求，为了生存发展，更需要以创新求发展。

本章筛选出的受访者都是企业中层管理者、基层管理者和有三年以上工作时间的资深员工。中层管理者和基层管理者由于所处职位能够接触并感知到更多准确的企业信息；资深员工由于工作时间较长，有足够的时间深入了解企业，他们感知到的企业人力资源管理实践和创新情况具有较高的可信度。受访者同时也是企业员工，对自身的心理、行为亦有清晰认识。综合受访者两方面的优势，可使本书以员工感知为视角，从微观个体层面对创新导向人力资源管理实践构型等问题进行调研分析。

受访者都和调查人比较熟悉，或是经熟人介绍，这保证了访谈人和受访者之间能够轻松自由的交谈，有利于研究信息的深入挖掘。研究者通过面对面、电话、语音等方式进行访谈。当面访谈的地点尊重受访者的意愿，一般是安静轻松的场所。访谈时会告知受访者本次访谈的目的是只用于学术研究，在受访者同意的情况下，使用录音笔辅助记录，并配备1名具备相关经验的助手现场记录。访谈时，使用容易理解的语言，避免出现晦涩的学术名词，针对某一问题或话题，访谈人进行追问，力求全面了解。访谈结束后，第一时间将访谈记录整理成文字稿。为了达到良好的访谈效果，研究者对访谈的各个细节都做了比较细致的安排。

四　材料处理

（1）转录。访谈完成后，第一时间把访谈笔记和语音材料逐字转化为文字，转化完毕后，比对着文字稿进行复查，保证完整准确。

（2）材料导入。使用 NVivo 软件，将 18 位受访者的访谈文字材料逐个导入 NViVo 的“来源”，下一步进行编码。

（3）编码。第一步采用开放编码（又称一级编码），对访谈文字材料细致逐句研读，把有关访谈中心内容的段落提取出来，将材料拆分和概念化；第二步进行主轴编码（又称二级编码或关联编码），把在开放编码中被拆分概念化的材料进行归纳，加以类聚，将隶属同一含义的内容归类，构建类别与次类别的连接；第三步进行选择编码（又称三级编码或核心编码），对经过主轴编码的各个类别继续进行统整提炼，对有共性的编码进行命名，进一步归纳提升，发展升华为核心类别。在工作过程中，我们抱着完全开放的态度进行操作，这三种编码程序随着对材料认识的加深循环交替重复进行，反复精读，直到饱和，这是一个理论不断充实的过程，只有这样才能更准确地发现创新导向人力资源管理实践的核心范畴与构念结构。

第三节　创新导向人力资源管理实践的构型

一　编码和归纳

在对访谈内容的编码抽取中，创新导向人力资源管理实践分出三个二级编码，分别是能力、动机、机会（见表3-2）。能力分出招聘、培训和开发，提及人数分别是15人、12人和3人，提及频次分别是15次、13次和3次。动机分出奖励、晋升、成就感和发展前景，提及人数分别是15人、9人、8人和7人，提及次数分别是16次、11次、9次和7次。机会分出沟通、参与、建言和工作设计，提及人数分别是12人、9人、11人和5人，提及次数分别是14次、10次、12次和6次。

表3-2　　　　提及人数和提及频次

三级编码	二级编码	一级编码	提及人数（人）	提及频次（次）
创新导向人力资源管理实践	能力	招聘	15	15
		培训	12	13
		开发	3	3
	动机	奖励	15	16
		晋升	9	11
		成就感	8	9
		发展前景	7	7
	机会	沟通	12	14
		参与	9	10
		建言	11	12
		工作设计	5	6

资料来源：根据访谈结果整理。

将访谈材料进行原始语句分类，不要重复。对于意思相似或相近的语句进行归纳合并，获得65条原始语句代表，分别归为招聘、培训、开发、奖励、晋升、成就感、发展前景、沟通、参与、建言和工作设计的类别。

其一，有的受访者谈到提升员工能力的实践，又分为招聘、培训、开发的类别，以下是一些原始语句或意思相似的语句。

我公司经常进行员工的知识技能培训，方式是定期的培训班和经验交流会。并通过各种培训，让员工认清行业发展趋势，把握时代脉络，有利于员工多元化的职业发展。(培训)

我们公司比同水平的其他公司提供了更多的培训活动，去年人均受训 80—96 小时。培训主要是实用技术培训和管理技能培训。企业中层管理者经常利用讨论或沙龙的方式学习管理知识，提高管理水平。研发人员的培训主要是公司内外的研讨会。客服主要采用内训方式。(培训)

企业招人时参考的学历水平主要反映了员工的专业学习能力，但在实际工作中还要有其他的素质。所以有工作经验者会有更好的创新意识和行为。(招聘)

招聘时不光注重应聘者的学历水平，而且还关注有无相关的专业工作经验。更重视熟手的招聘，因为这能看出实际工作能力。(招聘)

我们公司对员工进行软件培训，效果明显，这样的专业培训能直接提高人员工作技能。公司还会定期参加一些材料技术领域的研讨会，派人参与交流，也会去其他地方或公司参观学习，或聘请专家给员工上课。(培训)

招聘条件要求本科以上，博士也招录，钢铁行业的相关专业，有工作经验者优先。(招聘)

公司还制订详细的培训计划，一年报一次，之后就按此计划严格执行。(培训)

经验交流会，研讨会，聘请老师设计职业路径，带我们走出去，到相关企业学习，帮助员工建立职业规划。(开发)

每年各部门都做培训计划，人事统一协调，公司整体做培训。(培训)

招聘是总公司管，一般是通过猎头招聘的。(招聘)

单位各部门都喊人不够，不易创新，其实是缺乏有能力的人才。以前没有创新，从行业老大变成了老二。(招聘)

单位招人时喜欢招一些能提出新想法的员工。面试时，负责招聘的人会对候选人进行测试，看看对外部新鲜事物的反应，能否提出自己的看法，能否将自己的观点落地实行。(招聘)

以前公司喜欢招熟练工，但这几年更喜欢招一些在熟练的基础上能够有新想法的员工。对已有工人的培训，也是立足他们能够结合实际工作提出想法。(招聘、培训)

我们公司有一整套用来测量员工技能的办法，可用于检查项目组里缺少哪种人才，再让人事部门专门招聘具有这种技能的人才。(招聘)

公司在招进新人后，会有意识地给予他们不同难度的工作任务，来衡量具体能胜任哪些工作，随后在工作分配上，总是给予需要努力才能完成的工作，以培养锻炼人才，不会只让他们做简单枯燥的工作。(开发)

每年公司都会对员工从事创新活动和取得创新效果的情况进行评估，实行专业的360度评分体系，由同事、领导、下属、客户全方位打分，并把评估报告提供给员工本人、领导和人事部门。(开发)

有创新性的员工在招聘面试时表现得较为自信，积极与人沟通交流，对自己的成绩有高度认可，眼界知识面都比较宽，具备亲和力。(招聘)

在筛选人才上，单位看重的是应聘人在以前工作中取得的创新性成绩，并进一步询问该创意是否出自本人，为什么会考虑创新，怎么实现创新等一系列问题。(招聘)

不同的人有不同的择业关注点，比如综合素质高创新性强的人才，他们更关心自我价值能否实现，是否有大展抱负的机会。他们对入职后从事的工作比较关注，对薪酬职位关注度不高。(招聘)

依据企业自己的员工胜任模型，去分析员工的哪项能力欠佳，就在日常培训中有针对地进行讲解，告知解决办法。(培训)

培训对企业来说是非常重要的，是提高员工创新性的一种投资行为。只有这样，才能提升企业整体的创新性。我们公司的培训主要有两种：一是技能类培训，主要为了增强员工在实际工作中的技术能力；二是管理类培训，主要为了提高员工的交流协作能力、学习能力和承受压力的能力等非技术类的能力。(培训)

据我所知，许多企业都会组织培训，但有些培训效果不好，我们单位的培训更多地关注员工创新想法的产生，锻炼员工的创新能力，强化创新意识，鼓励员工去尝试各种创新方法。(培训)

单位组织的培训都很有针对性，实际性很强，培训中我们将遇到的各类实际问题说出来，通过研讨找出解决方法，很有效果。(培训)

为了培训员工有关创新的知识技能，公司实行了讲师制，由大家推选上课的教师和讲授的内容，每名员工都有机会也有义务把自己的经验传授给大家，这样全公司实现了经验共享、教训共防，提高了工作效率和成绩。(培训)

其二，有的受访者谈到激发员工动机的实践，以下是一些原始语句或意思相似的语句。

公司为了鼓励员工技术创新，专门实施了《科技奖励试行办法》，对员工在各个方面取得的成绩给予分等级、分类别的奖励，成绩包括新技术、新工艺、科研论文、专利、专著、新产品、新管理方法等，并对创新方向予以引导。(奖励)

像我们这样的技术含量较高的公司，员工不光要求一份较高的薪酬，还要有一个能够展示各种才能的平台，在取得一定成绩后，能获得公司的肯定认可，有成就感的需求。(发展前景、成就感)

我公司特别重视工作创新，有一个程序员由于业绩突出，一路升职到分公司副总，待遇获得很大提高，更重要的是地位提升，成为人生赢家。(晋升、发展前景)

公司在对创新成果的奖励大多呈现在年会上，会上颁布创新奖名单并发放奖励，名单考虑到了工作类型的差异，公平公正，受奖员工既得到了物质利益，也收获了成就感。(奖励、成就感)

为了激励员工的创新，会制定高于平均水平的绩效目标和创新需要。反对平淡无奇的工作，引用挑战性的工作来激发员工的争胜心。

(成就感)

企业文化应该更多地聚焦在工作目标上，鼓励员工尝试新方法新工艺，营造积极创新提高绩效的工作氛围，对典型事例大力宣传。(成就感)

我公司经常会大力奖励员工的一些生产新方法、新流程。(奖励)

因为现今技术上的创新很难，需要大家的共同努力，所以组建创新研发团队进行攻关，并将绩效、晋升与创新成果挂钩，调动了员工的创造性。(奖励、晋升)

企业给予员工的奖励如下：顺利完成任务项目会有一定奖励，如果有技术突破，还有相应的奖励。另外若取得国家级技术奖，给予两万元奖励，发一篇专业技术论文奖励500元，研发部一年就发了9篇专业文章。(奖励)

公司出台了薪酬奖励管理办法，对绩效好的员工进行奖励，随时提合理化建议，若有创效，就进行奖励。(奖励)

作为维修部门，设备维护，公司明确有一个《修旧利废管理办法》，若职工通过自己的维修，达到使用标准，公司都会对其进行奖励。我们部门每个月都会达到5万元以上，职工的薪酬奖励在3000元左右。(奖励)

作为基层管理人员，本部门员工通过创新的活动，受到了奖励，还获得了公司的宣传，既是对自己的肯定，也是部门的荣誉。(奖励、成就感)

前些年邢钢改制，吸纳员工股份，让员工成为企业的主人，工作积极性空前巨大，创新成果取得质量和数量的双丰收。(奖励)

我认为合伙人制可以发挥最大的创造力，只有为自己工作，才会发挥最大的潜力。另外还有混合所有制也可参考。(奖励)

公司的绩效目标会进行KPI分解，不光是公司绩效目标的达成，而且个人目标的达成也很重要，会直接影响薪酬。(奖励)

实行提案制度，采纳一次奖励50元，采纳并执行奖励100元。(奖励)

单位的绩效管理，首先要保证合理公正的评估体系，再根据评估结果进行奖惩。目前公司里员工绩效部分70%着眼个人绩效的完成情况，另30%考量员工从事创新活动和取得创新成果的情况，还要考评员工的知识技能。这也是职位晋升的关键根据。(奖励、晋升)

激发员工创新的动力，从不同方面入手，一种是给予较多的薪酬激励，一种是发展前景激励，还有一种是组织地位和成就感激励。(奖励、职业发展、成就感)

我们公司如果在新技术、新产品、新方法有突破时，公司会给予最高级的荣誉总裁奖，并在公司内部大力宣传，员工也会十分光荣。(奖励、成就感)

员工取得较大的创新成果时，要大力表扬，让全体员工都能认可优秀员工的业绩。开展经验介绍会，阐述取得成果的历程，给大家以启示，并激发员工从身边做起，积极参与创新活动。(成就感)

在绩效考核中，加大员工创新行为和创新能力的考核比重，让员工认识到创新的重要性。(奖励)

公司尊重每一个来的新人，倾听每个人的想法意愿，使员工相信自己从事任何工作都会得到公司各方面的支持。(成就感)

员工大多数有本科以上学历，有自己的职业安排，他们对工作看重的是公司能否给予一个发挥能力的平台，以及他们能做出多大的成绩，这对他们日后的职业生涯很重要，所以对于这类员工，获得的发展平台比工资薪酬更具吸引力。(发展前景)

我们公司目前的薪酬不是业界最高的，但技术是最新的、最先进的，工作时我们经常提出的新想法，以公司现有的资源都能实现，公司给予了我们实现价值的条件，每人都能得到发展，企业发展和个人事业前景都很光明。(发展前景)

其三，有的受访者谈到提供员工机会的实践，以下是一些原始语句或意思相似的语句。

我们公司构建了内部交流体系：发行公司内部简报，一个月发行一期；每月召开一次员工之间的见面沟通会，议题是最近发现的问题、解决的方法、下一步行动的方向；经常举行各种业余活动，领导与员工一起参加，一起交流。公司网上论坛也能实现交流，大家一起

出主意。(沟通)

企业人力资源部负责建立顺畅自由的沟通机制，鼓励跨部门交流，吸收多元知识技能服务创新，鼓励员工积极把取得的成绩经验写成稿件，在公司内部传播。(沟通)

构建员工反馈建议制度，可以实名也可以匿名，鼓励员工针对企业现状发表自己的意见。(建言)

公司实行轮岗制，员工会在大部分的岗位上都有工作机会，从而从整体上把握公司的需求，将个人的努力方向与公司的目标保持一致，也有利于创新想法的产生和创新技能的积累。(工作设计)

我公司建立了方便快捷的沟通机制和上传下达的信息通道，员工可以方便地和同事讨论工作，也能无障碍地将工作建议反映到主管乃至公司老总那里，这样就有利于创新想法的产生、发展和实施。(沟通、建言)

企业鼓励员工具有多样化的技能，这样才会更易进行创新活动。(工作设计)

员工在工作中，有时会产生负面情绪和意见，企业设有意见箱，员工自由投放。并且还建有健身房，有研究表明，健身能够排解负面情绪，让员工保持乐观积极的工作态度。(建言)

公司规定部门主管每年要和员工进行四次工作情况反馈。主管要对员工取得的创新性的业绩进行表扬，并对员工存在的问题进行指导，提出下一步的行动建议，还要对员工从事利于企业的行为进行资源支持。(沟通、参与)

单位实行了导师制，安排老员工引导带领新员工，实行手把手的传帮带，给予老员工一定的薪酬补助。(工作设计)

经常组织员工进行对外交流，参加技术管理会议，思想要保持开放，努力吸收新思想，不光关注自身发展，还要着眼当前的发展形势，不能闭门造车。(沟通、工作设计)

公司有完善的全公司沟通机制，通过邮件、局域网，还定期开会交流。(沟通)

公司内部有轮岗机制，重要岗位强行要求轮岗，必须有多人掌握

履职要求。对一般岗位，员工可自行请求任职，公平竞争。（工作设计）

每一年公司有将近15%的员工进行轮岗，有的是部门内部，有的是部门之间的，有的还被派到外地。时间从三个月到一二年不等。也有很多外地的同事来这里上班。（工作设计）

公司很重视员工的工作建议，只要是有所改进的意见，都会采纳。员工看到企业重视自己的想法，就有了建言的动力和积极性。（建言）

单位有一些技术团队，成员是来自各个部门的骨干，公司在新产品研发决策时会听取这些团队的意见，往往这些意见都非常实用和中肯。（建言、参与）

公司提倡团结合作，建议成立工作团队。水平高有实力的员工允许参加多个团队，这样既锻炼了能力，也增加了收入，有利于创意交流和共享。（工作设计）

实行轮岗的目标是共享技能知识和宝贵经验，可以促使员工确定自己适合的工作岗位，发现自己适合哪一项工作，也可以让员工对公司各个部门有所了解，能更好地开展工作。（工作设计）

单位成立有客户中心，专门负责联系客户，接受客户对产品以及服务的意见，之后企业会把出现的问题及时提供给技术部门和生产单位，并定期监督更正后的情况。员工在生产过程中如果发现问题，也能一并处理。（参与）

我公司在保证公司绩效实现的情况下，给予员工较多的工作自主性和自由性。可以适当选择上班的地点，可以自主选择工作的侧重点。在主要工作目标达成情况下，可以选择一个工作重点方向。（工作设计）

公司给职工创造了一个建言献策的环境，职工才敢才会做某些创新。（建言）

公司每年年会都会邀请合作商、供应商、分销商以及消费者参加，同时让各部门的主管和业务骨干也参加，给予交流的机会，让员工充分了解客户的要求以及来自上下游企业的意见。会后，公司领导

和部门主管会对提出的意见进行优先级排序，落实到具体负责人。（参与、交流、建言）

我公司定期召开职工代表大会，职工代表会将员工工作中出现的问题向高管反映，并提出合理的解决意见。（建言）

企业公布了员工建议投送邮箱，由人力资源部专人负责，定期向公司领导汇报。每年有不少公司实行的措施是出自这样的邮箱。员工建议涵盖了生产经营的各个方面，当被公司采纳后，该员工也可以参与建议的实施。（沟通、建言）

二　创新导向人力资源管理实践的结构分析

在大量的原始语句基础上，逐层编码归类，创新导向人力资源管理实践渐渐显示出内涵结构。在招聘、培训、开发的实践活动中，三者的共同点集中在促进创新的能力上；在给予员工奖励、晋升、成就感和发展前景的过程中，共同点集中在对创新的动机激励上；在沟通、参与、建言和工作设计的实际工作中，共同点集中在给予更多的创新机会上。在 11 个一级编码上，归纳出 3 个二级编码，分别是能力、动机、机会。之后这 3 个二级编码进而汇聚为创新导向人力资源管理实践的构念。

利用预留的实地访谈记录进行理论饱和度检验。结果显示，在凝练出的创新导向人力资源管理实践的核心范畴与构念结构之外，未发现新的范畴和维度，也没有其他理论发现。所以，理论饱和度通过检验。

（一）能力

能力是一切人力资源管理实践活动的基本条件，不谈能力谈实践，就是“无源之水，无本之木”。只有在有能力完成一件工作的时候，才会考虑改良和创新的事宜。创新导向人力资源管理实践重点强调员工创新能力的培养。根据创新理论，员工的知识技能是有效提出创意的能力准备（蒋建武等，2017），保证了创新想法的科学性与操作性。能力不光体现在创意的提出环节，还体现在创意的推广和实施阶段，对于自己的创意要有能力让别人认可，对于他人的创意要有能力鉴别其创新功效。企业员工能力来源于多种渠道：直接招聘、公司培训、实践开发（刘军等，2016）。要想招聘到企业需要的创新人才，就要有识别人才的机制，通过一系列测评程序，判定是不是急需人才或是否具有创新潜力。招入之后，通过有针对性的有关创新的培训开发，使其更契合公司要求，提升组织的人力资本水平。基于社会交换理论，这类与组织高度契合的员工受到组织的多方面栽培与信任，具有较高的组织忠诚度，离职率大幅降低，工作效率显著上升，会对绩效产生正向影响。

（二）动机

能力维度解决了“能不能创新”的问题，动机维度则关注“想不想创新”的问题，动机维度是为员工创新活动提供必要的驱动力（Jansen et al.，2006）。企业提倡创新活动是为了提高绩效，员工参加工作也有其自身最为关注的方面。应从员工最关心的方面进行激励。根据马斯洛需求理论，人类需求会像楼梯一样从低到高排列，员工需求主要集中在薪酬、精神、职业发展和价值实现上（Morgeson et al.，2010）。经过质性研究发现，受访者谈及最多的并且已在实践中被证实的做法是给予员工创新活动多方面激励，包含薪酬、晋升、成就感、个人发展前景，使个人利益与企业利益有机结合，个人目标与组织目标趋于一致，形成企业员工的双赢局面。

（三）机会

当员工具备创新能力并激发创新动机后，下一步影响员工创新成果的要素是企业给予的创新机会。员工创新能力的发挥与企业给予员工的创新空间息息相关。根据创新理论最新发展，已从过去的技术部门创新转变成企业全员创新，企业需给予员工参与管理活动并畅所欲言的机会（Fulmer & Ployhar，2014）。创新是一个复杂的多领域交汇碰撞的过程，既需要个人灵感启发，也离不开团队智慧的贡献，即便是员工个人的创意也需要通过沟通交流实现创意的推广和实现，所以还需要高效的沟通交流机制。为了更大程度地发挥个人创新潜力，企业还要出台一些有利于创新的工作制度，比如轮岗制、导师制，这些能更快更好地促进员工从事创新活动。另外，企业给予员工充分的自由和信任，拓展员工的创新空间，提高员工的组织认同感，从而产生自发的角色外行为，比如主动建议改良方案、自愿负责更多的工作，使员工在追求个人发展的过程中寻求对企业的回报。致力于以创新促发展的企业，应在制度和文化上鼓励支持创新，保护好员工从事具有挑战性创新活动的积极性，在工作上给予更多的保障和授权，营造创新氛围，提供没有后顾之忧的创新环境，将创新活动全方位铺开。

（四）内部契合

创新导向人力资源管理实践把促进创新的要素全方位融入在能力、动机、机会三个维度之中。此三个维度相互影响，相互促进，形成内部契合的完整体系。能力的大小影响着员工从事创新活动的自信和热情，能力越高，从事创新活动的动机越强烈，越希望凭借创新活动获得奖励、晋升的机遇，提升成就感和发展前景，会充分把握每一次企业给予的创新机会。员工通过创新导向人力资源管理实践中对创新活动的奖励措施感受到企业对员工从事创新工作的迫切期望，建立或增强了从事创新活动的动机，将会努力通过培训与人力资源开发来提高自身的知识技能，以适应创新活动的能力要求，通过积极沟通参与、建言献策把握创新机会，不断以创新促进自身与企业的发展。机会是员工从事创新活动的外部支持。员工从事创新活动的能力有高有低，通过创新获得成功的动机也有大有小，企业要想充分发挥员工的创新能力，激发足够的创新热情，就需要给予充足的从事创新工作的条件和机会。当从事创新活动变得极为便利，提出的建议获得足够的重视和应用，创新的风险得到理解宽容，员工将会珍惜每一次创新机会，激发创新热情，提升创新能力，以实现下一步的创新目标。

第四节 本章小结

本章选取来自不同地域、不同行业、不同职位的 18 位企业中层管理者、基层管理者和资深员工，针对能够提高员工创新的具体人力资源管理实践的结构维度，进行半结构化的实地访谈，收集第一手材料，通过对访谈内容的编码分析，逐步明晰创新导向人力资源管理实践的核心范畴与构念结构，为之后章节的理论假设和问卷调查提供实践支撑和佐证。

通过实地访谈和质性归纳得出创新导向人力资源管理实践是在能力、动机、机会三个一级构念基础上的二级构念（见图3－2）。与其他人力资源管理实践不同之处在于三个维度中都融入了组织支持创新的要素，重点关注提高员工创新的能力、激发员工创新的动机和提供员工创新的机会。能力维度涵盖招聘、培训和开发，动机维度涵盖奖励、晋升、成就感和发展前景，机会维度涵盖沟通、参与、建言和工作设计。

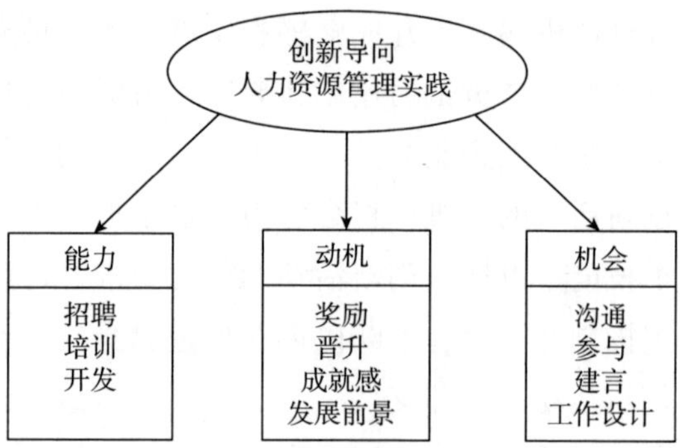

图3－2　创新导向人力资源管理实践的结构维度

资料来源：作者绘制。

本章研究目标不在于开发新量表，因为新量表相比国内外成熟量表在普适性、成熟性上有所欠缺。创新导向人力资源管理实践作为一个崭新构念，其范畴结构一直没有定论，本章通过质性研究凝练出当前情境下创新导向人力资源管理实践的核心范畴与构念结构，进一步在理论上深化对此新构念的认识理解。更重要的是本章还为后续研究选取量表提供实际参考依据。具体来说，本书选取的量表除了具有较高的信效度之外，还要求符合本章实地访谈凝练出的构念结构，对已有的创新导向人力资源管理实践量表权衡比较，选取最贴合当前实际情境的成熟量表。

第四章　研究假设与理论模型构建

通过第二章的文献述评和第三章的质性研究，了解了主要变量各自的研究现状和有待扩展的空间，研究脉络进一步明晰，逐步形成创新导向人力资源管理实践、学习目标导向、心理授权、员工创新行为、企业绩效的逻辑关联（见图 4－1）。本章将进一步细致阐述各变量的相互关系和影响机理，提出研究假设，构建理论模型。

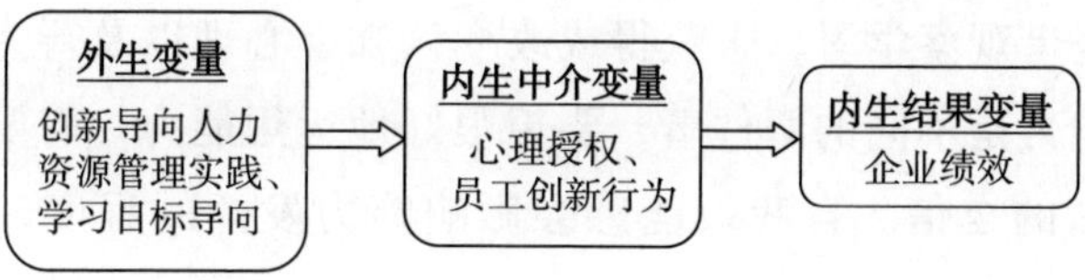

图 4－1　相关变量的逻辑关联

资料来源：作者绘制。

第一节　模型构建的理论基础

一　社会认知理论

社会认知理论是 20 世纪 70 年代由班杜拉提出的，在 90 年代取得了很大的发展，是在行为主义基础上加入了认知的要素。社会认知理论和之前行为主义的根本不同之处在于对环境和行为之间关系的观点。行为主义认为人的行为是由环境刺激决定的。而班杜拉的社会认知理论则认为，环境不但可以引发人的行为，反过来，人的行为也可以影响环境，二者之间是相互作用的。后来的发展中，班杜拉又引入了个体的认知和心理因素（Bandura，1991）。

社会认知理论主要研究环境、人、行为之间的复杂关系，三者之间既相互独立，又相互影响，被称为“三元交互决定论”（Bandura，2001）。一方面，人的主体因素包括动机、信念、心理、目标，这些往往能够有力地影响个体行为，而行为结果又会影响人的思维、信心、动机等主观反应；另一方面，人的性格、心理、情绪等主体特征也会引起所在环境的变化（比如人的乐观情绪是可以传播的）。还有，行为不但受人的主体因素影响，也受环境条件的限制，它是人和环境的中介因素，是人改造环境的手段，通过行为可以使环境更能适合自身发展的需要。另外，环境也会影响人的心理、感知及其行为。

社会认知理论的主要观点有：环境、个体认知以及行为相互关联相互作用，个体影响环境，同时也受环境的影响（黄秋风等，2017）。人们能够凭借观察学习，来获得或改变认知、心理以及行为。拥有能力和运用能力是不同的两件事，要想很好地运用能力，需要对自己的技能有较高的自信。自我效能感影响能力发挥的程度，进而影响行为。

企业管理者应该给员工树立一个能够模仿和学习的标准，引导员工通过观察学习来影响员工自身的心理认知和行为模式。当员工被正向影响时，应给予激励，强化这些心理与行为，鼓励员工建立完成这些工作的信心与决心，提高员工自我效能感，促使企业期望员工从事的工作得到员工的心理认同，引导成为员工的主动行为。

在本书的研究中，企业实行的创新导向人力资源管理实践可以看作员工所处的具体环境，根据社会认知理论，该环境是能够影响员工的心理认知和行为模式的。同时，创新导向人力资源管理实践的具体条款又向员工展示一系列可以模仿和观察学习的标准，在奖励条款的强化下，员工被引导从事企业希望的工作行为。社会认知理论是创新导向人力资源管理实践影响员工心理和行为的支持理论。

二　计划行为理论

在理性人的假设下，计划行为理论认为，行为态度与主观规范会影响行为意向，接下去行为意向也会影响和解释个体行为（Ajzen，1991）。行为态度是指人们对一项行为的认可程度，即能不能接受、喜不喜欢、能不能照做。主观规范是指人们在决定是否从事某项行为时受到的组织或环境的压力，反映的是组织或环境对人们做出行为抉择的影响。行为意向是人们从事某项工作的动机，表示个体履行某种行为的意愿程度，与实际行为的发生概率呈正比例关系。之后的深入研究又引入了一个变量，就是知觉行为控制，反映的是人们内心对工作困难程度的感知（闫岩，2014）。计划行为理论的框架如图4－2所示。

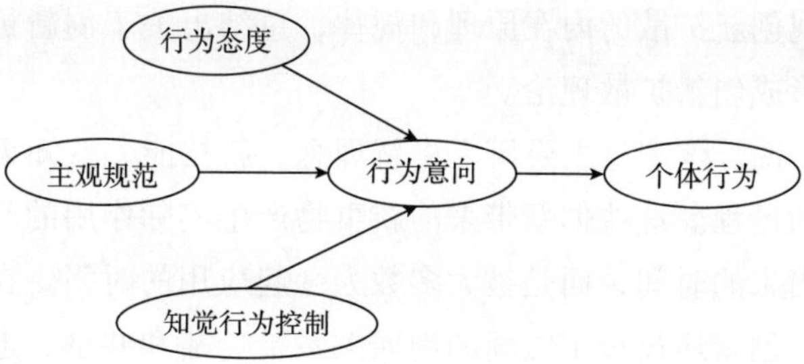

图4－2 计划行为理论的研究框架

资料来源：根据相关文献整理。

该理论的研究结果显示，主观规范、行为态度和知觉行为控制会通过影响行为意向，进一步对实际行为发生作用。在实际管理中，让员工从事企业期望的行为的最好的促进方式是影响他们的行为意向。而行为意向会被一些感知所影响，比如：对此行为的认可度或可行性的感知、他人或组织对该行为的影响程度感知、对自己能否完成该行为的感知（包括自身能力、知识、机会、资源、时间、精力等方面的考虑）。这些感知会通过行为意向去影响实际行为（段文婷、江光荣，2008）。

在本书中，创新导向人力资源管理实践会对员工的心理构成影响，企业提倡的有关促进创新的行为会首先通过员工感知和心理状态去影响行为意向，员工会判断该行为是否值得去做，如果从事或未从事该行为会有什么影响，自己是否具有完成该行为的条件，这些其实也是心理授权中的内容（工作意义、自我效能感、自主性等），只有行为意向形成一致，才会真正地从事企业期望的创新行为。所以，计划行为理论可作为心理授权影响员工创新行为的支撑理论。另外，计划行为理论关于可在“态度—行为”关系中加入调节因素的建议，启发了本书加入调节变量的讨论。

三　创新扩散理论

从 20 世纪 60 年代开始，埃弗雷特・罗杰斯（Everett M. Rogers，2002）分析许多创新扩散的实例，研究创新扩散的具体过程以及影响要素，发现创新扩散的内在原理和规律，总结出关于创新扩散的 S 曲线，逐步形成创新扩散理论。

具体来说，该理论主要研究将新理念、新技能、新知识传递给他人或组织的过程。这些创新带来的新事物产生实际作用的时间不是被创造发现出来的时间，而是被大多数人一起应用的时间。在创新扩散的过程中，创新通过员工之间的沟通关系被传播和共享，进而形成大多数人对该创新的集体应用（Rogers，2004）。

创新扩散的过程包括获知、说服、决定、实施和确认五个环节（见图 4－3）。

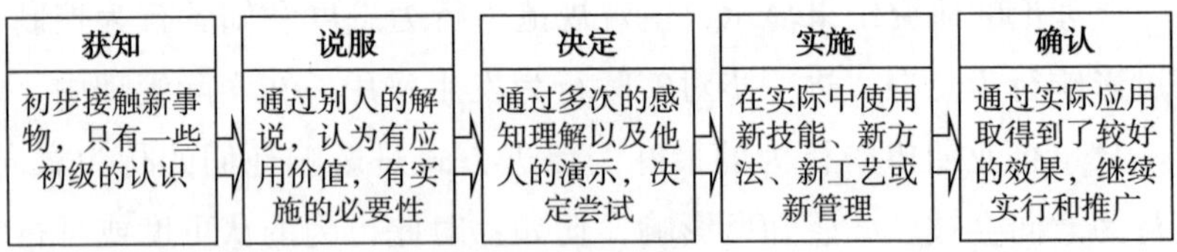

图 4－3　创新扩散过程

资料来源：根据相关文献整理。

创新扩散的过程可归纳成一条 S 形曲线。早期的应用者较少，传播的速度也不快，是一个缓慢积累的阶段，曲线表现得较为平坦，当应用者达到总人数的 10%—25% 时，传播的速度会变快，曲线斜率增大，曲线外观表现得较为陡峭，应用者的规模扩大得很快，当快达到饱和时，速度又会降低下来，曲线趋于平缓。整个扩散过程与“S”极为相似（华锦阳，2015）。

创新扩散理论是传播理论在生产经营中的具体应用创新。在扩散过程中，大众传播和人际传播共同发挥作用。在普及介绍创新事物时，靠的是大众传播，而在劝说人们接受新事物方面，人际传播更有优势（蔡霞等，2017）。因此，罗杰斯认为两种传播模型结合使用将会取得良好的效果。

在本书中，创新导向人力资源管理实践经过员工的感知，对心理和行为产生影响，一部分员工会从事企业希望的创新活动，这部分人通过努力取得了较好的效果，起到了示范作用，并通过员工之间的沟通机制影响着周围的人，其他原来没有进行创新行为的员工也会逐步接受并实行该创新活动，当大多数员工都从事创新活动时，将形成巨大的创新推动力，最终提升企业绩效。所以，创新扩散理论可作为员工创新行为影响企业绩效的支撑理论。

四　社会交换理论

社会交换理论认为交换双方都拥有别人想得到的东西，比如货币、信息、物品、服务以及声望、友谊等。该理论的观点是一个人在能够得到回报的期望下，建立并且维持着与别人的交换关系。这种关系是一种选择行为，在建立交换关系之前，双方会主动进行成本收益分析，使双方都满意是交换发生的决定因素（Emerson，1976）。这种关系建立在互惠、交互的基础上，一旦至少一方发现没有得到回报，交换关系就会停止。

与经济交换不同，社会交换更多的是基于一种信任关系，交换双方都保证自己并且相信对方会遵循交换义务。信任、互惠、义务是双方交换的基石与保证，也是社会交换理论的主题。社会交换理论在解释个体组织行为方面有很大的作用（刘小平，2011）。

在企业管理上，企业和员工构成了一种交换关系，企业得到的是员工智力、体力和精力的付出以及创造的价值，员工得到的是薪酬、个人发展、成就感等物质或精神的奖励。若希望员工继续或更好地为企业工作，就要提高信任度和加强互惠互利的程度。管理者应与员工建立长期可信赖的交换关系，通过各种方式提高员工获得的回报。只有当员工拥有了较高的满意度和安全感时，员工才会主动回报组织，并希望通过增加组织的利益来维持或加强这样的交换关系，才会把自己的职业发展与组织目标统一起来，积极地提高效率成果，按组织意愿从事工作，促进企业绩效的提升（林新奇、苏伟琳，2017）。

在本书中，企业通过实施创新导向人力资源管理实践，在创新能力、创新动机、创新机会三个方面都给予了促进措施，员工能够感知到企业对创新的迫切需求和对创新的大力奖励，有能力的员工获得了凭借创新带来的回报，亲身感受到自己工作的重要性，工作自主性增加，对工作的影响力提高，这些都增加员工对企业的满意度和安全感，根据社会交换的互惠原则，员工也会通过更加努力地工作来回报组织，提高企业绩效。

五　目标设定理论

目标设定理论由 Locke（1996）提出，基于一项常识：人的生命中存在着一个又一个的目标，可以有效地激励人们行动起来。目标分为内部目标和外部目标，内部目标是指人们对成功的追求，外部目标是指环境或组织给予员工的某些特定的工作要求或期望。

在研究中发现，外部的刺激可以借助目标来对动机形成影响，目标本身具备一定程度的激励作用，目标还能够引导个体从事促进目标实现的行为，根据目标实现程度进行调整。目标激励的有效性会受到目标自身以及周围环境的作用。

目标设定理论认为目标有明确度与难度两个特征（Locke & Latham，2002）。明确度能够让人们知道应该如何做，更可以结合自身能力，做出比较科学的判断和执行。目标订立的难度也需要科学考量，过高的目标很难达到，会伤害员工积极性，而过低的难度又难以起到激励的作用。

目标主要是凭借对员工的工作方向和努力水平的影响来促进绩效的。目标的设定能够让员工将关注放在与目标有关的行为上，提升积极性与主动性，为实现目标而努力工作（马君等，2015）。在目标与绩效之间，存在着一些变量对这一关系会产生影响，比如：达到目标后的承诺、实现目标过程中的反馈和方法策略、目标实现后的员工满意度等。

本书的研究对象是有关创新的一系列变量及其相互关系，创新的实现要求大量的新知识、新技能、新观念，这些都需要员工进行学习才能体会、熟悉、掌握以及熟练运用。若员工将目标订立为学习各种知识技能观念以提高个人能力，那么将对员工之后的感知、心理、行为有极大的正向影响，所以员工的学习目标导向是一个较为重要的考虑因素。

之前研究的心理授权、员工创新行为主要关注企业实行的创新导向人力资源管理实践对其的作用和影响过程。而学习目标导向是员工自身的个体特征，主要受个人经历、学历、家庭以及成长环境的影响，不受创新导向人力资源管理实践的影响，但它对员工的心理、行为均有较大影响，不同人之间有较大差异，所以将其作为调节变量引入模型进行讨论。

六　利益相关者理论

利益相关者理论最早由弗里曼于 1984 年提出，认为利益相关者是能够影响组织发展，同时也被组织影响的人群，涵盖股东、员工、顾客、供货商等多方面的人群。为了企业的生存发展，必须关注利益相关者的感知、诉求与利益，才能使各方利益相关者发挥各自的优势，聚集合力，推动企业的健康发展。

该理论包含三方面内容：一是利益相关者的确定、排序，这需要衡量各方群体与企业的关系紧密程度；二是应努力创造最多的利益，重视各方利益的权衡和解决方法，实现双赢；三是关注战略可行性的衡量，各方利益相关者的利益才是企业的期望目标，切实从各方利益相关者的视角入手，制定共同发展战略，实现利益相关者之间的合作共赢。同时，利益相关者理论也是社会责任绩效的研究基础。

弗雷德里克等研究者将利益相关者划分成直接利益相关者和间接利益相关者。员工、管理者、股东、供货商、顾客、债权人属于直接利益相关者，政府、所在地区、自然环境、社会团体属于间接利益相关者。

利益相关者理论认为，企业是各方利益相关者的综合载体，企业代表的是所有利益相关者的共同利益，杜绝片面追求股东的财富利润。利益相关者之间存在紧密联系，构成一个相互影响的网络。企业竞争力很大程度上来源于对利益相关者之间关系的关注和有效管理。企业之所以能够发展壮大，是各方利益相关者一起经营共同支持的结果，各方都会向企业投入重要的各类资源，并担负着一定程度的风险。除了股份收益之外，企业剩下的控制权和收益应根据各方利益相关者付出的资本进行妥善安置，依据贡献大小获得相应收益。所以，企业在发展运营中必须将利益相关者的感知、体会和利益要求作为重要关注点，站在他们立场上考虑问题，重视并了解所有与企业紧密联系的群体，尽力满足其需求，这都属于企业的战略资源，有利于企业的持续竞争力，否则他们将适时退出已投的各项资源，严重影响企业的经营发展。因此，利益相关者的利益诉求和感知回应是所要研究的主要内容。

利益相关者所关心的利益本身就对企业具有较大价值，并非因为重视他们的利益能给其他群体带来收益。各方利益相关者为企业的发展提供多种有形或无形的优势与资源，充分发挥自身作用，不断创造价值，对企业的运营影响巨大，促进企业经济收益与社会效益的提升，企业管理者应重视各方利益相关者的关切感受。认真关注照顾利益相关者感受和利益的企业比没有这样考虑的企业，发展速度更快，发展程度更好，盈利水平更高，成长性与稳定性也更加优良。

利益相关者理论对企业实践有着重要的启发作用，为本书从员工感知视角分析内在规律提供了坚实的理论支持。企业的持续发展离不开员工的积极参与，根据利益相关者理论，员工作为主要的企业利益相关者，他们的感受和利益诉求理应受到更大的关注，从他们的视角考虑和分析问题，重视他们的感知情况，将作为很重要的研究切入点。

第二节　研究假设的提出

一　创新导向人力资源管理实践与企业绩效

根据之前的文献研读和质性分析，创新导向人力资源管理实践是致力于实现组织创新的一系列实践活动（张瑞娟，2016），分为能力、动机和机会三个维度，重点强调提升创新能力、激励创新动机和提高创新机会。企业为了能够采用创新路径来促进企业绩效，必须在个体具备一定创新能力的基础上，提供足够的自由空间和创新机会，激发员工的创新热情和动力，这些做法都集成在创新导向人力资源管理实践中。

其中能力维度涵盖招聘、培训和开发，作为人力资源管理的重要着眼点，要在创新导向的指引下，向着有利于创新的目标努力。招聘有利于组织创新的高素质人才，不断向企业人力资本存量中补充新鲜资源，尽量保证新进员工都是创新人员或潜在的创新人员，解决的是企业创新能力的来源问题，这对知识技能的交流、整合、共享至关重要，有利于企业吸收多元信息激发多方面创新。娴熟的招聘实践和对员工创新能力、创新行为成熟的考核方法可在最短时间内选到最合适的急缺人员，节约了大量的招聘成本，利于整体绩效的提升。另外，招聘到与工作岗位贴合度很高的员工，能有效降低离职率，强化老员工的留职意愿，这些也都有利于企业绩效的增长。苏中兴（2010）通过研究上海、北京的企业样本发现，严谨认真的人员招聘筛选直接影响着企业的财务绩效。陈建安等（2018）分析得出有效的招聘和选拔对公司财务绩效的直接作用明显。培训和开发对提高企业人力资本存量的质量起着重要作用，对员工的专业素质和职业发展会产生深远的影响。在企业战略的指导下，企业进行有针对性的人员培训开发，能促进新人更快地融入组织中去，并将其雕砌得更加契合企业，能适合企业的创新导向。对老员工的经常培训，有利于理解当前的企业发展方向和创新渴求，明白企业对人员的具体需求。企业提供的多样性的内外部培训机会，能拓宽员工眼界格局，增强创新意识和能力，有效降低离职率，提高生产率，减少冲突，提高组织整体的协调性，自然而然地就会提高企业绩效。徐国华、杨东涛（2005）着眼制造业企业，获知员工的培训对企业利润增长有较大的促进作用。杨浩、刘佳伟（2015）以中国企业为研究对象，指出企业实行的某些具体的人力资源管理实践会正向影响员工行为，进而提高企业绩效。

动机维度包括奖励、晋升、成就感和发展前景，多关注员工诉求，多方面多渠道激励员工的创新动机（Laursen & Foss，2003）。员工工作积极性一般不会自动发挥，需要一定的外界刺激，倘若具备一定知识技能的员工没有感受到激励，行为和产生的绩效就会大打折扣（Hon & Leung，2011），而创新导向人力资源管理实践就能够激发员工创新积极性。此实践措施应包含基于绩效的奖励和表彰员工业绩的晋升，还包含员工自身感受的成就感以及发展前途。企业实行与创新挂钩的奖励、晋升措施，不仅有利于人力资本效用的提高，减少员工离职率，解决企业人才闲置和流失问题，使员工目标与企业目标一致，合力提升企业绩效。苏中兴（2010）的研究结果显示，基于绩效的评价实践对财务绩效呈现促进效应。颜爱民等（2016）发现，公平的绩效评价和奖励措施对企业利润率有明显的直接影响。

机会维度包括沟通、参与、建言和工作设计，把合适的员工招聘进来，经过培训，并通过一系列的措施激发起员工的创新动机与热情，紧接着就是要创造一个员工可以自由发挥的环境，给予员工大量沟通、参与、建言的机会，使员工与员工、员工与高管都可以顺畅交流，有利于创新效果的产生，最终促进企业绩效。马璐、王丹阳（2016）的研究证实企业员工的有效沟通、管理参与、建言活动正面提升中国企业绩效。

从社会认知理论的视角来看，企业通过一系列实践措施，给员工传递企业追求创新的信号，员工感受到企业对创新的渴求，了解到企业对员工各方面的要求，切实得到了由创新带来的收益，使员工坚定地在创新的道路上奋斗下去，给企业带来巨大的效益。具体来说，针对创新能力或潜力的招聘开发，向员工传递企业拓展创新源泉的迫切愿望，也向员工展示了企业急需且重视的具体知识技能的信息；基于创新业绩的评价体系，向员工传达了与企业创新发展、绩效提升紧密联系的行为和产出；广泛培训在告知员工企业所需能力的同时，也向参与的员工表达企业对个体发展的关注；基于对创新想法、创新推广、创新实施的奖励措施，激励着全体员工继续努力，也表达了对创新行为的重视和对风险的包容；沟通机制和员工参与管理，让员工感知企业对自身的看重，也了解到企业的运营现状，确保有针对性的从事创新行为。

随着中国企业的发展壮大和经济全球化程度的提高，创新导向人力资源管理实践将成为中国企业取得优势的重要因素，只有不断创新，不断进取，才能取得持续竞争优势（易华，2018）。基于创新理论和人力资源管理理论，创新导向的招聘、培训和开发将使企业逐渐形成自己的、稀有的、不被对手模仿的和独一无二的人力资本库，库内的员工最大程度地符合并适应了企业对人才的需求，加上对员工长期雇佣、绩效工资以及晋升的激励和承诺，多方面全方位发挥员工的积极性和主动性，再加之充分的利于创新的机会给予机制，诸多实践措施整合互补，将对企业绩效有巨大的提升作用。故提出以下假设：

假设 H1：创新导向人力资源管理实践对企业绩效有直接正向影响。

二 员工创新行为的中介机制

在创新导向人力资源管理实践与企业绩效的关系中，不光有直接效应，还有一些变量起着连接沟通作用。由已有的文献可知，员工创新行为在二者关系中扮演着重要的角色。

每位员工都是企业的基本单元，创新导向人力资源管理实践的作用对象就是每一个人。当创新导向人力资源管理实践作为企业一项措施进行活动时，受到直接影响的还是每一位员工。假设企业实施一项基于创新成果的奖励机制，虽然面向全企业颁布，但会直接对员工个人产生影响，措施实行后因为个体之间绩效的不同，获得的奖金将产生区别，有比较才会有动力，员工才会萌发通过创新来获得更多奖金的意志。从中可以看出创新导向人力资源管理实践的作用效应会在个体身上直接体现，之后伴随着员工创新行为的水平升高，组织创新以及企业绩效也会随着提高（胡文安等，2017）。

由资源基础论观点出发，人力资源管理实践之所以能使企业获得竞争优势，是因为它能影响员工行为（曹科岩、窦志铭，2015）。按此规律，创新导向人力资源管理实践对企业绩效有积极影响的一部分原因在于它能对员工创新行为进行引导和激励。陈丽芬、金灿（2018）的研究显示企业激发员工创新行为以便提高企业绩效的重要保证是积极有效的人力资源管理措施。秦伟平等（2015）的研究显示企业激发员工创新行为以便提高企业绩效的重要保证是积极有效的人力资源管理措施。

当企业员工通过招聘、培训、开发使之具备创新必需的技术能力时，员工才算符合进行创新行为的必要条件，因此我们认为增强员工创新能力的创新导向人力资源管理实践在能力方面为下一步的员工创新行为奠定了基础。另外，员工创新行为的提高还需要内因和外因两方面的努力，内因指员工真正愿意从事创新工作的内在动机，外因指组织的环境因素和给予的机会（Crawford & Lepine，2012）。创新导向人力资源管理实践中根据创新效果进行公正的评估并实行配套的激励措施，将鼓励员工以及周围人员产生更多创新效果。企业或组织使用创新导向人力资源管理实践活动将高层的创新决策向基层员工下放实施，打造更好的创新机会，不断增强员工的创新信心，提高创新能力，使员工由衷感到自身有实力、有机会、有意愿进行企业希望的创新工作（阎亮、白少君，2016），这也将最终形成对企业绩效的促进作用。故此提出以下假设：

假设 H2：员工创新行为在创新导向人力资源管理实践与企业绩效之间发挥中介作用。

三　心理授权的中介机制

在沟通创新导向人力资源管理实践与企业绩效的关系时，不光有员工创新行为发挥着中介效应，从员工心理感知层面上分析，心理授权同样是重要的变量。

心理授权表示的是员工的心理状态，一般包括工作意义、自主性、自我效能以及工作影响（于静静、蒋守芬，2018）。工作意义是指员工认为的工作价值与员工自身目标比较的重要程度；自我效能是指员工对自己能够完成工作的能力肯定和信心；自主性是指员工能够自己决定如何工作怎样工作；工作影响是指个人对自身工作所产生的影响的感知。心理授权属于员工的内在心理动机，在已有的文献研究中，内在动机往往是环境变化影响企业绩效的中介变量（江新会等，2016），而创新导向人力资源管理实践恰恰能够被看成是员工所处环境的改变。因此，心理授权的中介效应具有一定的理论基础和文献支撑。

创新导向人力资源管理实践影响企业绩效是一个复杂的机理过程，其作为一系列企业实行的措施，首先是员工通过感知，会对该措施有一个基本的认识，心理会预估该措施对自己工作的影响，还包括对自己工作意义、胜任力、自我效能的影响，也就是说创新导向人力资源管理实践能对员工心理授权产生有效影响。具体来说，旨在提高员工能力的实践，使得员工对自我效能和自身能力的感知也随之升高，其中的培训实践能使员工获得与创新有关的技术能力，强化知识技能从实际获得的重要性；旨在增强员工创新动机的实践，积极影响了员工们对各自工作意义与工作影响的认知，用于增强员工的内在动力（Chung - Jen，2014）；旨在给予员工更多创新机会的实践，能积极影响企业员工们对自主性的感知；旨在引导员工积极参与管理的实践能够增加员工之间以及员工与领导之间的信任度，促使员工产生组织公民行为，努力工作为企业着想（谢俊等，2013）。以此类推，企业所有员工都会对实行的创新导向人力资源管理实践有所感知，进而影响心理授权，产生整体效果，提升员工对企业的适应度和信任感，激发组织公民行为，能够正向影响企业绩效。

此外，心理授权对企业绩效也有较强的影响，这一点有目共睹。对心理授权有较高优越度的人，对自己的工作能力和影响力有相对更强的自信、更多的工作自由度、更高的综合运用资源能力，这样的员工更会运用有关技能知识通过新观点新方法促进企业绩效，同时也会使他们有更强的成就感（李燚、黄蓉，2014）。Speritzer（1995）在研究中阐述心理授权水平高的个体感知到自己有较好的自我决定力和影响力，促进了他们的创新意识、创新行为和企业绩效，得出“企业绩效与员工心理授权水平成正比”的结论。

综上可知，创新导向人力资源管理实践有利于提高员工的心理授权感知优越度，而心理授权感知优越度高的员工更愿意做出企业需要的有利于创新和绩效提升的行为。据此提出假设：

假设 H3：心理授权在创新导向人力资源管理实践与企业绩效之间具有中介效应。

四　双中介机制

企业绩效的提升，既需要员工在行为上的配合支持，还需要员工在心理上真真切切地产生意愿和动机（Qiong & Karhtyn，2016）。以往文献较多地集中在能够看得见的创新行为上，过于重视创新行为对绩效的重大意义，忽略了探索员工心理因素的影响，只有从心理上认同，才能在行为上配合。而从心理学上的研究可以看出，大多集中在讨论某一项措施或环境氛围的改变对员工心理的影响，进而影响员工绩效，最终对企业绩效产生作用。这两方面对企业绩效的作用，都不是全方位的，有着自己领域的局限性，而且两方面的研究基本上是彼此独立的，尚未实现有效整合。创新导向人力资源管理实践能够促进企业绩效的根本原因在于，其对于员工心理授权和创新行为均具有建设性和重要性（Lang & Lee，2010）。这一标准的达成，意味着员工不仅需要从心理上认可并接纳该实践，还需要从行为上真正动起来，二者缺一不可。

为此，本书在心理（心理授权）和行为（员工创新行为）的双视角下探索创新导向人力资源管理实践对企业绩效的作用机制问题。其中，因员工创新行为这一概念是行为理论的核心概念，将其作为创新导向人力资源管理实践到企业绩效的中介变量不用过多论述。把心理授权作为心理维度的中介变量的原因如下所示：一方面，在影响企业绩效的心理研究中，心理授权对企业绩效的作用机制尚不明朗，心理授权水平较高的员工是否真的会从事更多利于企业绩效的行为存在较多争论且说法不一；另一方面，即使会从事有利于企业的行为，但这些行为会影响多大程度的企业绩效仍需深入研究。所以，本书进一步探究心理授权和员工创新行为在创新导向人力资源管理实践对企业绩效影响过程中的双中介效应。据此，提出如下假设：

假设 H4：心理授权和员工创新行为在创新导向人力资源管理实践和企业绩效之间具有双重中介效应。

五　串联中介机制

以往研究大多是从心理角度或行为角度单独影响绩效，二者有着自己领域的局限性，基本上彼此独立，尚未实现有效整合。实际上，心理授权并不会天然促进企业绩效，员工的心理维度和行为维度都缺一不可（颜爱民、陈丽，2016）。在整合二个维度的基础上，根据认知行为主义的观点"在外界刺激和行为反应之间存在中介变量（内部心理），它是行为的决定者"，进一步提出：员工的心理维度要先于员工的行为维度。具体而言，当员工具有创新能力但不一定就会从事创新行为。只有当员工心理感知到组织对创新的渴望，并有意愿从事行为时，才会主动学习或利用企业培训、资源共享等条件加强自身能力，从而提升员工创新行为的可能性（李万明、李君锐，2016）。员工创新行为成为企业潜在竞争优势的前提在于，企业能够借助有效手段（一般指人力资源管理实践活动）来"撬动"这一杠杆效应。而"撬动"杠杆就需要一个支点，心理授权就发挥了这样的支点作用。

认知行为主义的理论显示，一般会有中介变量（心理因素）存在于外界刺激和个体行为之间，该中介变量不易直接观察到，但却对个体行为有决定作用。在组织行为学相关理论中，心理授权一般被视为个体的内在工作动机，此动机将影响个体的创新行为（杨英、李伟，2013）。心理授权能够激发个体的积极性和主动性，使个体勇于承担责任、不怕风险、大胆进取，富含创造热情。心理授权感知度相对较高的个体认为他们有较高的工作自主性并能对工作产生较大影响，相比其他个体会感到较少的限制，更有可能启发较多的创新构想，该个体因此具有更高的创造性（Derue & Ashford，2010）。由"授权认知模型"得知，员工工作弹性、原创性、灵活性与心理授权有较密切联系，才能促使其进行创新行为。国内学者刘耀中（2008）以中国企业的管理人员和员工为研究对象进行实证分析，发现心理授权正向影响员工创新行为，工作意义、自主性、自我效能、工作影响四维度反映了员工创新行为 49% 的变化量。Spreitzer（1995）也在其研究中指出，心理授权感知优越的个体会做出更多的创新行为，因为他们感觉不会受到太多的规则限制，对自身能力更加自信，希望通过不断创新来获得薪酬、晋升以及成就感，这样的员工也会积极影响周围的人来支持他们的创新构想。

心理授权在创新导向人力资源管理实践影响员工创新行为的过程中起着一定的中介效应。企业制定的有关促进创新的措施通过人力资源管理实践转化为员工能切实感受到的心理因素，发挥正向作用后提升心理授权感知优越度，对企业萌发正向的情感，增强员工对企业的信任感和归属感，激发创新意识和工作动机，员工的工作行为就会表现为企业需要的组织公民行为，即在创新导向下表现为员工创新行为（刘景江、邹慧敏，2013）。

相关文献研究显示，心理授权和员工创新行为的关系密切，心理授权感知优越度越高，员工创新行为越会被激发出来（Taggar，2002）。在实际工作环境中，因未能充分发挥员工创新行为而影响企业绩效的例子比比皆是。即使员工具备了创新行为的能力，但因自身没有感知到企业的渴求和对自身重大的正向影响，致使创新行为的效率低下，无法发挥对企业绩效较高的促进作用（徐光等，2016）。综合以上阐述的心理授权对员工创新行为的影响效应，再结合创新导向人力资源管理实践和企业绩效二者之间的中介机制，将继续深入探讨心理授权和员工创新行为在创造力导向人力资源管理实践与企业绩效之间的传导机制，提出假设：

假设 H5：心理授权和员工创新行为在创新导向人力资源管理实践和企业绩效之间具有串联中介效应。

六　员工学习目标导向的调节作用

Dweck（1988）把目标导向研究分为两个维度，即学习目标与绩效目标。将学习作为目标的员工时刻都在希望通过学习获得新知识、新技能、新观念来提高自身能力，以便未来得到更好的发展，不关注与别人的当前绩效比较，而是关心自己是否具备充足的能力来完成工作并完善提升自己，这是一种更长远的发展观（田庆锋等，2018）。与之相对的是以绩效为目标的员工，他们时刻关注与别人的绩效比较，在意周围人们对自己的评价，极力避免从事那些会给自己带来负面评价的工作。Vandewalle（1997）认为以绩效为目标的员工有两个倾向，即力争好的评价和避免坏的评价，据此进一步将绩效目标导向分为绩效证明导向和绩效避免导向。

对创新而言，更需要员工具有不断学习的精神，更看重员工素质的提高，更注重新知识、新理念、新技能的获取能力和传播能力，只有这样，企业才能以创新为发展驱动力，以创新为核心竞争力，持续保持竞争优势。

学习导向的员工不光表现为通过自身的学习产生新工艺、新方法，这是原创性的开拓性的，另外还体现为对待已有创新的态度上，具有学习目标的员工会积极学习，主动与原创者交流，快速在自己工作中进行尝试，取得效果后，也会尽力推广，这是有利于创新传播的（江辛等，2018）。无论基于以上哪一点，以学习为目标的员工均会对企业的创新发展有较大的积极作用。

在之前的文献研究中，发现员工的个体特征会对员工的心理行为产生影响，进而也会影响企业绩效（井辉、张国良，2016），比如：性格、情绪、思维、目标、人格特征等。学习目标导向是员工自身的认知心理个体情况，属于个体特征的重要一类，自身的目标设定会对心理感知以及行为有较大作用（王文卓，2017）。以学习为目标的员工有更优秀的学习能力，会显著提高完成工作的自我效能感和影响力，从而促进创新行为。

有一些研究者将学习目标导向作为调节变量来讨论。郭云、廖建桥（2014）基于收集的二百多份问卷配对数据，运用社会交换理论，从动机角度研究了学习目标导向在管理者发展性反馈和员工绩效关系中的调节效应，发现学习目标导向的正向调节作用。员工的负面反馈意见和绩效满意程度之间的反比例关系会因为学习目标导向等变量的存在而变得更强。学习目标导向作为描述员工自身情况的变量，对员工心理和行为都有较大的影响，可以用来解释员工的心理行为变化，同时本书主要关注点在于创新导向人力资源管理实践对心理行为的影响，所以将学习目标导向作为调节变量较为合适。因此本书提出以下假设：

假设 H6：学习目标导向在创新导向人力资源管理实践影响企业绩效的作用机理中发挥着调节效应。

七　有调节的中介作用以及混合作用

大部分研究模型除了包含自变量和因变量外，一般只会涉及一个第三变量，研究其中的调节效应或中介效应。但在许多实际问题中，可能会涉及多个变量，可能同时包括调节变量和中介变量，这些变量之间存在相对复杂的关系。在前文假设基础上，心理授权、员工创新行为是创新导向人力资源管理实践和企业绩效之间的中介变量，同时员工学习目标导向发挥着调节作用，在这多个变量中，需要研究其中的复杂关系。

员工学习目标导向对心理授权和员工创新行为发挥效力有着较大的影响，应该视为调控心理授权和员工创新行为中介作用大小的重要节点。对创新有促进作用的学习目标导向能够更好地适应创新导向人力资源管理实践，会激发较高水平的心理授权，会抓住机会努力学习知识技能，以提高自身的创新素养（陈倩倩等，2018）。而不把学习作为目标的员工较多地注重绩效收益，会使人更加容易满足现状，对工作挑肥拣瘦，只会挑选稳妥的工作去做，失去了开拓精神和创新意识，只能保持较低水平的心理授权和更少的创新行为，对企业绩效造成不利的影响。员工学习目标导向会对心理授权和员工创新行为的中介作用产生影响。因此，文章提出如下假设：

假设 H7：员工学习目标导向对心理授权和员工创新行为的中介效应起着显著的调节作用，即“有调节的中介效应”。

在创新导向人力资源管理实践和企业绩效的作用过程中有多个变量参与的情况下，除了“有调节的中介作用”外，还可能满足“有中介的调节作用”。员工感知的创新导向人力资源管理实践对企业绩效的效应受到员工学习目标导向的调节影响，学习目标导向明确且强烈的员工在创新导向人力资源管理实践的引导激励下，更能努力提升自身的创新绩效和工作绩效，从而更大程度地提高企业绩效。这一调节作用的实现（至少部分地）可能会借助一些中介变量（心理授权或员工创新行为）的传导作用，也就是心理授权或员工创新行为对学习目标导向的调节效应发挥了中介桥梁的作用，即“有中介的调节作用”。在这两种相互作用都成立的情况下，就构成“混合作用”，这是一种更复杂的作用机理（方杰、温忠麟，2018）。所以，本书提出如下假设：

假设 H8：心理授权、员工创新行为、员工学习目标导向对创新导向人力资源管理实践和企业绩效之间的关系发挥“混合作用”。

第三节　理论模型构建

利益相关者理论要求研究关注点应聚焦于利益相关者的整体角度，重视利益相关者（如员工、基层管理者等群体）的感受与视角。近年来，以员工感知视角研究组织人力资源管理问题已逐渐成为新的研究趋势。本书基于员工感知视角，整合多个理论和变量间逻辑关系，首先建立变量间的初始概念模型，如图 4－4 所示。只有真正能被员工感知到的创新导向人力资源管理实践，才是有效的。依据社会认知理论，员工通过感知到的创新导向人力资源管理实践对员工的心理和行为形成影响。员工的心理和行为二者之间同时也存在着相互关系，依据计划行为理论，员工的心理授权正向影响着创新行为，心理和行为的复杂效应形成合力促进企业绩效的提升，这一影响环节在创新扩散理论和社会交换理论中得到支撑佐证。依据目标设定理论，学习目标导向作为描述员工个体特征的外生变量，会对员工的心理、行为构成影响，进而对上述一系列过程发挥作用。

在初始概念模型的基础上，结合研究假设，最终构建本书的理论模型，见图 4－5。员工通过感知到的企业实行的创新导向人力资源管理实践，在学习目标导向的调节作用下，影响心理授权和员工创新行为，同时员工的心理也影响着行为，在感受到企业对创新的渴求后，个人利益与企业利益形成一致，努力提升创新行为的效率，个体创新行为汇聚成集体创新效果，最终影响企业绩效。

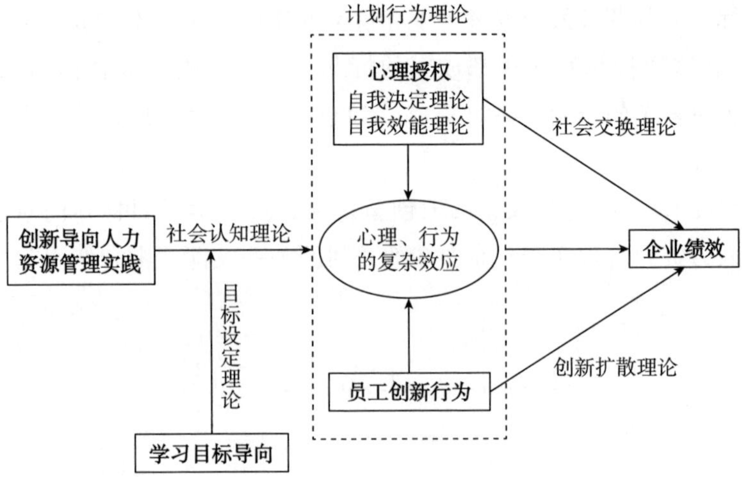

图 4-4　初始概念模型

资料来源：作者绘制。

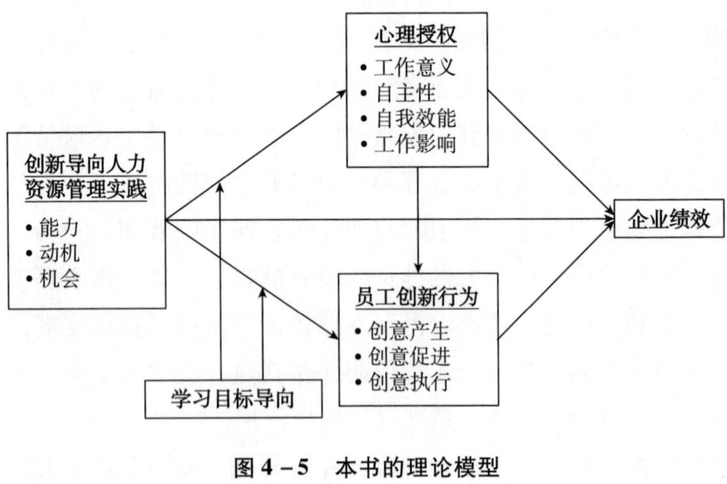

图 4-5　本书的理论模型

资料来源：作者绘制。

在这一系列影响过程中，创新导向人力资源管理实践和企业绩效是基于员工感知视角，都是员工亲身感知到的（其科学性详见第四章第一节的“六　利益相关者理论”），区别于传统视角下组织层面企业实行的相应的人力资源管理实践，在这两种视角下二者可能存在明显差异。所以，该理论模型适合在同一层面进行讨论研究。

第四节　本章小结

本章在第二章相关文献综述和第三章质性研究的基础上，进行更深入的探究。从理论基础入手，整合社会认知理论、计划行为理论、创新扩散理论、社会交换理论、目标设定理论以及利益相关者理论，发掘各个变量之间的互相影响关系和逻辑关系链条，形成初步的概念模型，再通过分析之前的经典文献逐步明确各个变量所发挥的效应作用，提出研究假设，最终构建出本书的理论模型（见图4－5），并将研究假设汇总为表4－1。

表4－1　　研究假设汇总

编号	假设
H1	创新导向人力资源管理实践对企业绩效有直接正向影响
H2	员工创新行为在创新导向人力资源管理实践与企业绩效之间发挥中介作用
H3	心理授权在创新导向人力资源管理实践与企业绩效之间具有中介效应
H4	心理授权和员工创新行为在创新导向人力资源管理实践和企业绩效之间具有双重中介效应
H5	心理授权和员工创新行为在创新导向人力资源管理实践和企业绩效之间具有串联中介效应
H6	学习目标导向在创新导向人力资源管理实践影响企业绩效的作用机理中发挥着调节效应
H7	员工学习目标导向对心理授权和员工创新行为的中介效应起着显著的调节作用，即“有调节的中介效应”
H8	心理授权、员工创新行为、学习目标导向对创新导向人力资源管理实践和企业绩效之间的关系发挥“混合作用”

资料来源：作者整理。

第五章　问卷调查与数据收集

第一节　问卷调查的设计

一　问卷调查的过程

前面章节我们对创新导向人力资源管理实践进行了相关文献梳理，在经典理论支撑下，具备了坚实的理论研究基础。之后访谈多家企业的资深员工、中层管理者和基层管理者，运用扎根理论的思维做质性研究，通过企业当事人的亲身感受，掌握第一手资料，从企业的实际出发，了解创新导向人力资源管理实践的核心范畴与构念结构以及对绩效的影响机理。现在需要大量的实地调研来获得数据对假设进行验证。

理论模型中的创新导向人力资源管理实践、员工创新行为、心理授权、企业绩效以及学习目标导向所用数据均不是现有的，所以采取调查问卷来获得数据。本章分三步来形成正式的问卷：①初始问卷。凭借实地访谈和文献研读，从实际与理论两个方面同时进行，汇聚促成初始问卷。针对理论模型的各个变量通过文献研读收集已有的问卷，选出最适合的问卷，再通过与企业人士实际的访谈进行修正，使题项更加准确，更加易于企业员工理解，更能反映企业真实情况。②修正问卷。为了保证正式调研的科学性和严谨性，需要先进行小规模的预调研，调整问卷出现的问题，通过预调研数据分析问卷的信度、效度，对不合适的题项进行修改或删除。③正式问卷。经过预调研的修正，问卷已具有较好的信度和效度，形成正式问卷，大规模正式调研，并对所得数据进行质量评估（见图5-1）。

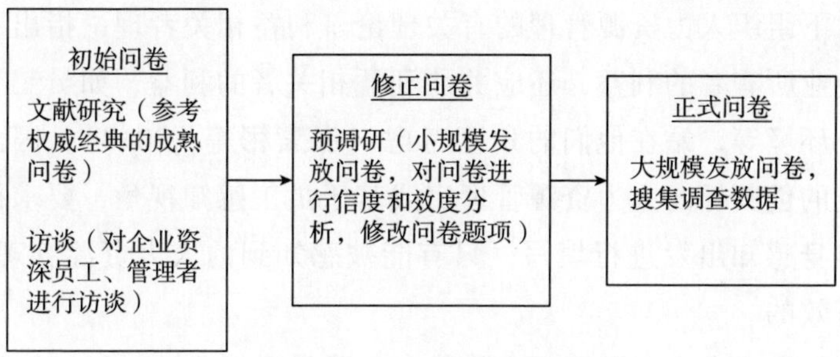

图5-1　问卷调查的过程

资料来源：作者绘制。

二　调查问卷的内容

根据创新导向人力资源管理实践提升企业绩效的理论模型，围绕研究的关键内容，形成问卷。问卷的开头主要说明调研目的（仅仅为了科学研究之用）、匿名填写和填写方式，这是为了让答卷人打消顾虑，尽量按实际情况客观地填写。问卷主要分以下几部分：①答卷人所在企业基本信息，即企业名称、人数、成立时间、所在地域、行业性质等；②答卷人基本信息，即职位、学历、工作年限、性别和年龄；③所在企业在创新导向人力资源管理实践方面的情况；④员工创新行为的情况；⑤有关心理授权的情况；⑥员工学习目标导向的情况；⑦关于企业绩效的情况。

三　变量的测量

使用问卷调查的方式收集数据，一定要尽量确保测量问卷有良好的信度和效度，为了达到这个目的，本书搜集查阅国内外经典相关文献，重点参考被证实的成熟的测量量表。然后依据实地访谈、研究对象实际情况以及经典文献对量表进行修正。使用李克特五点量表法，有“非常不同意”“不同意”“不确定”“同意”“非常同意”五个选项，分别按1—5分记录。

1. 创新导向人力资源管理实践测量量表

近几年很多学者开始以利益相关者理论为指导，着力研究员工感知视角下组织人力资源管理的有关理论。利益相关者理论指出不应只关注企业所有者的利益，还应关注利益相关者的利益，如员工、管理人员、环境等，站在他们的角度考虑（温素彬等，2018）。因此，本书研究的创新导向人力资源管理实践基于员工感知视角，要求被调查者从自身感知出发进行填写，只有能被感知到的人力资源管理实践，才是有效的。

创新导向人力资源管理实践量表主要采用张瑞娟（2014）开发的量表，该量表的结构与本书第三章“创新导向人力资源管理实践的核心范畴与构念结构”基本相同，得到了立足实地访谈所做质性研究的佐证支持（见表5-1）。

表5-1　　创新导向人力资源管理实践的测量量表

题项编号	测量题项
ihp1	员工拥有在公司内部不同岗位上流动的机会
ihp2	为员工提供知识和技能的培训
ihp3	公司采用经验交流会/研讨会等内训方式提升员工能力
ihp4	为员工设计了多元化的职业发展路径
ihp5	在绩效反馈时，主管领导给予员工工作改进的建议
ihp6	奖励小发明、小创造、小革新
ihp7	对创新的工作团队进行奖励
ihp8	员工个人的奖金和团队的绩效结果挂钩
ihp9	为员工设置具有挑战性的绩效目标
ihp10	对员工创新能力和创新行为进行考核
ihp11	以工作的业绩作为员工晋升的依据
ihp12	为核心员工实施股票期权/利润分享等激励
ihp13	为员工提供沟通的渠道，以利于员工之间分享信息
ihp14	工作中，员工有机会提出合理改进工作的建议
ihp15	员工代表能够参与公司涉及员工个人利益的重大决策
ihp16	员工的建议通常会被采纳

续表

题项编号	测量题项
ihp17	员工具有较为宽泛的工作职责
ihp18	为员工提供需要多样化技能的工作任务
ihp19	员工具有工作的自主性

资料来源：作者整理。

2. 员工创新行为测量量表

员工创新行为问卷采用 Janssen（2000）开发的问卷，包括创意产生、创意推广和创意实现三个维度，共 9 题（见表 5－2）。该量表得到众多学者的认可和使用（刘智强等，2005；Janssen，2005）。依据 Chan 在 1998 年介绍的“对象转移共识模式”（referent－shift consensus model），只改变提问方式，将题项修改为员工个体感知层面，要求量表填写人从自身感知的方面作答。通过改变题项提问的视角，使其和实际研究情境更加趋近。

表 5－2　　员工创新行为的测量量表

测量维度	测量题项
创意生成（Creative generation）	（cg1）我经常在工作环境中引入新想法
	（cg2）我经常为改善工作绩效提出新点子
	（cg3）我经常主动搜寻新的工作方法、技术或工具
创意推广（Creative promotion）	（cp1）我经常向他人推广新点子并寻求支持
	（cp2）我总是想方设法让组织成员提供新点子
	（cp3）我常常动员他人支持创新
创意实现（Creative realization）	（cr1）我经常将新点子转化为有用的实践
	（cr2）我能够针对问题提出有创意的解决办法
	（cr3）我经常跟踪评价新点子的应用效果

资料来源：作者整理。

3. 心理授权测量量表

心理授权量表采用李超平、李晓轩等（2006）的量表，分为工作意义、自主性、自我效能和工作影响四个维度（见表5－3），该量表长久以来得到多位学者的广泛应用。

4. 员工学习目标导向测量量表

员工学习目标导向是描述员工自身已有的个体特征，本书重点参考了Vandewalle（1997）开发的量表，选取其中的学习目标导向维度，共6个题项（见表5－4）。选取依据已在前文详细阐述，这里不再赘述。该量表得到Kohli、Van Yperen和Janssen等学者的广泛应用。

表5－3　心理授权的测量量表

测量维度	测量题项
工作意义（Job meaning）	（jm1）我所做的工作对我来说非常有意义
	（jm2）工作上所做的事对我个人来说非常有意义
	（jm3）我的工作对我来说非常重要
自主性（Autonomy）	（au1）我自己可以决定如何着手来做我的工作
	（au2）在如何完成工作上，我有很大的独立性和自主权
	（au3）在决定如何完成我的工作上，我有很大的自主权
自我效能（Self－efficacy）	（se1）我掌握了完成工作所需要的各项技能
	（se2）我自信自己有做好工作上的各项事情的能力
	（se3）我对自己完成工作的能力非常有信心
工作影响（Job impact）	（ji1）我对发生在本部门的事情的影响很大
	（ji2）我对发生在本部门的事情起着很大的控制作用
	（ji3）我对发生在本部门的事情有重大的影响

资料来源：作者整理。

表5－4　学习目标导向的测量量表

测量维度	测量题项
学习目标导向（Learning goal orientation）	（lg1）我经常阅读一些与工作相关的材料，提高我的能力。
	（lg2）我愿意选择能从中学到很多东西的工作任务。
	（lg3）我经常寻找那些可以发展新技能和学习新知识的机会。
	（lg4）我喜欢挑战和困难，因为这可让我学到新技能。
	（lg5）为了提升工作能力，我愿意承担风险。
	（lg6）我更喜欢在那些需要高能力水平和才能的环境中工作。

资料来源：作者整理。

5. 企业绩效测量量表

由文献研究可知，企业绩效一般采用多类指标来测量。考虑到本书研究的是创新导向人力资源管理实践，既需要测量人力资源管理的指标，也需要测量创新水平的指标，而且最终会落脚在收入利润方面。本书将企业绩效分为创新绩效、财务绩效和人力资源绩效三类指标。企业绩效的测量量表主要借鉴于晓宇、蔡莉（2013）与杨浩、刘佳伟（2015）的量表（见表5-5）。依据"利益相关者理论"，绩效评价应聚焦于利益相关者的整体角度，重视利益相关者（如员工）的感受与视角，这保证了以员工感知视角评价企业绩效的可行性和科学性。企业绩效采用主观数据调查，测量题项都是对企业绩效各个维度的感知情况，不涉及具体精确的财务利润数据。所选调查对象是企业中层管理者、基层管理者和有三年以上工作经验的资深员工，他们能对企业绩效情况产生较为清楚的认知，这一点在实地访谈调研中已得到证实。

表5-5　企业绩效的测量量表

测量维度	测量题项
创新绩效（Innovation performance）	（ip1）持续推出新产品
	（ip2）率先引入新产品
	（ip3）迅速发布新产品
	（ip4）开发出高质量的新产品
	（ip5）使用新产品来渗透市场
财务绩效（Financial performance）	（fp1）与主要竞争对手比较，公司的利润很高
	（fp2）与主要竞争对手比较，公司的总收入很高
	（fp3）与主要竞争对手比较，公司的利润增长很快
人力资源绩效（Human resource performance）	（hrp1）与主要竞争对手比较，公司员工对企业的满意度很高
	（hrp2）与主要竞争对手比较，公司员工的生产率很高

资料来源：作者整理。

四　调查对象的选择

调查问卷的内容主要关注创新导向人力资源管理实践、员工创新行为、心理授权、员工学习目标导向以及企业绩效的情况。因此，量表需要既对自身情况有清楚认识，又要对企业情况有足够了解的人员填写，所以本研究将问卷发放对象确定为企业中层管理者、基层管理者和任职三年以上的资深员工。中层管理者、基层管理者包括部门经理、科长、团队负责人、生产组组长、车间主任、营销经理、销售团队负责人等，他们由于所处职位能够接触到更多更准确的企业情况信息。根据人类对新环境的感知规律，在企业任职三年以上的资深员工，对企业实行的实践措施、企业的经营水平以及同行业中的排名都已有清楚的认识。另外，本身作为企业员工对自身的心理、行为亦有清晰的认识，保证了问卷数据的可信性与贴合性。问卷采用不记名方式，打消了填写人的顾虑，最大限度地确保了问卷的客观性和科学性。

第二节　预调研

一　问卷发放

为了提高正式问卷的信度与效度，先进行小规模的预调研，以便调整问卷。问卷发放对象是企业中层管理者、基层管理者和资深员工，他们由于所处职位或任职年限，对企业情况有清楚的认识，同时身为企业员工又清楚地了解自身的心理状况和行为能力。预调研采用两种问卷发放方式：一是实地发放纸质问卷；二是以微信、网页或电子邮件的方式发放。预调研的时间从 2017 年 5 月持续到 8 月，历时 3 个多月，发放问卷 360 份，共收回 235 份有效问卷，回收有效问卷率为 65%。

二　样本描述性统计

本次调查所涉及的样本遍及河北、天津、辽宁、广东、安徽、北京、重庆、贵州、内蒙古、吉林、四川、湖南、上海、西藏 14 个省份，样本选取具备一定的普遍性。年龄以中青年为主，样本中男性比例占 60.7%。

在受访者所在企业的行业方面，制造业占比40%，其次是交通运输、仓储和物流业，之后是批发零售业和信息计算机软件业，创新发展对这些行业产生较大促进作用。

调研对象所在企业没有仅限定在高新技术产业的公司，还包括制造、交通运输、物流等传统领域公司，选取依据是：人们对创新的印象往往是发明新技术、生产新产品，其实创新的类型远比这些要丰富，除了技术创新和产品创新之外，还涉及工艺创新、服务创新、制度创新、管理创新、流程创新等方式。非高新技术产业的传统领域公司在工艺、管理、服务、制度、流程上的创新同样能够促进企业绩效的提升，该类公司为了适应经济结构转型、供应侧结构性改革的国家形势，更需要创新变革，如此必须借助创新导向人力资源管理实践，激发员工创新能力，以创新求发展。国内外的调查表明，中低技术传统产业的创新一般专注已有产品的持续开发，在质量、性能、用料方面精益求精，致力于在各自应用领域做到最好，打造“隐形冠军”产品，即“工匠精神”。“隐形冠军”产品大约每十年才有一次突破性的技术创新。对该类产品而言，创新不是一味追求巨大的技术突破，而是持续的全方位的改进完善。通过实地调研发现，制造业、信息计算机业有技术创新、工艺创新；交通运输业有管理创新，运用统筹优化的方法达到车辆运力的最大利用率；建筑业有流程创新；金融业有管理创新和制度创新。因此，基于创新形式的多样性和人力资源管理实践的灵活性，本书选取的调研对象涵盖多个行业，以此来全面探究内在作用机理。

在企业性质方面，私营企业占37%，其次是外商独资企业和中外合资企业，之后还有国有独资企业、集体企业以及其他性质的企业，几乎涵盖全部的所有制性质，也说明样本选取在企业性质方面做到了兼顾。

在受访者学历方面，本科及大专占62%，硕士占17%，博士占2%，高中或中专占15%，调查对象的学历涵盖了各个学历水平，总体上具有良好的教育水平，这将有利于受访者更清楚地理解问卷，也更符合企业创新的需要。

三 信度、效度的检测标准与步骤

信度（Reliability）衡量的是量表的可靠性和一致性，管理学一般用 Cronbach's α 系数作为量表内在信度指标。该指标取值范围是 0—1，系数越大说明信度越高。Cronbach's α 取值大于 0.9，视为具有很好的信度；Cronbach's α 取值大于 0.8 同时小于 0.9，视为良好的信度；取值在 0.7 与 0.8 之间，视为可接受的信度（吴明隆，1990）。

效度（Validity）是指量表能否反映或能在多大程度上反映所要测量的对象情况，通常包含内容效度与结构效度。本书采用的量表都是经典文献中被证实的相对成熟的量表，并依据实地访谈对题项进行了调整，所以量表具有较好的内容效度。

结构效度是检验量表在题项结构上与研究主体的适应程度，分为收敛效度与区分效度（Straub，1989）。收敛效度测量题项之间的一致水平，采用纠正项目总相关系数（Corrected – Item Total Correlation，CITC）指标，该指标若低于 0.5，视为收敛效度较差。区分效度检测的是不同题项之间的差异水平，要有所差异才能有所区分。常用的方法有探索性因子分析和验证性因子分析。于是，本研究计划在预调研阶段使用探索性因子分析来检测构念的维度，在正式调研阶段采用验证性因子分析做验证。另外，在探索性因子分析之前，还要对数据进行 KMO 检验和 Bartlett 球形检验，判断因子分析的可行性。Kaiser（1974）认为，KMO 应在 0.6 以上，才能进行因子分析。

量表信度和效度的检验步骤：（1）检验量表题项的收敛效度（CITC）和信度（Cronbach's α）。先要检验信度是否在可接受范围内，删除“项已删除的 α 系数”值高于量表信度的题项，然后删除量表中 CITC 值小于 0.5 的题项，提高量表的信度和收敛效度。（2）检验量表区分效度，探索性因子分析。目的是明确构念的结构维度，对测量题项进行筛选，去除不合适题项。主要观察因子旋转后的所有题项在各因子的负荷，参考之前研究者的标准：①当某一个因子下只有一个题项的负荷超过 0.5 时，删除此题项，因为单测量题项的因子不存在内部一致性信度（宝贡敏、赵卓嘉，2009）；②当一个题项在两个或多个因子的负荷大于 0.5 时，此为横跨现象，无法说明该题项归属，应删除（查金祥、王立生，2006）；③当一个题项在所有因子的负荷都小于0.5时，显示对所有因子没有较好解释力度，予以删除；④直到剩余题项在所属因子下的负荷都大于0.5，且仅属于一个因子，累计方差解释率大于50%。（3）对删除了不满足要求的题项的量表，再计算 Cronbach's α 系数，检验量表的可靠程度。

另外需要阐明的是，量表的区分效度是依据探索性因子分析的特征根、方差贡献率和因子旋转后的情况综合评价的，并不是由某一指标的取值范围绝对划定的。选取因子的个数，有几个原则：①因子方差贡献率小于5%，说明该因子解释作用过小，不应选取（孙晓军、周宗奎，2005）；②因子特征根小于1，也不选取（张超等，2007）。通过分析指出，在实际应用过程中，还应考虑选取因子的意义，能否进行解释。所以，本章采用的方法是：使用主成分抽取因子，运用最大方差法做因子旋转，考虑特征根和方差贡献率两个选取原则，结合理论和实际意义，综合判断确认抽取的因子个数。

四 创新导向人力资源管理实践量表信度和效度检验

1. 创新导向人力资源管理实践量表的收敛效度和信度

使用预调研数据对创新导向人力资源管理实践（IOHRMP）量表进行收敛效度（CITC）检验和内部一致性信度（Cronbach's α 系数）检验。

表5-6　IOHRMP 量表的收敛效度（CITC）和信度

题项	初始 CITC	最后 CITC	项已删除的 α 系数	量表的 α 系数
ihp1	0.617		0.958	
ihp2	0.642		0.957	
ihp3	0.713		0.956	
ihp4	0.751		0.956	α = 0.958
ihp5	0.783		0.955	
ihp6	0.767		0.956	
ihp7	0.783		0.955	

续表

题项	初始 CITC	最后 CITC	项已删除的 α 系数	量表的 α 系数
ihp8	0.705		0.956	α = 0.958
ihp9	0.743		0.956	
ihp10	0.754		0.956	
ihp11	0.775		0.955	
ihp12	0.800		0.955	
ihp13	0.835		0.955	
ihp14	0.758		0.956	
ihp15	0.724		0.956	
ihp16	0.742		0.956	
ihp17	0.562		0.958	
ihp18	0.654		0.957	
ihp19	0.714		0.956	

从表 5－6 可以看出，创新导向人力资源管理实践量表的测量题项的 CITC 数值都在 0.55 以上，反映出该量表具有较好的收敛效度。量表整体的 Cronbach's α 系数在 0.9 以上，说明 IOHRMP 量表具有很好的信度。

2. 创新导向人力资源管理实践量表的区分效度

对 IOHRMP 量表做探索性因子分析，检测量表的区分效度。为了保证预调研数据能够进行探索性因子分析，先进行 KMO 和 Bartlett 球形度检验，如表 5－7 所示，KMO 取值是 0.929，大于 0.6，Bartlett 球形度检验的 sig 值为 0.000，所以可以进行探索性因子分析。

表 5－7　IOHRMP 量表的 KMO 和 Bartlett 球形度检验

取样足够度的 KMO 度量		0.929
Bartlett 的球形度检验	近似卡方	2718.148
	df	171
	Sig.	0.000

选取因子时综合考虑“特征值大于1”和“方差贡献率大于5%”两个标准，采用主成分法计算，运用最大方差法进行因子旋转，对IOHRMP量表做探索性因子分析。

在表5-8中发现共有2个因子的特征值大于1，其值分别为：11.020、1.530，其方差贡献率分别为58.001%、8.054%。但通过进一步观察发现，还有1个因子的特征值是0.958，十分接近1，方差贡献率为5.040%，数值在5%以上。所以综合考虑抽取三个因子。此时，提取的三个因子所占的方差贡献率为71.094%，有着相对较高的解释能力。

表5-8　IOHRMP量表的特征值与方差贡献率

成分	初始特征值			提取平方和载入			旋转平方和载入		
	合计	方差（%）	累计（%）	合计	方差（%）	累计（%）	合计	方差（%）	累计（%）
1	11.020	58.001	58.001	11.020	58.001	58.001	4.890	25.737	25.737
2	1.530	8.054	66.055	1.530	8.054	66.055	4.770	25.106	50.843
3	0.958	5.040	71.094	0.958	5.040	71.094	3.848	20.252	71.094
4	0.760	4.001	75.095						
5	0.641	3.372	78.467						
6	0.562	2.957	81.423						
7	0.523	2.753	84.176						
8	0.457	2.404	86.580						
9	0.384	2.022	88.602						
10	0.333	1.750	90.352						
11	0.305	1.603	91.955						
12	0.277	1.456	93.410						
13	0.255	1.340	94.751						
14	0.228	1.202	95.952						
15	0.209	1.102	97.054						
16	0.204	1.073	98.127						
17	0.138	0.725	98.853						
18	0.119	0.627	99.480						
19	0.099	0.520	100.000						

从旋转后的因子载荷来看（见表5-9），各题项的因子负载大多数在某一个因子下负载大于0.5。但发现ihp5、ihp12在两个因子上的负载值都大于0.5（或极度接近），表示其既属于第一因子维度也属于第二因子维度，根据探索性因子分析的筛选标准，该情况属横跨现象，应予以删除。

表5-9　　IOHRMP量表探索性因子分析结果

	成分		
	1	2	3
ihp1	0.502	0.202	0.438
ihp2	0.786	0.212	0.139
ihp3	0.809	0.314	0.126
ihp4	0.747	0.331	0.244
ihp5	**0.565**	**0.529**	**0.287**
ihp6	0.497	0.615	0.239
ihp7	0.443	0.690	0.125
ihp8	0.269	0.793	0.182
ihp9	0.318	0.707	0.292
ihp10	0.209	0.698	0.451
ihp11	0.281	0.761	0.330
ihp12	**0.541**	**0.548**	**0.319**
ihp13	0.671	0.491	0.298
ihp14	0.536	0.483	0.340
ihp15	0.516	0.338	0.467
ihp16	0.427	0.235	0.724
ihp17	0.075	0.196	0.855
ihp18	0.108	0.328	0.833
ihp19	0.395	0.240	0.708

删除ihp5、ihp12题项后，再进行第二次探索性因子分析，从表5-10可以看出，此时每一题项只在某一因子下有超过0.5的负荷，认为该题项主要测量的是此因子。修正后的三个因子的方差贡献率有

所上升，分别代表机会、动机和能力。

表 5 - 10　　IOHRMP 量表的第二次探索性因子分析结果

	成分		
	1	2	3
ihp1	**0.502**	0.197	0.443
ihp2	**0.795**	0.223	0.140
ihp3	**0.820**	0.324	0.128
ihp4	**0.735**	0.319	0.259
ihp13	**0.667**	0.486	0.309
ihp14	**0.533**	0.485	0.348
ihp15	**0.505**	0.327	0.480
ihp6	0.455	**0.624**	0.240
ihp7	0.446	**0.692**	0.131
ihp8	0.269	**0.795**	0.187
ihp9	0.321	**0.709**	0.296
ihp10	0.213	**0.700**	0.451
ihp11	0.274	**0.754**	0.339
ihp16	0.418	0.228	**0.732**
ihp17	0.071	0.198	**0.852**
ihp18	0.102	0.331	**0.833**
ihp19	0.389	0.238	**0.713**

对修改后的 IOHRMP 量表重新进行信度检验，由表 5 - 11 看出，修正后量表整体的信度为 0.944，各维度的信度也在 0.88 以上，说明修正后的量表仍然具有很好的内部一致性。

表 5 - 11　　修正后的 IOHRMP 量表信度分析

变量名称	测量题项数目	Cronbach's α 系数
机会	7	0.902
动机	6	0.919

续表

变量名称	测量题项数目	Cronbach's α 系数
能力	4	0.887
IOHRMP	17	0.944

五　员工创新行为量表的信度和效度检验

1. 员工创新行为量表的收敛效度和信度

使用预调研数据对员工创新行为量表进行收敛效度（CITC）检验和内部一致性信度（Cronbach's α 系数）检验。从表 5－12 看出，员工创新行为量表的测量题项的 CITC 数值都在 0.75 以上，反映出该量表具有相对很高的收敛效度。量表整体的 Cronbach's α 系数为 0.954，各个维度的 Cronbach's α 系数也皆在 0.87 以上，说明员工创新行为量表具有很好的信度。

表 5－12　员工创新行为量表的收敛效度（CITC）和信度分析

变量	题项	初始 CITC	最后 CITC	项已删除的 α 系数	各维度的 α 系数	量表的 α 系数
创意生成（cg）	cg1	0.755		0.951	α＝0.878	α＝0.954
	cg2	0.777		0.950		
	cg3	0.816		0.949		
创意推广（cp）	cp1	0.848		0.947	α＝0.898	
	cp2	0.822		0.948		
	cp3	0.827		0.948		
创意实现（cr）	cr1	0.840		0.947	α＝0.906	
	cr2	0.845		0.947		
	cr3	0.809		0.949		

2. 员工创新行为量表的区分效度

对员工创新行为量表进行探索性因子分析，来检测量表的区分效度。先进行 KMO 和 Bartlett 球形检验，如表 5－13 所示，KMO 取值是 0.932，大于 0.6，Bartlett 球形度检验的 sig 值为 0.000，显示可以进行探索性因子分析。

表 5 - 13　　员工创新行为量表的 KMO 和 Bartlett 的检验

取样足够度的 KMO 度量		0.932
Bartlett's 的球形度检验	近似卡方	1415.949
	df	36
	Sig.	0.000

对员工创新行为量表进行探索性因子分析，结果发现只有 1 个因子的特征值大于 1，其值为 6.607，其方差贡献率为 73.414%（见表 5 - 14），这是一个很高的贡献率水平，有着很高的解释能力。同时，由碎石图 5 - 2 也可以直观地看出，从第二个因子开始，之后的连线变得很平缓。结合特征值、方差贡献率以及碎石图综合考虑，只选取一个因子。

表 5 - 14　　员工创新行为的特征值与方差贡献率

成分	初始特征值			提取平方和载入		
	合计	方差（%）	累积（%）	合计	方差（%）	累积（%）
1	6.607	73.414	73.414	6.607	73.414	73.414
2	0.605	6.725	80.139			
3	0.411	4.563	84.701			
4	0.353	3.927	88.628			
5	0.266	2.951	91.579			
6	0.254	2.822	94.401			
7	0.195	2.162	96.563			
8	0.173	1.927	98.489			
9	0.136	1.511	100.000			

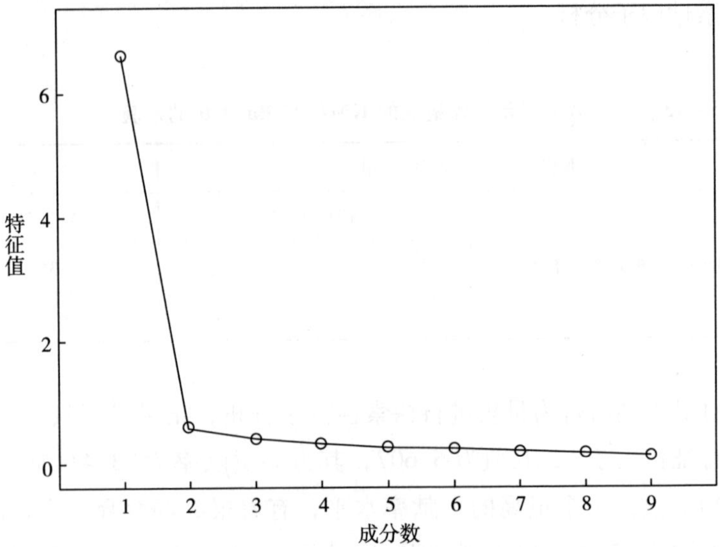

图 5－2　员工创新行为的因子碎石情况

从旋转后的因子载荷情况可知（见表 5－15），各题项的因子负载都大于0.8，表明这些题项有很高程度属于一个因子，具有一定的区分效度，而且各个因子载荷数值都比较接近，说明各个题项对该因子的影响作用大致相当。另外，由于员工创新行为量表的检验没有反常情况，各题项符合要求，所以不用重新检验量表的信度，直接可用于测量数据。

表 5－15　　　员工创新行为量表的探索性因子分析结果

	成分
	1
cg1	0.807
cg2	0.827
cg3	0.859
cp1	0.885
cp2	0.860

续表

	成分
	1
cp3	0.864
cr1	0.876
cr2	0.880
cr3	0.851

六 心理授权量表的信度和效度检验

1. 心理授权量表的 CITC（收敛效度）和信度分析

使用预调研数据对心理授权量表进行收敛效度（CITC）分析和内部一致性信度（Cronbach's α 系数）检验。从表 5-16 看出，心理授权量表的测量题项的 CITC 数值都在 0.65 以上，反映出该量表具有较好的收敛效度。量表整体的 Cronbach's α 系数是 0.939，各个维度的 Cronbach's α 系数也皆在 0.86 以上，说明心理授权量表具有很好的信度。

表 5-16 心理授权量表的收敛效度（CITC）和信度

变量	题项	初始 CITC	最后 CITC	项已删除的α系数	各维度的α系数	量表的α系数
工作意义（jm）	jm1	0.746		0.933	α = 0.905	α = 0.939
	jm2	0.723		0.934		
	jm3	0.680		0.935		
自主性（au）	au1	0.717		0.934	α = 0.903	
	au2	0.770		0.932		
	au3	0.754		0.932		
自我效能（se）	se1	0.688		0.935	α = 0.875	
	se2	0.692		0.935		
	se3	0.687		0.935		
工作影响（ji）	ji1	0.781		0.931	α = 0.942	
	ji2	0.725		0.934		
	ji3	0.767		0.932		

2. 心理授权量表的探索性因子分析（区分效度）

对心理授权量表进行探索性因子分析，来检测量表的区分效度。先进行 KMO 和 Bartlett 球形检验，如表 5－17 所示，KMO 取值是 0.878，大于 0.6，Bartlett 球形度检验的 Sig 值为 0.000，可进行探索性因子分析。

表 5－17　　心理授权量表的 KMO 和 Bartlett 的检验

取样足够度的 KMO 度量		0.878
Bartlett 的球形度检验	近似卡方	1865.588
	df	66
	Sig.	0.000

因子的抽取时综合考虑"特征值大于 1"和"方差贡献率大于 5%"两个标准，运用最大方差法旋转，采用主成分法进行计算，对心理授权量表进行探索性因子分析。由表 5－18 可知，共有 3 个因子的特征值大于 1，其值分别为：7.239、1.176、1.011，其方差贡献率分别为 60.325%、9.800%、8.421%。但通过进一步观察发现，还有 1 个因子的方差贡献率为 7.088%，在 5% 以上。同时，由碎石图 5－3 也可以直观地看出，第四个因子之后的连线开始变得平缓。综合考虑提取四个因子。此时，提取的四个因子所占的方差贡献率为 85.634%，比 3 个因子 78.546% 的方差贡献率有显著提高，整体解释能力有较大提升。

表 5－18　　心理授权量表的特征值与方差贡献率

成分	初始特征值			提取平方和载入			旋转平方和载入		
	合计	方差（%）	累计（%）	合计	方差（%）	累计（%）	合计	方差（%）	累计（%）
1	7.239	60.325	60.325	7.239	60.325	60.325	3.822	31.850	31.850
2	1.176	9.800	70.125	1.176	9.800	70.125	2.974	24.787	56.638
3	1.011	8.421	78.546	1.011	8.421	78.546	2.629	21.908	78.546

续表

成分	初始特征值			提取平方和载入			旋转平方和载入		
	合计	方差（%）	累计（%）	合计	方差（%）	累计（%）	合计	方差（%）	累计（%）
4	0.851	7.088	85.634						
5	0.443	3.695	89.329						
6	0.314	2.620	91.949						
7	0.280	2.329	94.278						
8	0.186	1.552	95.830						
9	0.174	1.447	97.277						
10	0.147	1.224	98.501						
11	0.100	0.832	99.332						
12	0.080	0.668	100.000						

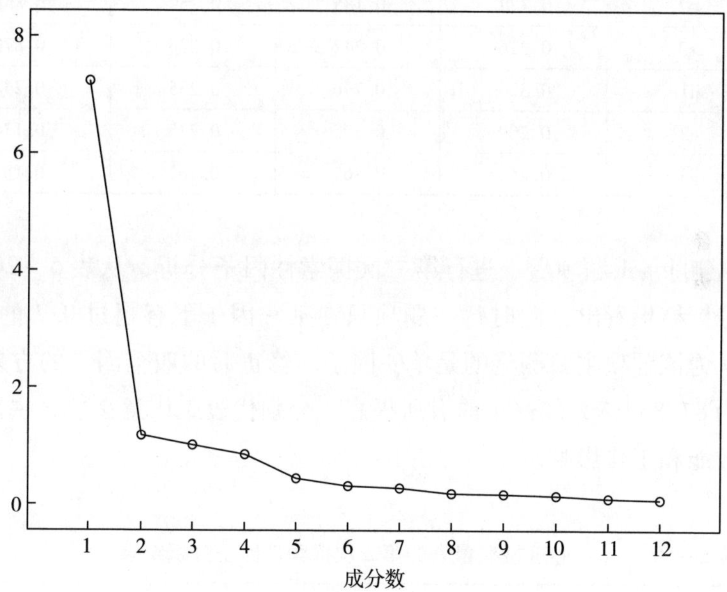

图 5－3　心理授权的因子碎石情况

从旋转后的因子载荷来看（见表 5－19），各题项的因子负载大多数在某一个因子下负载大于 0.5。但发现 se1 在两个因子上的负载值都大于0.5，表示其既属于第一因子维度也属于第四因子维度，根据探索性因子分析的筛选标准，该情况属横跨现象，应予以删除。

表5-19　　心理授权量表的探索性因子分析结果

	成分			
	1	2	3	4
jm1	0.219	0.292	0.821	0.265
jm2	0.291	0.319	0.827	0.091
jm3	0.255	0.139	0.796	0.301
au1	0.794	0.247	0.220	0.241
au2	0.805	0.235	0.284	0.276
au3	0.795	0.302	0.290	0.169
se1	**0.559**	**0.229**	**0.170**	**0.543**
se2	0.274	0.185	0.259	0.858
se3	0.226	0.242	0.226	0.870
ji1	0.326	0.796	0.235	0.248
ji2	0.209	0.895	0.225	0.174
ji3	0.261	0.862	0.262	0.187

删除se1题项后，进行第二次探索性因子分析，从表5-20的因子分析结果看出，此时每一题项只在某一因子下有超过0.7的负荷，可认为该题项主要测量的是单一因子。修正后的四个因子的方差贡献率为87.852%，较修正前有所提高，分别代表工作意义、自主性、自我效能和工作影响。

表5-20　　心理授权量表的第二次探索性因子分析结果

	成分			
	1	2	3	4
jm1	0.295	0.220	**0.823**	0.256
jm2	0.317	0.299	**0.821**	0.091
jm3	0.147	0.244	**0.809**	0.279

续表

	成分			
	1	2	3	4
au1	0.253	**0.789**	0.225	0.230
au2	0.234	**0.822**	0.271	0.288
au3	0.302	**0.805**	0.281	0.174
se2	0.189	0.288	0.255	**0.867**
se3	0.247	0.239	0.223	**0.878**
ji1	**0.797**	0.329	0.233	0.243
ji2	**0.899**	0.203	0.230	0.159
ji3	**0.865**	0.259	0.265	0.175

对修改后的心理授权量表重新进行信度检验，由表5-21看出，修正后各维度的测量信度都在0.90以上，心理授权量表的信度为0.935，说明修正后的量表仍然具有很好的内部一致性。

表5-21　　　　修正后的心理授权量表信度分析

变量名称	测量题项数目	Cronbach's α 系数
工作意义	3	0.905
自主性	3	0.903
自我效能	2	0.935
工作影响	3	0.942
心理授权	11	0.935

七　企业绩效量表的信度和效度检验

1. 企业绩效量表的CITC（收敛效度）和信度分析

使用预调研数据对企业绩效量表进行收敛效度（CITC）分析和内部一致性信度（Cronbach's α 系数）检验。从表5-22看出，企业绩效量表的测量题项的CITC数值都在0.75以上，反映出该量表具有较好的收敛效度。量表整体的Cronbach's α 系数是0.961，各个维度的Cronbach's α 系数也都在0.93以上，说明企业绩效量表具有很好的信度。

表 5 – 22　　企业绩效量表的收敛效度（CITC）和信度

变量	题项	初始 CITC	最后 CITC	项已删除的 α 系数	各维度的 α 系数	量表的 α 系数
创新绩效	ip1	0.843		0.956	α = 0.959	α = 0.961
	ip2	0.861		0.956		
	ip3	0.855		0.956		
	ip4	0.846		0.956		
	ip5	0.778		0.959		
财务绩效	fp1	0.753		0.960	α = 0.946	
	fp2	0.821		0.957		
	fp3	0.882		0.955		
人力资源绩效	hrp1	0.840		0.956	α = 0.937	
	hrp2	0.785		0.958		

2. 企业绩效量表的探索性因子分析（区分效度）

对企业绩效量表进行探索性因子分析，来检测量表的区分效度。先进行 KMO 和 Bartlett 球形检验，如表 5 – 23 所示，KMO 取值是 0.917，大于 0.6，Bartlett 球形度检验的 Sig 值为 0.000，所以可以进行探索性因子分析。

表 5 – 23　　企业绩效量表的 KMO 和 Bartlett 的检验

取样足够度的 KMO 度量		0.917
Bartlett 的球形度检验	近似卡方	2107.378
	df	45
	Sig.	0.000

因子的抽取综合考虑“特征值大于 1”和“方差贡献率大于 5%”两个标准，运用主成分法进行计算，选取最大方差旋转法，对企业绩效量表进行探索性因子分析。从表 5 – 24 发现共有 2 个因子的特征值大于 1，其值分别为 7.431、1.047，其方差贡献率分别为 74.312%、10.472%。此时，提取的 2 个因子所占的方差贡献率为 84.784%，有

着相对较高的解释能力。同时，由碎石图 5 - 4 也可以直观地看出，第二个因子之后的连线开始变得平缓。

表 5 - 24　　企业绩效量表的特征值与方差贡献率

成分	初始特征值			提取平方和载入			旋转平方和载入		
	合计	方差（%）	累计（%）	合计	方差（%）	累计（%）	合计	方差（%）	累计（%）
1	7.431	74.312	74.312	7.431	74.312	74.312	4.346	43.458	43.458
2	1.047	10.472	84.784	1.047	10.472	84.784	4.133	41.326	84.784
3	0.480	4.796	89.580						
4	0.291	2.909	92.489						
5	0.212	2.117	94.606						
6	0.156	1.562	96.167						
7	0.139	1.391	97.559						
8	0.092	0.917	98.476						
9	0.088	0.884	99.359						
10	0.064	0.641	100.00						

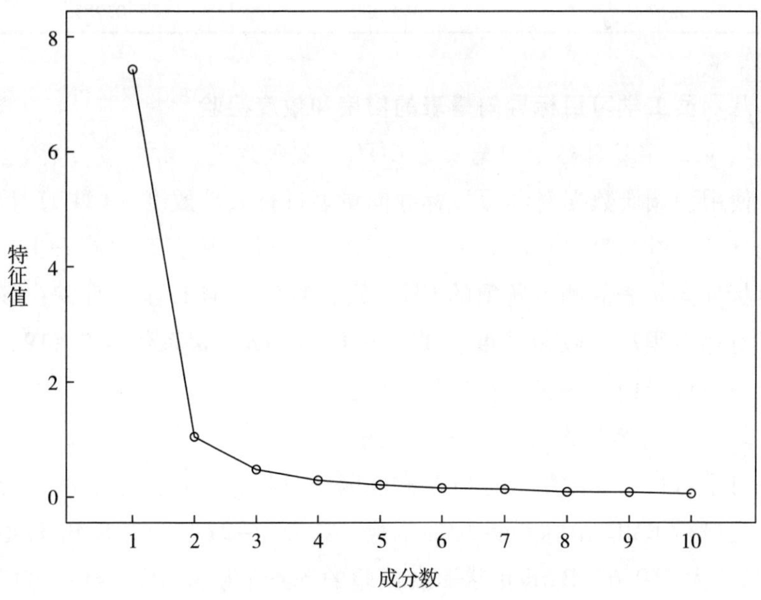

图 5 - 4　企业绩效的因子碎石情况

从旋转后的因子载荷来看（表5－25），各题项的因子负载在某一个因子下负载大于0.5，表示只对该因子有较大的解释作用。共有2个因子，分别代表创新绩效和其他非创新绩效。由于企业绩效量表没有删除题项，所以不用重新检验量表的信度，直接可用于测量数据。

表5－25　企业绩效量表的探索性因子分析结果

	成分	
	1	2
ip1	**0.796**	0.441
ip2	**0.889**	0.367
ip3	**0.884**	0.365
ip4	**0.805**	0.434
ip5	**0.847**	0.310
fp1	0.262	**0.872**
fp2	0.361	**0.852**
fp3	0.456	**0.828**
hrp1	0.460	**0.777**
hrp2	0.392	**0.781**

八　员工学习目标导向量表的信度和效度检验

1. 员工学习目标导向量表的CITC（收敛效度）和信度分析

使用预调研数据对学习目标导向量表进行收敛效度（CITC）检验和内部一致性信度（Cronbach's α系数）检验。从表5－26看出，学习目标导向量表的测量题项的CITC数值都在0.64以上，反映出该量表具有相对很高的收敛效度。量表的Cronbach's α系数为0.919，说明学习目标导向量表具有很好的信度。

2. 学习目标导向量表的区分效度

对学习目标导向量表进行探索性因子分析，来检测量表的区分效度。先进行KMO和Bartlett球形检验，如表5－27所示，KMO取值是0.835，大于0.6，Bartlett球形度检验的Sig值为0.000，显示可以进行探索性因子分析。

表 5-26 学习目标导向量表的收敛效度（CITC）和信度

题项	初始 CITC	最后 CITC	项已删除的 α 系数	量表的 α 系数
lg1	0.648		0.922	α = 0.919
lg2	0.810		0.899	
lg3	0.806		0.900	
lg4	0.843		0.894	
lg5	0.730		0.911	
lg6	0.812		0.899	

表 5-27 学习目标导向量表的 KMO 和 Bartlett 的检验

取样足够度的 KMO 度量		0.835
Bartlett 的球形度检验	近似卡方值	781.133
	df	15.000
	Sig.	0.000

对学习目标导向量表进行探索性因子分析，结果发现只有 1 个因子的特征值大于 1，其值为 4.330，其方差贡献率为 72.174%（见表 5-28），这是一个很高的贡献率水平，有着很高的解释能力。同时，由碎石图 5-5 也可直观看出，从第二个因子开始，之后的连线变得很平缓。所以，只选取一个因子。

表 5-28 学习目标导向的特征值与方差贡献率

成分	初始特征值			提取平方和载入		
	合计	方差（%）	累积（%）	合计	方差（%）	累积（%）
1	4.330	72.174	72.174	4.330	72.174	72.174
2	0.538	8.961	81.135			
3	0.499	8.316	89.451			
4	0.285	4.752	94.203			
5	0.234	3.896	98.099			
6	0.114	1.901	100.000			

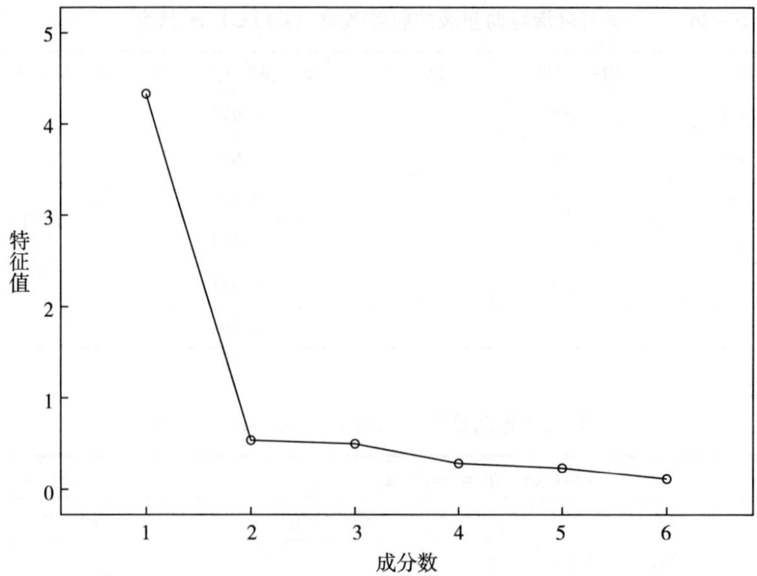

图 5－5　学习目标导向的因子碎石情况

从因子载荷情况（见表 5－29）可知，各题项的因子负载都大于 0.7，表明这些题项有很高程度属于一个因子，具有一定的区分效度。由于学习目标导向量表没有删除题项，所以不用重新检验量表的信度，可直接用于测量数据。

表 5－29　　　学习目标导向量表的探索性因子分析结果

	成分
	1
lg1	0.742
lg2	0.878
lg3	0.879
lg4	0.900
lg5	0.812
lg6	0.876

九　正式调查问卷的形成

通过对小规模预调研数据的分析，去除一些不合适的测量题项，提升了量表的测量质量，保障了良好的信度和效度，形成正式调研问卷（见本书附录）。该问卷采用李克特五点量表的形式。

第三节　正式调研

一　问卷发放与数据收集

形成正式调查问卷之后，随之进行大规模的正式调查。调查对象与预调研一样是企业中层管理者、基层管理者和资深员工，由于所处职位与工作时间，能够保证问卷数据的可信性与科学性。正式调查使用4种发放问卷的方法：第一，笔者带领研究小组成员实地走访企业发放，倾向于科技型企业、生产型企业，这类企业对创新有很大的渴求；第二，通过企业朋友发放，发放方式是邮寄纸质版问卷或电子邮件；第三，对于较偏远或零散的发放对象，通过微信和网络发放，方便快捷；第四，求助政府相关职能部门发放，如工会、开发区管委会、发改委、科技局、社科联等，通过这些部门发放问卷到符合调研要求的企业，之后利用邮寄、Email等方式返给笔者本人。正式调研从2017年8月开始到2017年12月结束，共经历四个多月的时间，发放问卷1100份，收回问卷823份，回收率74.8%。剔除严重漏答的问卷以及选项完全一致的极端问卷。剔除人数少于30的小企业，因为企业规模过小，会使人力资源管理实践在很多方面不完善或缺失，各项措施实践不能很好地开展。最终得到有效问卷701份，回收有效问卷率为63.7%，其中纸质问卷468份，电子问卷233份。

二　样本描述性统计

从问卷数据的统计结果看，性别方面，男性被调查者占62.19%；以中青年为主，31—40岁占45.79%，26—30岁占27.96%；企业所在地遍及河北、天津、辽宁、广东、安徽、北京、湖南、上海、西藏等14个省份；学历方面，本科及大专占65.19%，其次是硕士学历，良好的教育水平有利于被调查员工更清楚地理解问卷，更符合企业创新的需要；企业性质方面，国有独资企业占38.66%，其次是私营企业和中外合资企业；行业性质方面，涵盖制造业、信息传输、计算机软件业等，这些行业对创新有更强烈的期望；职位方面，工作多于三年的员工占30.10%，基层管理者占46.36%，中层管理者占23.54%。具体样本情况见表5－30。

表5－30　　　　　　　　　　正式调研的样本情况

基本特征	分类	数目（人）	百分比（%）	分类	数目（人）	百分比（%）
性别	男	436	62.19	女	265	37.81
年龄	25岁以下	72	10.27	41岁至50岁	93	13.27
	26—30岁	196	27.96	51岁至60岁	19	2.71
	31—40岁	321	45.79			
所在地	天津	73	10.41	安徽	39	5.56
	广东	53	7.56	西藏	76	10.84
	北京	65	9.27	上海	45	6.42
	河北	138	19.69	湖南	59	8.42
	辽宁	51	7.27	其他	102	14.55
学历	高中及以下	68	9.70	硕士	143	20.40
	本科及大专	457	65.19	博士	33	4.71
企业性质	国有独资	271	38.66	外商独资	53	7.56
	集体企业	76	10.84	私营企业	137	19.54
	中外合资	127	18.12	其他	37	5.28
行业性质	制造业	156	22.25	建筑业	79	11.27
	交通运输、仓储和物流	81	11.55	批发零售业	88	12.55
	信息传输、计算机软件	112	15.98	住宿餐饮业	45	6.42
	金融业	73	10.41	其他	67	9.56
职位	工作多于三年的员工	211	30.10	中层管理者	165	23.54
	基层管理者	325	46.36			

资料来源：作者整理。

调研对象所在行业的选取，本书没有特别局限于高新技术产业公司，还涵盖制造、交通运输、物流等传统领域公司，选取的依据是：创新不是高新技术产业或新兴产业所特有的，传统领域公司同样能够发挥创新的巨大作用。一项日本的调查研究表明，创新在传统产业的成功率甚至高于高新技术产业，例如丰田公司是一家传统的汽车制造企业，但它在公司内部实行的新型生产管理方式创造出产品畅销不衰的奇迹。除了产品创新和技术创新，传统领域公司还可在管理创新、制度创新、服务创新、流程创新等方面努力提升。德鲁克的研究认为创新就是改变资源的产出，企业内部可以改变资源使用效率，企业外部可以改变客户的认知。基于此角度，传统产业的创新一定程度上确实比高新技术产业容易实现。传统企业能够改变制造流程、合作方式、生产工具来提升利润，即流程创新、工艺创新，也可以重新诠释产品的社会属性来改变客户认知，即营销创新，比如可口可乐“永远年轻”的理念，是传统产业借助改变客户认知实现创新的社会实例。另外，传统领域公司迫于经济结构转型、供给侧结构性改革的压力，更加需要凭借创新导向人力资源管理实践，激发员工创新能力，以创新求发展。因此，基于创新形式的多样性和人力资源管理实践的灵活性，本书调研对象所在企业囊括多个行业领域，涵盖多种创新形式，以此来全面探究创新导向人力资源管理实践影响企业绩效的内在作用机理。

因为统计方法需要数据符合正态分布，所以对正式调查的数据进行多项检验，包括极大值、极小值、均值、标准差、偏差和峰度六项指标。从表5－31、表5－32、表5－33、表5－34和表5－35可知，各构念的所有题项的偏度的绝对值都比2要小，峰度的绝对值也比3要小。所以，正式调查所得数据满足正态分布的标准，能够进行之后的研究分析。

表5－31　　创新导向人力资源管理实践量表的一般性统计

	N	极小值	极大值	均值	标准差	偏度	峰度
ihp1	701	1	5	3.86	0.958	－0.779	0.446

续表

	N	极小值	极大值	均值	标准差	偏度	峰度
ihp2	701	1	5	4.22	0.818	-1.210	2.021
ihp3	701	1	5	4.12	0.895	-1.156	1.551
ihp4	701	1	5	4.00	0.985	-1.008	0.784
ihp6	701	1	5	4.26	0.841	-1.319	2.145
ihp7	701	1	5	4.26	0.865	-1.384	2.314
ihp8	701	1	6	4.10	0.928	-1.178	1.524
ihp9	701	1	5	4.03	0.901	-0.970	1.015
ihp10	701	1	5	3.95	0.944	-0.990	0.954
ihp11	701	1	5	4.03	0.941	-1.079	1.191
ihp13	701	1	5	4.14	0.878	-1.322	2.353
ihp14	701	1	5	4.15	0.865	-1.256	2.118
ihp15	701	1	5	3.92	1.038	-0.951	0.555
ihp16	701	1	5	3.82	1.017	-0.743	0.307
ihp17	701	1	5	3.88	0.958	-0.855	0.618
ihp18	701	1	5	3.96	0.945	-0.965	0.905
ihp19	701	1	5	3.83	0.972	-0.826	0.565

表 5-32　　　　员工创新行为量表的一般性统计

	N	极小值	极大值	均值	标准差	偏度	峰度
cg1	701	1	5	3.87	0.846	-0.601	0.546
cg2	701	1	5	3.88	0.866	-0.593	0.199
cg3	701	1	5	3.95	0.851	-0.765	0.745
cp1	701	1	5	3.87	0.876	-0.687	0.482
cp2	701	1	5	3.85	0.933	-0.784	0.533
cp3	701	1	5	3.91	0.864	-0.686	0.497
cr1	701	1	5	3.92	0.862	-0.805	0.871
cr2	701	1	5	3.94	0.813	-0.713	0.945
cr3	701	1	5	3.88	0.914	-0.736	0.515

表 5 - 33　　心理授权量表的一般性统计

	N	极小值	极大值	均值	标准差	偏度	峰度
jm1	701	1	5	4.00	0.895	-0.962	1.108
jm2	701	1	5	3.99	0.890	-0.838	0.714
jm3	701	1	5	4.11	0.819	-0.882	0.923
au1	701	1	5	3.89	0.935	-0.861	0.807
au2	701	1	7	3.82	0.935	-0.645	0.541
au3	701	1	5	3.81	0.944	-0.719	0.431
se2	701	1	5	4.10	0.784	-0.924	1.589
se3	701	1	5	4.15	0.755	-0.813	1.048
ji1	701	1	5	3.67	0.962	-0.405	-0.163
ji2	701	1	5	3.53	1.037	-0.421	-0.281
ji3	701	1	5	3.55	1.036	-0.449	-0.207

表 5 - 34　　企业绩效量表的一般性统计

	N	极小值	极大值	均值	标准差	偏度	峰度
ip1	701	1	5	3.81	0.917	-0.590	0.354
ip2	701	1	5	3.81	0.948	-0.673	0.467
ip3	701	1	5	3.79	0.927	-0.663	0.556
ip4	701	1	5	3.79	0.925	-0.723	0.613
ip5	701	1	5	3.78	0.924	-0.661	0.572
fp1	701	1	5	3.73	0.945	-0.581	0.215
fp2	701	1	5	3.73	0.966	-0.671	0.440
fp3	701	1	5	3.71	0.957	-0.599	0.291
hrp1	701	1	5	3.73	0.976	-0.694	0.305
hrp2	701	1	5	3.83	0.921	-0.701	0.491

表 5 - 35　　学习目标导向量表的一般性统计

	N	极小值	极大值	均值	标准差	偏度	峰度
lg1	701	1	5	4.03	0.809	-0.931	1.563
lg2	701	1	5	4.11	0.749	-0.714	0.875

续表

	N	极小值	极大值	均值	标准差	偏度	峰度
lg3	701	1	5	4.10	0.774	-0.738	0.724
lg4	701	1	5	4.09	0.795	-0.850	1.078
lg5	701	1	5	3.85	0.961	-0.920	0.834
lg6	701	1	5	4.07	0.829	-1.013	1.715

第四节　本章小结

本章主要阐述了问卷的设计、变量的测量、实地调研和数据收集。首先，在文献研读、质性研究、研究假设和理论模型的基础上，确定需要测量的变量，即创新导向人力资源管理实践、心理授权、员工创新行为、企业绩效和学习目标导向，选取经典文献中的成熟量表，并结合实地访谈，形成初始问卷，问卷发放对象确定为企业中层管理者、基层管理者和三年以上工作时间的资深员工。其次，进行小规模的预调研，发放问卷360份，共收回235份有效问卷，运用SPSS进行信度、效度检验，并对问卷进行调整，删除一些不合适的题项，修正为正式调研问卷。最后，进入正式调研环节，发放问卷1100份，收回问卷823份，经过筛选得到有效问卷701份，进行描述性统计分析，按照年龄、所在地、学历、企业性质、行业性质和职位对正式调研数据做一般性讨论，还对变量进行正态分布检验，所得数据满足正态分布的标准，为下一步的实证分析做好准备。

第六章　测量模型检验与数据质量评估

第一节　测量模型检验

本章主要是对各个变量的测量模型进行检验，衡量正式调研数据与测量模型的匹配程度，运用 AMOS17.0 做验证性因子分析，评估各个变量的信度和效度，为之后的假设检验建立科学可信的基础。

组合信度（CR）。本书在预调研时使用 Cronbach's α 来检验各变量测量量表的信度，在正式调研获取数据之后，需要检验潜在变量的信度来衡量潜在变量的内部一致程度。这种信度称为组合信度或建构信度，可通过量表各题项的标准化因素负荷值计算得到，一般认为 CR 值需大于 0.7，计算公式如下（黄芳铭，2005）：

$$CR = \frac{(\sum\lambda)^2}{[(\sum\lambda)^2 + \sum\theta]}$$

其中 CR 表示组合信度，λ 表示测量量表题项的标准化因素负荷值，θ 表示测量量表题项的误差。

平均方差抽取量（AVE）。除了信度之外，还需检验潜在变量的收敛效度，本书运用平均方差抽取量来测量，AVE 值越大，说明构念具有较好的收敛效度，一般认为 AVE 值需大于 0.5，计算公式如下（Fornell & Larcker，1981）：

$$AVE = \frac{\sum\lambda^2}{\sum\lambda^2 + \sum\theta}$$

其中 AVE 表示平均方差抽取量，λ 表示测量量表题项的标准化因素负荷值，θ 表示测量量表题项的误差。

一　创新导向人力资源管理实践

1. 模型设定

依据质性研究、预调研分析结果，建立创新导向人力资源管理实践（innovation oriented human resource management practice，IOHRMP）的测量模型，分为机会、动机、能力三个维度。机会维度包含 7 个测量题项，动机维度包含 6 个测量题项，能力维度包含 4 个测量题项。创新导向人力资源管理实践设定为二阶测量模型，该模型包含动机、能力、机会三个一阶构念，这是对模型的精简处理。测量模型具体见图 6－1。

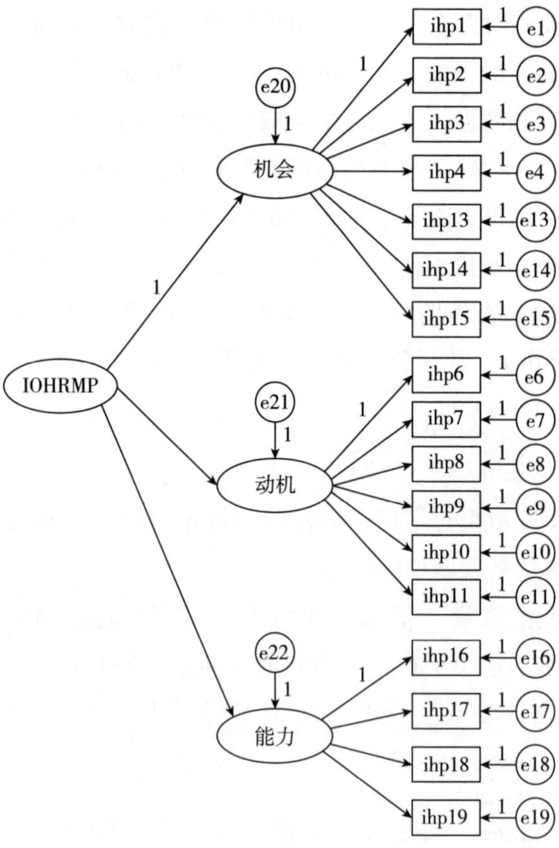

图 6－1　IOHRMP 测量模型

2. 模型识别

结构方程模型只有在能被识别的情况下，才能估计模型中的各参数。在创新导向人力资源管理实践的测量模型中，数据点数目为 $q \times (q+1)/2 = 17 \times 18/2 = 153$，q 为观测变量个数，模型共计 40 个待估计参数（包括路径系数和残差系数），数据点数目大于待估计参数，属过度识别，可进行模型估计。

3. 各种替代模型比较

尽管根据第三章的质性研究和第五章的探索性因子分析，将创新导向人力资源管理实践的测量模型设为二阶三因素模型，但基于本章是检验正式调研数据与测量模型的匹配程度，所以还应检验各种可能的替代模型，找出最优匹配模型。选取一阶单因素模型、一阶三因素无相关模型、一阶三因素相关模型和二阶三因素模型这 4 个替代模型，对比各自的模型适配度（见表 6－1）。选择测量模型的标准是 χ^2 越小越好，χ^2/df 的值一般小于 5，GFI、AGFI、CFI 的值一般在 0.9 以上，RMR 的值在 0.05 以下，RMSEA 值在 0.08 以下。通过比较，表 6－1 中二阶三因素模型的 χ^2、χ^2/df 最小，GFI、AGFI、CFI 大于 0.9 并且数值也最大，RMR、RMSEA 的值也是替代模型中最小的，所以应使用二阶三因素模型。

表 6－1　　IOHRMP 替代测量模型适配度比较

IOHRMP	χ^2	df	χ^2/df	GFI	AGFI	CFI	RMR	RMSEA
一阶单因素模型	313.765	89	3.525	0.950	0.914	0.975	0.025	0.06
一阶三因素模型无相关	1696.246	85	19.956	0.794	0.629	0.821	0.350	0.165
一阶三因素模型有相关	244.595	88	2.779	0.961	0.932	0.983	0.022	0.050
二阶三因素模型	196.847	82	2.401	0.968	0.941	0.987	0.021	0.045

4. 模型评估

运用软件 AMOS17.0 进行分析，创新导向人力资源管理实践的测量模型的参数估计结果见图 6-2。

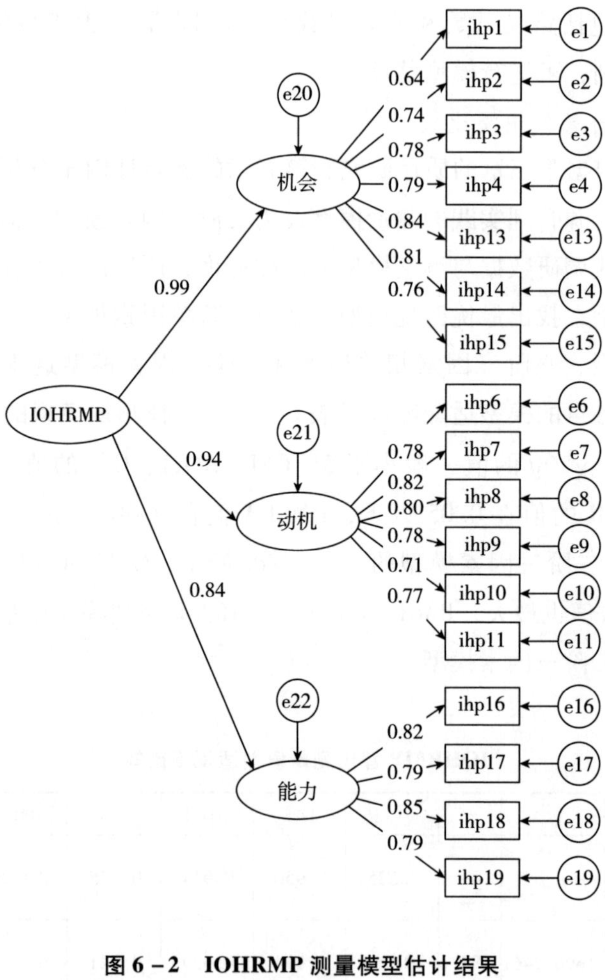

图 6-2 IOHRMP 测量模型估计结果

使用适配度指数对测量模型是否与数据拟合进行评估。适配度指数一般分为绝对适配度指数、增值适配度指数、简约适配度指数，IOHRMP 测量模型的适配度指数见表 6-2。卡方自由度比为 2.401，GFI = 0.968、AGFI = 0.941、RMR = 0.021 以及 RMSEA = 0.045，均符合适配度标准，显示绝对拟合度指标通过检验。NFI = 0.978、RFI = 0.964、IFI = 0.987、TLI = 0.979、CFI = 0.987，均符合适配度标准，说明增值拟合度通过检验。PGFI = 0.519、PNFI = 0.590，AIC、BCC、BIC、CAIC 也符合标准，表示简约拟合度指标通过检验。所以，创新导向人力资源管理实践的测量模型适配度可接受。

表 6-2　　IOHRMP 测量模型适配度

指标类型	统计量	适配标准或临界值	二阶三因素模型
绝对适配度指数	χ^2 值	越小越好	196.847
	χ^2 自由度比	<5	2.401
	GFI	>0.90	0.968
	AGFI	>0.90	0.941
	RMR	<0.05	0.021
	RMSEA	<0.05（适配良好） <0.08（适配合理）	0.045
增值适配度指数	NFI	>0.90	0.978
	RFI	>0.90	0.964
	IFI	>0.90	0.987
	TLI	>0.90	0.979
	CFI	>0.90	0.987
简约适配度指数	PGFI	>0.50	0.519
	PNFI	>0.50	0.590
	PCFI	>0.50	0.595
	AIC	越小越好	338.847
	BCC		342.595
	BIC		662.075
	CAIC		733.075

5. 信度、效度检验

使用组合信度（CR）与平均方差抽取量（AVE）来检验创新导向人力资源管理实践的信度和效度（见表 6-3）。创新导向人力资源管理实践模型中的 P 值都小于 0.001，t 值足够大，显示非标准化因素负荷满足统计学标准。标准误 s. e. 的值从 0. 037 到 0. 075，没有小于零的误差方差，标准化因素负荷大都高于 0. 6 且不超过 1，不存在超接受范围的反常现象。组合信度（CR）要求在 0. 5 以上，高于 0. 7 视为理想；平均方差抽取量（AVE）的值高于 0. 5 视为理想。表 6 –3 显示，创新导向人力资源管理实践的二阶三因素模型的各个指标符合信度与效度标准。

表 6 –3　　IOHRMP 测量模型参数估计、信度、效度

维度	题项	非标准化因素负荷	标准误 s. e.	t 值	P 值	标准化因素负荷	CR 组合信度	AVE
IOHRMP	机会	1. 000				0. 991	0. 9459	0. 8541
	动机	1. 016	0. 063	16. 174	***	0. 937		
	能力	1. 152	0. 073	15. 748	***	0. 838		
机会	ihp1	1. 000				0. 636	0. 908	0. 5865
	ihp2	0. 987	0. 059	16. 782	***	0. 736		
	ihp3	1. 154	0. 065	17. 659	***	0. 786		
	ihp4	1. 259	0. 072	17. 539	***	0. 779		
	ihp13	1. 212	0. 065	18. 600	***	0. 842		
	ihp14	1. 143	0. 063	17. 997	***	0. 806		
	ihp15	1. 293	0. 075	17. 198	***	0. 759		
动机	ihp6	1. 000				0. 778	0. 901	0. 6031
	ihp7	1. 085	0. 046	23. 678	***	0. 821		
	ihp8	1. 132	0. 050	22. 860	***	0. 799		
	ihp9	1. 070	0. 048	22. 101	***	0. 777		
	ihp10	1. 025	0. 052	19. 829	***	0. 711		
	ihp11	1. 106	0. 051	21. 830	***	0. 769		
能力	ihp16	1. 000				0. 816	0. 8865	0. 6615
	ihp17	0. 916	0. 039	23. 532	***	0. 794		
	ihp18	0. 967	0. 037	25. 799	***	0. 850		
	ihp19	0. 926	0. 040	23. 450	***	0. 792		

注：*** 表示在 0. 001 水平（双侧）上显著相关。

二　员工创新行为

1. 模型设定

依据预调研分析结果，建立员工创新行为的测量模型，包含9个测量题项，具体见图6-3。

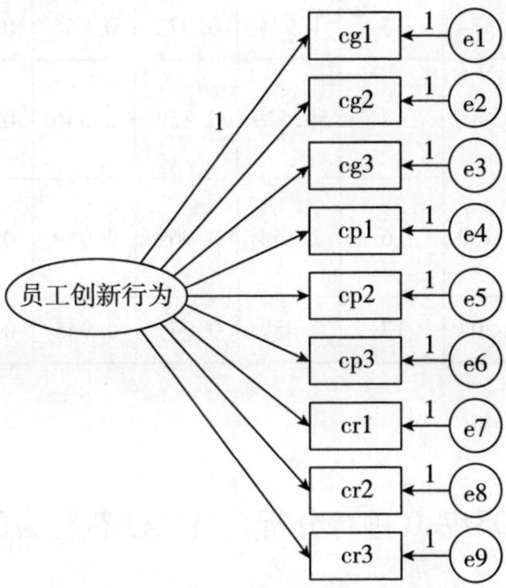

图6-3　员工创新行为测量模型

2. 模型识别

在员工创新行为测量模型中，数据点数目为 q×（q+1）/2 = 9×10/2 =45，q 为观测变量个数，模型共计 18 个待估计参数（包括路径系数和残差系数），数据点数目大于待估计参数，属过度识别，可进行模型估计。

3. 各种替代模型比较

基于研究的严谨性和科学性，本章对员工创新行为的几种可能的测量模型进行检验比较，以选取最优匹配模型。所以选取一阶单因素模型、一阶三因素无相关模型、一阶三因素相关模型和二阶三因素模型这四个替代模型，对比各自的模型适配度，见表6-4。通过比较，发现一阶单因素模型的 χ^2、χ^2/df 最小，GFI、AGFI、CFI 大于 0.9 并且数值也最大，RMR、RMSEA 的值也是替代模型中最小的，所以应使用一阶单因素模型。

表 6-4　　员工创新行为的替代测量模型适配度比较

员工创新行为	卡方值	自由度	卡方自由度比	GFI	AGFI	CFI	RMR	RMSEA
一阶单因素模型	27.354	15	1.924	0.972	0.955	0.978	0.028	0.054
一阶三因素模型无相关	833.407	14	59.529	0.859	0.546	0.845	0.311	0.289
一阶三因素模型有相关	34.470	16	2.154	0.969	0.949	0.966	0.030	0.061
二阶三因素模型	42.202	17	2.482	0.967	0.945	0.975	0.031	0.066

4. 模型评估

运用软件 AMOS17.0 进行分析，员工创新行为的测量模型参数估计结果见图 6-4。

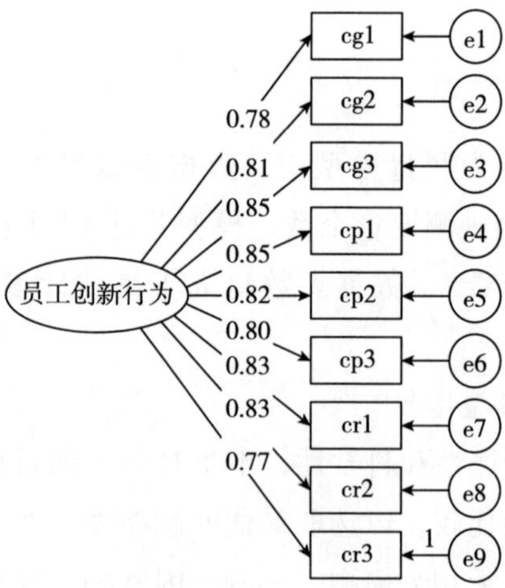

图 6-4　员工创新行为的测量模型估计结果

表 6-5　员工创新行为测量模型适配度

指标类型	统计量	适配标准或临界值	一阶单因素模型
绝对适配度指数	χ^2 值	越小越好	27.354
	χ^2 自由度比	<5	1.924
	GFI	>0.90	0.972
	AGFI	>0.90	0.955
	RMR	<0.05	0.028
	RMSEA	<0.05（适配良好） <0.08（适配合理）	0.054
增值适配度指数	NFI	>0.90	0.975
	RFI	>0.90	0.968
	IFI	>0.90	0.978
	TLI	>0.90	0.974
	CFI	>0.90	0.978
简约适配度指数	PGFI	>0.50	0.531
	PNFI	>0.50	0.515
	PCFI	>0.50	0.516
	AIC	越小越好	87.354
	BCC		88.224
	BIC		223.930
	CAIC		253.930

使用适配度指数对测量模型是否与数据拟合进行评估。员工创新行为测量模型的适配度指数见表 6-5。卡方自由度比为 1.924，GFI = 0.972、AGFI = 0.955、RMR = 0.028 以及 RMSEA = 0.054，显示绝对拟合度指标通过检验。NFI = 0.975、RFI = 0.968、IFI = 0.978、TLI = 0.974、CFI = 0.978，说明增值拟合度通过检验。PGFI、PNFI、AIC、BCC、BIC、CAIC 也符合标准，表示简约拟合度指标通过检验。所以，员工创新行为的测量模型适配度可接受。

5. 信度、效度检验

使用组合信度（CR）与平均方差抽取量（AVE）来检验员工创

新行为的信度和效度，见表6-6。员工创新行为模型中的p值都小于0.001，t值足够大，显示非标准化因素负荷满足统计学标准。标准误s. e. 的值从0.041到0.047，没有小于零的误差方差，标准化因素负荷大都高于0.7且不超过1，不存在超接受范围的反常现象。组合信度（CR）要求在0.5以上，高于0.7视为理想；平均方差抽取量（AVE）的值高于0.5视为理想。表6-6显示，员工创新行为的一阶单因素模型符合信度与效度标准。

表6-6　　员工创新行为测量模型参数估计、信度、效度

维度	题项	非标准化因素负荷	标准误 s. e.	t值	P值	标准化因素负荷	CR 组合信度	AVE
员工创新行为	cg1	1. 000				0. 785	0. 9476	0. 6678
	cg2	1. 056	0. 044	23. 895	***	0. 809		
	cg3	1. 087	0. 043	25. 449	***	0. 849		
	cp1	1. 127	0. 044	25. 694	***	0. 855		
	cp2	1. 156	0. 047	24. 400	***	0. 822		
	cp3	1. 041	0. 044	23. 525	***	0. 800		
	cr1	1. 071	0. 044	24. 530	***	0. 826		
	cr2	1. 019	0. 041	24. 791	***	0. 832		
	cr3	1. 063	0. 047	22. 508	***	0. 773		

注：***表示在0.001水平（双侧）上显著相关。

三　心理授权

1. 模型设定

依据预调研分析结果，建立心理授权的测量模型，分为工作意义（jm）、自主性（au）、自我效能（se）和工作影响（ji）四个维度。其中工作意义维度包含3个测量题项，自主性维度包含3个测量题项，自我效能维度包含2个测量题项，工作影响维度包含3个测量题项。测量模型具体见图6-5。

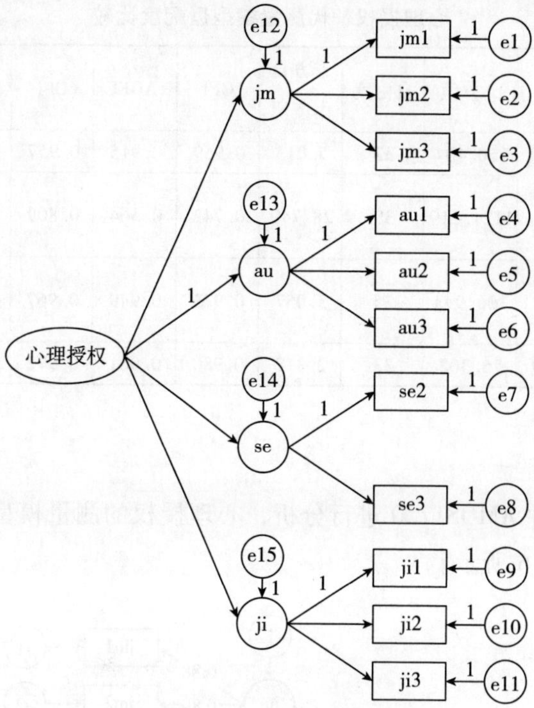

图 6－5　心理授权测量模型

2. 模型识别

在心理授权的测量模型中，数据点数目为 q×（q+1）/2 =11×12/2 =66，q 为观测变量个数，模型共计 30 个待估计参数（包括路径系数和残差系数），数据点数目大于待估计参数，属过度识别，可进行模型估计。

3. 各种替代模型比较

基于研究的严谨性和科学性，本章对心理授权的几种可能的测量模型进行检验比较，以选取最优匹配模型。所以选取一阶单因素模型、一阶四因素无相关模型、一阶四因素相关模型和二阶四因素模型这四个替代模型，对比各自的模型适配度，见表 6－7。通过比较，发现二阶四因素模型的χ^2、χ^2/df 最小，GFI、AGFI、CFI 大于 0.9 并且数值也最大，RMR、RMSEA 的值也是替代模型中最小的，所以应使用二阶四因素模型。

表 6-7　　心理授权替代测量模型适配度比较

心理授权	卡方值	自由度	卡方自由度比	GFI	AGFI	CFI	RMR	RMSEA
一阶单因素模型	160.404	32	5.013	0.959	0.915	0.957	0.046	0.076
一阶四因素模型无相关	1121.219	39	28.749	0.742	0.564	0.809	0.316	0.199
一阶四因素模型有相关	106.993	35	3.057	0.973	0.949	0.967	0.038	0.054
二阶四因素模型	76.302	33	2.312	0.980	0.961	0.972	0.024	0.043

4. 模型评估

运用软件 AMOS17.0 进行分析，心理授权的测量模型的参数估计结果如图 6-6 所示。

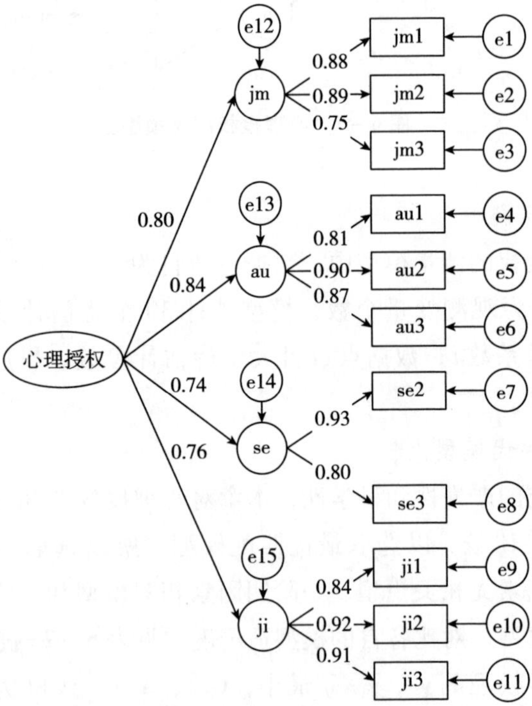

图 6-6　心理授权的测量模型估计结果

使用适配度指数对测量模型是否与数据拟合进行评估。心理授权测量模型的适配度指数见表6-8。卡方自由度比为2.312，GFI = 0.980、AGFI = 0.961、RMR = 0.024以及RMSEA = 0.043，显示绝对拟合度指标通过检验。NFI = 0.987、RFI = 0.978、IFI = 0.972、TLI = 0.987、CFI = 0.972，说明增值拟合度通过检验。PGFI、PNFI、AIC、BCC、BIC、CAIC也符合标准，表示简约拟合度指标通过检验。所以，心理授权的测量模型适配度可接受。

表6-8　　心理授权测量模型适配度

指标类型	统计量	适配标准或临界值	二阶四因素模型
绝对适配度指数	χ^2 值	越小越好	76.302
	χ^2 自由度比	<5	2.312
	GFI	>0.90	0.980
	AGFI	>0.90	0.961
	RMR	<0.05	0.024
	RMSEA	<0.05（适配良好） <0.08（适配合理）	0.043
增值适配度指数	NFI	>0.90	0.987
	RFI	>0.90	0.978
	IFI	>0.90	0.972
	TLI	>0.90	0.987
	CFI	>0.90	0.972
简约适配度指数	PGFI	>0.50	0.519
	PNFI	>0.50	0.592
	PCFI	>0.50	0.595
	AIC	越小越好	142.302
	BCC		143.454
	BIC		292.535
	CAIC		325.535

5. 信度、效度检验

由表6-9可知，心理授权模型中P值都小于0.001，t值足够大，显示非标准化因素负荷满足统计学标准。标准误 s. e. 的值从 0. 033 到 0. 064，没有小于零的误差方差，标准化因素负荷大都高于 0. 7 且不超过 1，不存在超接受范围的反常现象。模型整体和各维度的组合信度（CR）为 0. 8656、0. 8787、0. 8938、0. 8547、0. 92，都大于 0. 7 的理想水平。模型整体和各维度的平均方差抽取量（AVE）为 0. 6174、0. 7082、0. 7376、0. 7473、0. 7934，均大于 0. 5 的理想水平，说明有着良好的效度。所以运用正式调研数据经过检验得知，心理授权所采用的二阶四因素模型符合信度与效度的标准。

表 6－9　心理授权测量模型参数估计、信度、效度

维度	题项	非标准化因素负荷	标准误 s. e.	t 值	P 值	标准化因素负荷	CR 组合信度	AVE
心理授权	jm	0. 992	0. 061	16. 329	***	0. 798	0. 8656	0. 6174
	au	1. 000				0. 835		
	se	0. 857	0. 056	15. 410	***	0. 744		
	ji	0. 979	0. 064	15. 373	***	0. 763		
工作意义（jm）	jm1	1. 000				0. 878	0. 8787	0. 7082
	jm2	1. 011	0. 034	29. 547	***	0. 887		
	jm3	0. 782	0. 033	23. 832	***	0. 753		
自主性（au）	au1	1. 000				0. 807	0. 8938	0. 7376
	au2	1. 113	0. 041	27. 290	***	0. 898		
	au3	1. 092	0. 042	26. 315	***	0. 869		
自我效能（se）	se2	1. 000				0. 927	0. 8547	0. 7473
	se3	0. 821	0. 041	19. 879	***	0. 797		
工作影响（ji）	ji1	1. 000				0. 839	0. 92	0. 7934
	ji2	1. 174	0. 037	31. 554	***	0. 917		
	ji3	1. 170	0. 037	31. 574	***	0. 914		

注：*** 表示在 0. 001 水平（双侧）上显著相关。

四　企业绩效

1. 模型设定

依据分析结果，建立企业绩效的测量模型，包含 10 个测量题项，具体见图 6－7。

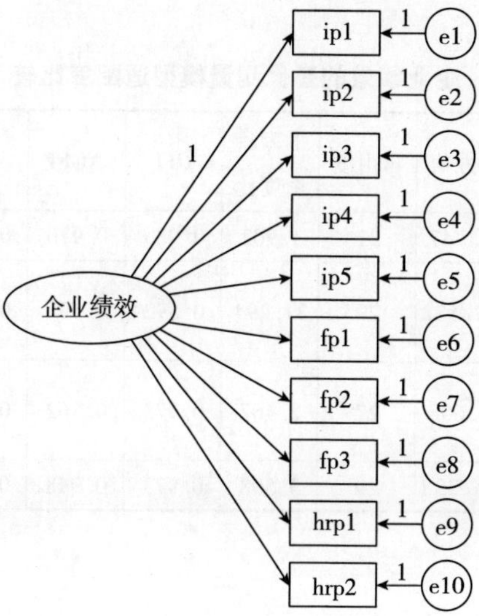

图 6－7　企业绩效的测量模型

2. 模型识别

在企业绩效的测量模型中，数据点数目为 q×（q+1）/2 =10×11/2 =55，q 为观测变量个数，模型共计 20 个待估计参数（包括路径系数和残差系数），数据点数目大于待估计参数，属过度识别，可进行模型估计。

3. 各种替代模型比较

基于研究的严谨性和科学性，本章对企业绩效的几种可能的测量模型进行检验比较，以选取最优匹配模型。所以选取一阶单因素模型、一阶二因素无相关模型、一阶二因素相关模型和二阶二因素模型这四个替代模型，对比各自的模型适配度，见表 6－10。通过比较，发现一阶单因素模型的 χ^2、χ^2/df 最小，GFI、AGFI、CFI 大于 0.9 并且数值也最大，RMR、RMSEA 的值也是替代模型中最小的，模型比较结果显示应使用一阶单因素模型。尽管第五章探索性因子分析结果中企业绩效有两个维度，但考虑到验证性因子分析使用 701 份正式调研数据，样本量远大于预调研，更具科学性，再结合实际意义考量，所以应使用一阶单因素模型。

表 6-10　　企业绩效的替代测量模型适配度比较

企业绩效	卡方值	自由度	卡方自由度比	GFI	AGFI	CFI	RMR	RMSEA
一阶单因素模型	43.747	23	1.902	0.985	0.970	0.987	0.011	0.036
一阶二因素无相关模型	617.532	29	21.294	0.892	0.795	0.916	0.352	0.170
一阶二因素有相关模型	66.608	27	2.467	0.978	0.962	0.981	0.021	0.051
二阶二因素模型	104.338	29	3.598	0.973	0.948	0.979	0.027	0.061

4. 模型评估

运用软件 AMOS17.0 进行分析，得到企业绩效测量模型的参数估计，结果详见图 6-8。

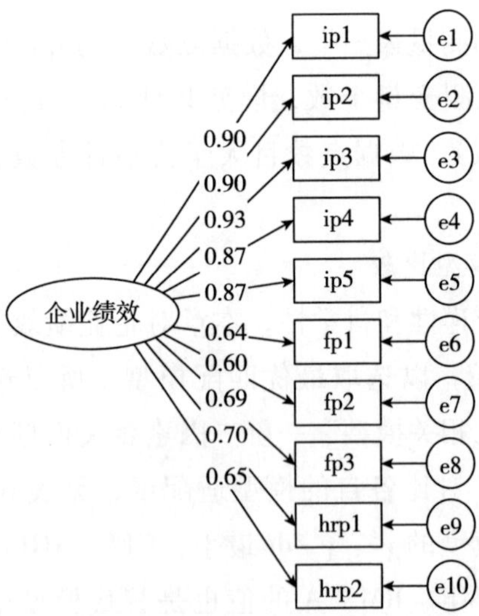

图 6-8　企业绩效的测量模型估计结果

企业绩效测量模型适配度指数见表 6－11。卡方自由度比为 1.902，GFI = 0.985、AGFI = 0.970、RMR = 0.011 以及 RMSEA = 0.036，绝对拟合度指标通过检验。NFI、RFI、IFI、TLI、CFI 都大于 0.9，增值拟合度通过检验。PGFI、PNFI、AIC、BCC、BIC、CAIC 符合标准，简约拟合度指标通过检验。故企业绩效的测量模型适配度可接受。

表 6－11　企业绩效测量模型适配度

指标类型	统计量	适配标准或临界值	一阶单因素模型
绝对适配度指数	χ^2 值	越小越好	43.747
	χ^2 自由度比	<5	1.902
	GFI	>0.90	0.985
	AGFI	>0.90	0.970
	RMR	<0.05	0.011
	RMSEA	<0.05（适配良好） <0.08（适配合理）	0.036
增值适配度指数	NFI	>0.90	0.994
	RFI	>0.90	0.988
	IFI	>0.90	0.987
	TLI	>0.90	0.994
	CFI	>0.90	0.987
简约适配度指数	PGFI	>0.50	0.513
	PNFI	>0.50	0.508
	PCFI	>0.50	0.510
	AIC	越小越好	107.747
	BCC		108.768
	BIC		253.427
	CAIC		285.427

5. 信度、效度检验

由表 6－12 可知，企业绩效模型中 P 值都小于 0.001，t 值足够大，非标准化因素负荷满足统计学标准。标准误 s. e. 的值从 0. 025 到 0. 038，标准化因素负荷大都高于 0. 6 且不超过 1，不存在超接受范围的反常现象。组合信度（CR）为 0. 9398，平均方差抽取量（AVE）为 0. 6152，可知企业绩效的测量模型符合信度与效度标准。

表 6－12　　企业绩效测量模型参数估计、信度、效度

维度	题项	非标准化因素负荷	标准误 s. e.	t 值	P 值	标准化因素负荷	CR 组合信度	AVE
企业绩效	ip1	1. 000				0. 903	0. 9398	0. 6152
	ip2	1. 026	0. 028	37. 258	***	0. 897		
	ip3	1. 038	0. 025	40. 790	***	0. 928		
	ip4	0. 970	0. 028	34. 547	***	0. 869		
	ip5	0. 965	0. 028	34. 184	***	0. 865		
	fp1	0. 732	0. 037	20. 055	***	0. 642		
	fp2	0. 698	0. 038	18. 155	***	0. 598		
	fp3	0. 802	0. 036	22. 563	***	0. 694		
	hrp1	0. 827	0. 036	22. 966	***	0. 701		
	hrp2	0. 723	0. 035	20. 455	***	0. 652		

注：*** 表示在 0. 001 水平（双侧）上显著相关。

五　学习目标导向

1. 模型设定

依据预调研分析结果，建立学习目标导向测量模型，具体见图 6－9。

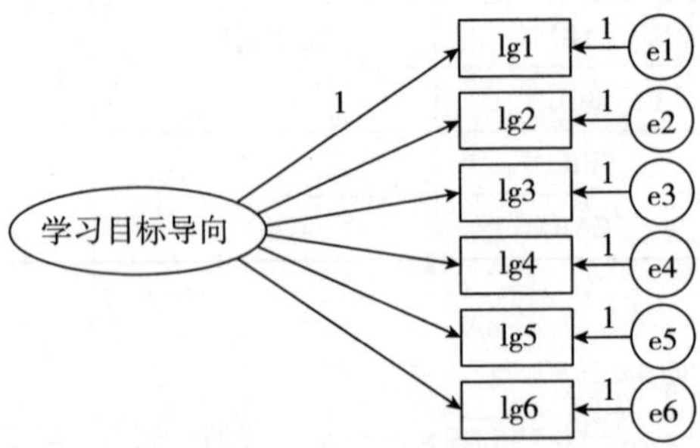

图 6－9　学习目标导向测量模型

2. 模型识别

在学习目标导向的测量模型中，数据点数目为 q×（q+1）/2 = 6×7/2 = 21，q 为观测变量个数，模型共计 12 个待估计参数（包括路径系数和残差系数），数据点数目大于待估计参数，属过度识别，可进行模型估计。

3. 模型评估

运用 AMOS17.0 进行分析，学习目标导向测量模型的参数估计结果见图 6－10。

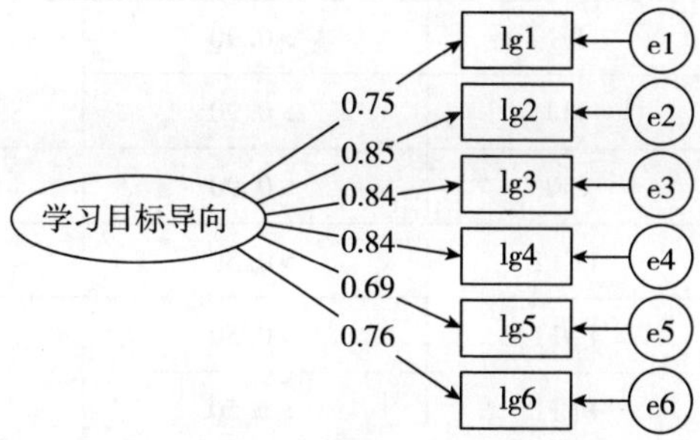

图 6－10　学习目标导向测量模型估计结果

使用适配度指数对测量模型是否与数据拟合进行评估。学习目标导向测量模型的适配度指数见表 6－13。卡方自由度比为 2.934，GFI = 0.929、AGFI = 0.909、RMR = 0.029 以及 RMSEA = 0.046，显示绝对拟合度指标通过检验。NFI = 0.945、RFI = 0.909、IFI = 0.948、TLI = 0.914、CFI = 0.948，说明增值拟合度通过检验。PGFI、PNFI、AIC、BCC、BIC、CAIC 也符合标准，表示简约拟合度指标通过检验。所以，企业绩效的测量模型适配度可接受。

表 6－13　　学习目标导向测量模型适配度

指标类型	统计量	适配标准或临界值	一阶单因素模型
绝对适配度指数	χ^2 值	越小越好	35.69
	χ^2 自由度比	<5	2.934

续表

指标类型	统计量	适配标准或临界值	一阶单因素模型
绝对适配度指数	GFI	>0.90	0.929
	AGFI	>0.90	0.909
	RMR	<0.05	0.029
	RMSEA	<0.05（适配良好） <0.08（适配合理）	0.046
增值适配度指数	NFI	>0.90	0.945
	RFI	>0.90	0.909
	IFI	>0.90	0.948
	TLI	>0.90	0.914
	CFI	>0.90	0.948
简约适配度指数	PGFI	>0.50	0.537
	PNFI	>0.50	0.567
	PCFI	>0.50	0.569
	AIC	越小越好	41.669
	BCC		41.992
	BIC		114.509
	CAIC		130.509

4. 信度、效度检验

由表6-14可知，学习目标导向模型中P值都小于0.001，t值足够大，显示非标准化因素负荷满足统计学标准。标准误s.e.的值从0.046到0.060，没有小于零的误差方差，标准化因素负荷大都高于0.65且不超过1，不存在超接受范围的反常现象。组合信度（CR）为0.9076，平均方差抽取量（AVE）为0.622，可知学习目标导向的测量模型符合信度与效度标准。

表 6 – 14　　学习目标导向测量模型参数估计、信度、效度

维度	题项	非标准化因素负荷	标准误 s. e.	t 值	P 值	标准化因素负荷	C. R. 组合信度	AVE
学习目标导向	lg1	1.000				0.748	0.9076	0.622
	lg2	1.045	0.046	22.796	***	0.845		
	lg3	1.076	0.047	22.693	***	0.842		
	lg4	1.097	0.049	22.505	***	0.835		
	lg5	1.092	0.060	18.195	***	0.688		
	lg6	1.041	0.051	20.302	***	0.761		

注：*** 表示在 0.001 水平（双侧）上显著相关。

第二节　数据质量评估

一　竞争模型检验

使用验证性因子分析对全体数据进行竞争模型比较，检验模型主体中四个潜变量（创新导向人力资源管理实践、心理授权、员工创新行为和企业绩效）的区分度。四因子模型：创新导向人力资源管理实践、心理授权、员工创新行为和企业绩效。三因子模型：创新导向人力资源管理实践、心理授权、员工创新行为 + 企业绩效。二因子模型：创新导向人力资源管理实践、心理授权 + 员工创新行为 + 企业绩效。单因子模型：创新导向人力资源管理实践 + 心理授权 + 员工创新行为 + 企业绩效。由表 6 – 15 可知，四因子模型的主要指数是：$\chi^2/df = 3.735$；RMSEA = 0.068；GFI = 0.902，CFI = 0.924，IFI = 0.925，TLI = 0.919。说明各项适配指标均满足标准，并且通过比较发现适配指标也优于其他竞争模型，说明四因子模型的变量之间有较高的区分效度，与全体问卷数据的拟合情况最优。

表 6 - 15　竞争模型验证性因子分析结果

模型	χ^2	χ^2/df	RMSEA	GFI	CFI	IFI	TLI
四因子	1393.3	3.735	0.068	0.902	0.924	0.925	0.919
三因子	1978.7	6.236	0.081	0.813	0.833	0.836	0.852
二因子	2794.3	8.198	0.095	0.735	0.750	0.748	0.762
单因子	3653.1	10.778	0.118	0.660	0.641	0.638	0.691

二　描述性统计与相关性分析

通过 SPSS 计算模型主体中各个潜变量的均值、标准差以及变量之间的相关系数，如表 6 - 16 所示。发现各个潜变量之间的相关系数介于 0.6 到 0.8 之间，有明显的相关关系，所有潜变量的均值和标准差未出现反常情况，为下一章的各种效应检验提供前提保障。

表 6 - 16　描述性统计分析与相关分析

	均值	标准差	IOHRMP	心理授权	员工创新行为	企业绩效
IOHRMP	4.0106	0.70806	1	0.682 **	0.726 **	0.631 **
心理授权	3.8950	0.67061	0.682 **	1	0.742 **	0.675 **
员工创新行为	3.8989	0.72935	0.726 **	0.742 **	1	0.711 **
企业绩效	3.7702	0.78537	0.631 **	0.675 **	0.711 **	1

注：** 表示在 0.01 水平（双侧）上显著相关，N = 701。

三　共同方法变异检测

共同方法变异的产生是由于问卷数据都出自相似的调查背景环境或同一研究对象，这种人为的共变偏向问题属系统误差的范畴（周浩、龙立荣，2004）。本书采用多种方式发放问卷，从样本调查的地域、填答时间、行业企业差异看出均具有明显差异，保证非同一空间、非同一时间填写问卷。因为每份问卷都由一人填写完成，尽管采用了控制方法，还是有可能出现共同方法变异问题，需要进行相应检验。依据彭正龙等（2011）的检验思路，采用 Harman 单因子检测法，用 SPSS 对全部量表数据进行因子分析，观察到在未进行旋转时的第一主成分的变异解释量为32.12%，对整个问卷数据无明显解释力度，对研究结果影响很小。

第三节 本章小结

本章首先使用AMOS17.0验证性因子分析检验了正式调查数据与测量模型的匹配程度，检验显示各个潜变量的测量模型具有较好的组合信度和收敛效度，形成潜变量测量模型的汇总表（见表6-17）。其次，进行竞争模型检验，得出四因子模型的拟合情况最好，佐证了理论模型结构。最后，进行了描述性统计分析、相关分析以及共同方法变异检测，为下一章的理论模型检验奠定了科学的研究基础。

表6-17　　潜变量测量模型及其说明

潜变量	测量模型	说明
创新导向人力资源管理实践	二阶三因素模型	从能力、动机和机会三个维度中提取一个二阶潜变量。机会的测量项目是7个，动机的测量项目是6个，能力的测量项目是4个。作为外在潜变量进行分析。
员工创新行为	一阶单因素模型	员工创新行为是由9个测量题目测量的一阶潜变量，只有1个维度，作为中介变量进行检验。
心理授权	二阶四因素模型	从工作意义、自主性、自我效能和工作影响四个维度中提取1个二阶潜变量。工作意义的测量项目是3个，自主性的测量项目是3个，自我效能的测量项目是2个，工作影响的测量项目是3个。作为中介变量进行检验。
企业绩效	一阶单因素模型	企业绩效是由10个测量题目测量的一阶潜变量，只有1个维度，作为结果变量进行分析。
学习目标导向	一阶单因素模型	学习目标导向是由6个测量题项组成的一阶潜变量，只有1个维度，作为调节变量进行分析。

第七章 员工感知视角下的影响效应检验

本书依据利益相关者理论，基于员工感知视角来研究创新导向人力资源管理实践对企业绩效的影响。同时，创新导向人力资源管理实践和企业绩效两个变量的数据获取与测量均源于个体层的员工感知。要求被调查者从自身感知出发填写问卷，是员工感知到的创新导向人力资源管理实践和企业绩效（其科学性与可行性详见第四、五章内容）。因此，理论模型中的变量均属个体层面，使用同层面的数据统计方法。本章将运用 AMOS17.0 对研究假设和理论模型进行检验，并简要归纳检验结果。

第一节 作用传导机制检验

一 创新导向人力资源管理实践对企业绩效的直接效应

1. 模型设定

以创新导向人力资源管理实践（Innovation Oriented Human Resource Management Practice，IOHRMP）为自变量，以企业绩效为因变量，建立从创新导向人力资源管理实践到企业绩效的直接效应模型，如图 7－1。根据质性研究、预调研、正式调研和测量模型检验，得知创新导向人力资源管理实践是二阶三因素模型，其测量题项偏多（17 项），累计整个调研问卷题项近 70 项，故将创新导向人力资源管理实践的题项按 3 个维度分别加和平均，采用题目打包策略（吴艳、温忠麟，2011），将能力、动机、机会一阶潜变量因子转化为观测变量，由这 3 个新的观测变量去解释创新导向人力资源管理实践。企业绩效是一阶单因素模型，代入直接效应检验模型。其中 IOHRMP 表示创新导向人力资源管理实践，有 3 个新的观测变量，企业绩效有 10 个观测变量。

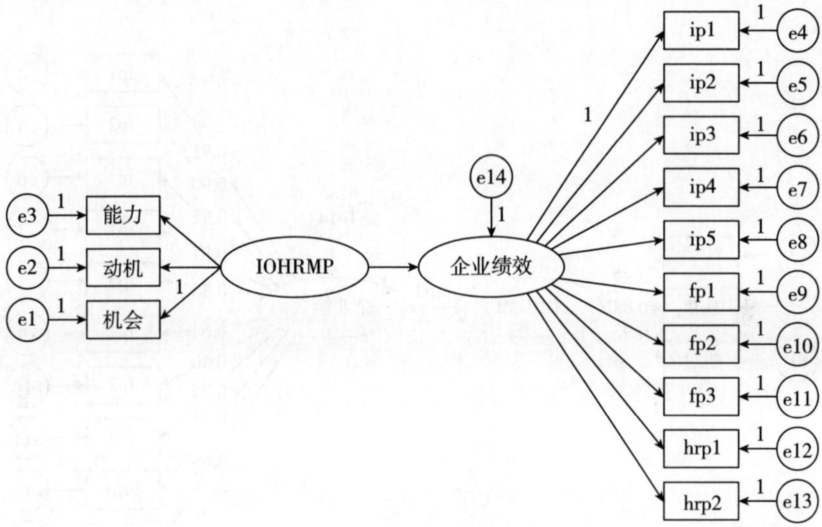

图 7－1　直接效应模型

2. 模型识别

在创新导向人力资源管理实践到企业绩效的直接效应检验模型中，数据点数目为 q×（q+1）/2＝13×14/2＝91，q 为观测变量个数，模型共计 28 个待估计参数（包括路径系数和残差系数），数据点数目大于待估计参数，属过度识别，可进行结构方程模型估计。

3. 模型估计

使用 AMOS17.0 对创新导向人力资源管理实践到企业绩效的直接效应模型进行参数估计，结果见图 7－2。

创新导向人力资源管理实践到企业绩效的直接效应模型的拟合结果见表 7－1。先看绝对拟合度指标，卡方自由度比是 3.951，GFI＝0.959、AGFI＝0.928、RMR＝0.042 以及 RMSEA＝0.065，均符合适配度标准，绝对拟合度指标通过检验。之后看增值拟合度指标，

NFI = 0.977、RFI = 0.966、IFI = 0.983、TLI = 0.974 以及 CFI = 0.983，均符合适配度标准，增值拟合度通过检验。再看简约拟合度指标，PGFI = 0.548、PNFI = 0.651，AIC、CAIC 数据合适，通过检验。所以，直接效应模型拟合良好。

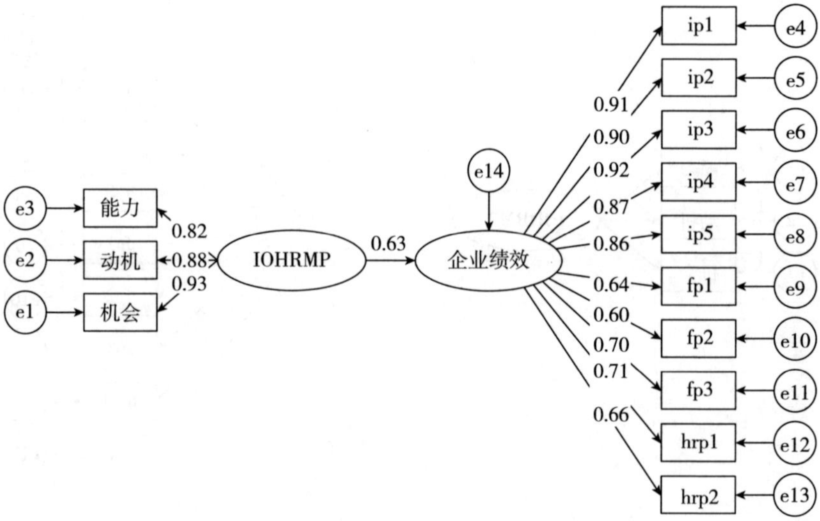

图 7-2　直接效应模型估计结果

表 7-1　直接效应模型拟合指标值

指标	卡方自由度比	GFI	AGFI	RMR	RMSEA	NFI	RFI
值	3.951	0.959	0.928	0.042	0.065	0.977	0.966
是否接受	接受	接受	接受	接受	接受	接受	接受
指标	IFI	TLI	CFI	PGFI	PNFI	AIC	CAIC
值	0.983	0.974	0.983	0.548	0.651	—	—
是否接受	接受	接受	接受	接受	接受	接受	接受

4. 模型解释

由图 7-2 和表 7-2 可知，创新导向人力资源管理实践对企业绩效的标准化路径系数为 0.63，在 0.001 的水平上显著。说明创新导向人力资源管理实践对企业绩效有显著的正向直接效应，假设 H1 被证实。

表 7 - 2　　直接效应模型路径系数及检验

假设	路径	标准化路径系数	显著性	假设结果
H1	IOHRMP→企业绩效	0.63 ***	0.000	成立

注：*** 表示 P < 0.001。

二　员工创新行为的中介效应

1. 模型设定

以创新导向人力资源管理实践（IOHRMP）为自变量，以员工创新行为为中介变量，以企业绩效为因变量，建立员工创新行为的单中介模型，如图 7 - 3。

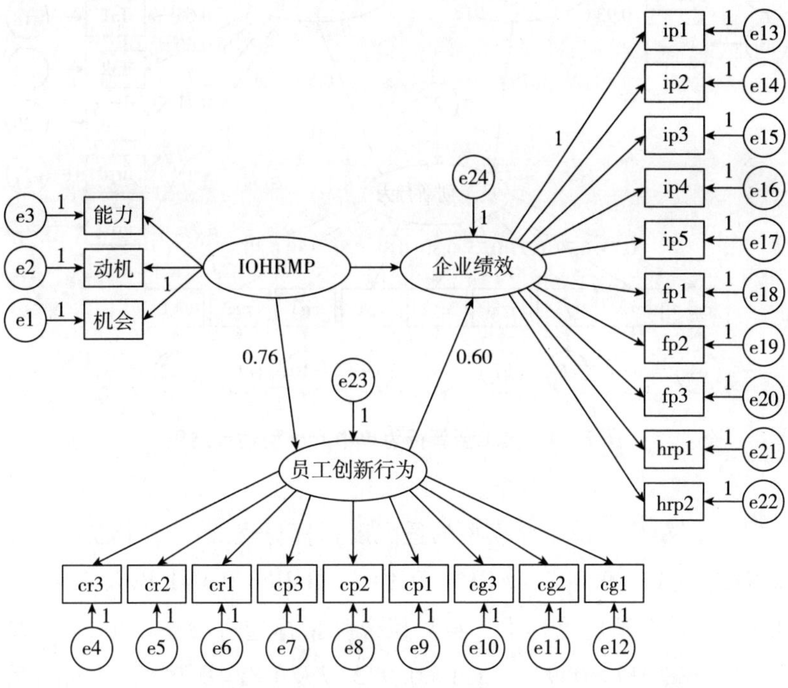

图 7 - 3　员工创新行为单中介模型

2. 模型识别

在员工创新行为的单中介模型中，数据点数目为 $q\times(q+1)/2=22\times23/2=253$，q 为观测变量个数，模型共计 49 个待估计参数（包括路径系数和残差系数），数据点数目大于待估计参数，属过度识别，可进行结构方程模型估计。

3. 模型估计

使用 AMOS17.0 对员工创新行为在创新导向人力资源管理实践与企业绩效关系中的中介效应进行参数估计，结果见图7－4。

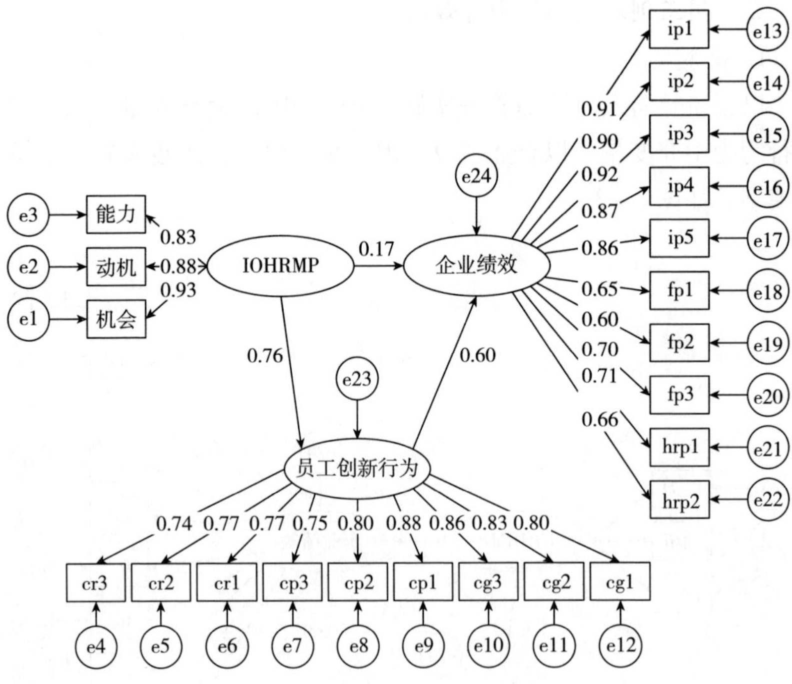

图 7－4　员工创新行为单中介模型估计结果

员工创新行为单中介模型的适配度指标见表 7－3。卡方自由度比为 2.789，GFI＝0.940、AGFI＝0.916、RMR＝0.041 以及 RMSEA＝0.051，均符合适配度标准，绝对拟合度指标通过检验。NFI＝0.967、RFI＝0.958、IFI＝0.978、TLI＝0.972 以及 CFI＝0.978，均符合适配度标准，增值拟合度通过检验。PGFI＝0.676、PNFI＝0.762，AIC、

CAIC 也符合标准，简约拟合度指标通过检验。所以，员工创新行为的单中介模型拟合良好。

表 7-3 员工创新行为单中介模型适配度

指标类型	统计量	值
绝对适配度指数	χ^2 自由度比	2.789
	GFI	0.940
	AGFI	0.916
	RMR	0.041
	RMSEA	0.051
增值适配度指数	NFI	0.967
	RFI	0.958
	IFI	0.978
	TLI	0.972
	CFI	0.978
简约适配度指数	PGFI	0.676
	PNFI	0.762
	AIC	—
	CAIC	—

4. 模型解释

由图 7-4 可知，创新导向人力资源管理实践对员工创新行为的路径系数为 0.76（$P<0.001$），员工创新行为对企业绩效的路径系数为 0.60（$P<0.001$），创新导向人力资源管理实践对企业绩效的路径系数为 0.17（$P<0.001$），都在 0.001 的水平上显著。同时发现创新导向人力资源管理实践对企业绩效的路径系数 0.17 小于在直接效应模型中的路径系数 0.63，初步直观反映出创新导向人力资源管理实践到企业绩效的关系有一部分是由员工创新行为这个中介变量传导，中介系数为 0.456。

参照 MacKinnon（2008）的方法进一步明晰中介效应的显著性与类别。先检验总效应的显著性，再检验中介效应显著性，最后结合直接效应的显著性判别中介效应的类别。由表 7-4 可知，一方面使用

Bootstrapping 法检测，取 95% 的置信度，总效应用 Bias - Corrected 法测得置信区间为 0.657 至 0.893，用 Percentile 法测得置信区间是 0.654 至 0.889，都未包含 0，表示总效应显著。另一方面，使用系数乘积检验法，Z 值等于点估计值与 SE 的商，计算为 13.017，远大于 1.96，检测效应显著。所以，两种判断方法均显示在“IOHRMP→员工创新行为→企业绩效”过程中的模型总效应明显。

表 7 - 4　　员工创新行为单中介模型效应检测

变量关系		系数乘积检验法			Bootstrapping			
					Bias - Corrected 95% CI		Percentile 95% CI	
		点估计值	SE	Z	Lower	Upper	Lower	Upper
IOHRMP→员工创新行为→企业绩效	总效应	0.768	0.059	13.017	0.657	0.893	0.654	0.889
	间接效应	0.561	0.063	8.905	0.445	0.693	0.439	0.688
	直接效应	0.207	0.065	3.185	0.084	0.342	0.083	0.340

同样由表 7 - 4 检测间接效应（即中介效应），用 Bias - Corrected 法测得置信区间为 0.445 至 0.693，用 Percentile 法测得置信区间是 0.439 至 0.688，皆未包含 0，Z 值求得 8.905，也大于 1.96，即员工创新行为在这个过程中具有显著的中介效应。直接效应用 Bias - Corrected 法测得置信区间为 0.084 至 0.342，用 Percentile 法测得置信区间是 0.083 至 0.340，皆未包含 0，Z 值为 3.185，也大于 1.96，说明在中介效应显著的情况下依然存在直接效应。

综合以上检验结果，员工创新行为在创新导向人力资源管理实践与企业绩效之间具有部分中介效应，标准化中介路径系数为 0.456，非标准化中介系数路径为 0.563，在 0.001 的水平上显著（见表 7 - 5），假设 H2 被证实。

表 7 - 5　　员工创新行为单中介模型路径系数及检验

假设	路径	标准化路径系数	显著性	假设结果
H2	IOHRMP→员工创新行为→企业绩效	0.456***	0.000	成立（部分中介）

注：*** 表示 $P < 0.001$。

三　心理授权的中介效应

1. 模型设定

以创新导向人力资源管理实践（IOHRMP）为自变量，以心理授权为中介变量，以企业绩效为因变量，建立心理授权的单中介模型，如图7－5。根据预调研、正式调研和测量模型检验，得知心理授权是二阶四因素模型，其测量题项偏多（11项），累计整个调研问卷题项近七十项，故将心理授权的题项按四个维度分别加和平均，即通过统计学处理，运用数据归因将工作意义（jm）、自主性（au）、自我效能（se）、工作影响（ji）四个一阶潜变量因子变为观测变量，由这四个新的观测变量去解释心理授权。

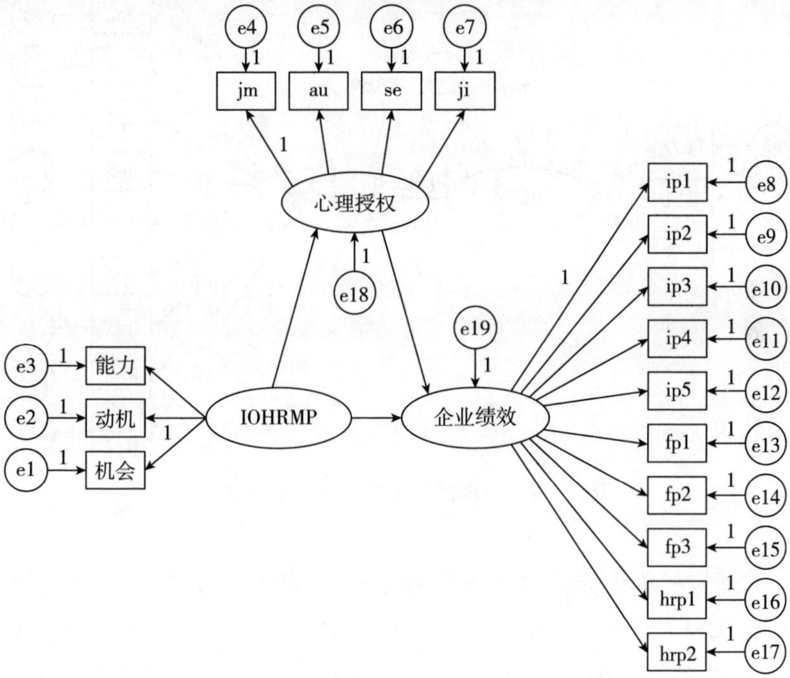

图7－5　心理授权单中介模型

2. 模型识别

在心理授权的单中介模型中，数据点数目为 $q\times(q+1)/2=17\times$

18/2 =153，q 为观测变量个数，模型共计 39 个待估计参数（包括路径系数和残差系数），数据点数目大于待估计参数，属过度识别，可进行结构方程模型估计。

3. 模型估计

使用 AMOS17.0 对心理授权在创新导向人力资源管理实践与企业绩效关系中的中介效应进行参数估计，结果见图7 -6。

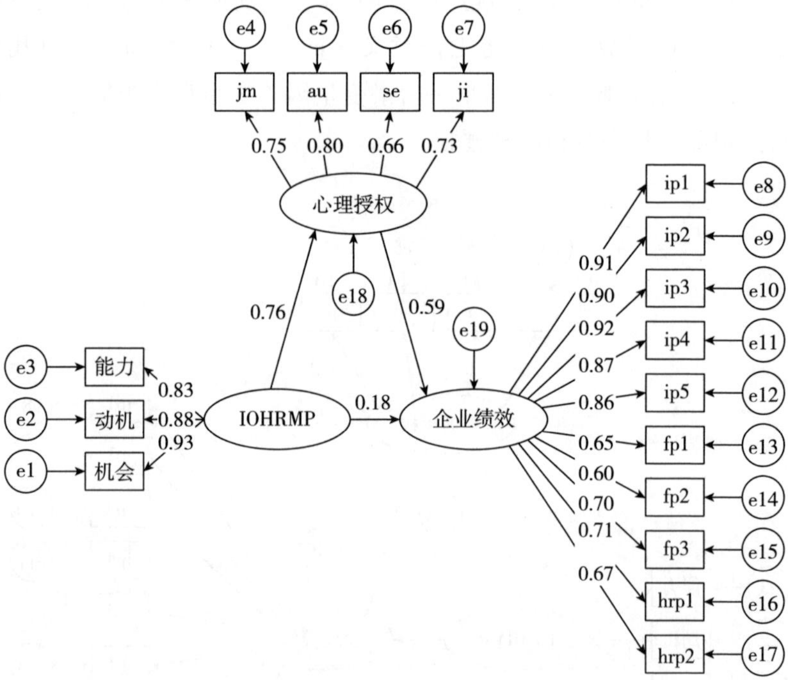

图 7 -6　心理授权单中介模型估计结果

心理授权单中介模型的适配度指标见表 7 -6。卡方自由度比为 3.918，GFI = 0.934、AGFI = 0.902、RMR = 0.045 以及 RMSEA = 0.065，均符合适配度标准，显示绝对拟合度指标通过检验。NFI = 0.962、RFI = 0.950、IFI = 0.972、TLI = 0.963 以及 CFI = 0.972，均符合适配度标准，说明增值拟合度通过检验。PGFI = 0.629、PNFI = 0.729，AIC、CAIC 也符合标准，表示简约拟合度指标通过检验。所以，心理授权的单中介模型拟合良好。

表 7-6　心理授权单中介模型适配度

指标类型	统计量	值
绝对适配度指数	χ^2 自由度比	3.918
	GFI	0.934
	AGFI	0.902
	RMR	0.045
	RMSEA	0.065
增值适配度指数	NFI	0.962
	RFI	0.950
	IFI	0.972
	TLI	0.963
	CFI	0.972
简约适配度指数	PGFI	0.629
	PNFI	0.729
	AIC	—
	CAIC	—

4. 模型解释

由图 7-6 可知，创新导向人力资源管理实践对心理授权的路径系数为 0.76（P<0.001），心理授权对企业绩效的路径系数为 0.59（P<0.001），创新导向人力资源管理实践对企业绩效的路径系数为 0.18（P<0.001），都在 0.001 的水平上显著。同时发现创新导向人力资源管理实践对企业绩效的路径系数 0.18 小于在直接效应模型中的路径系数 0.63，初步直观反映出创新导向人力资源管理实践到企业绩效的关系有一部分是由心理授权这个中介变量传导，中介系数为 0.448。

参照 MacKinnon 在 2008 年的方法精确判别中介效应的显著性与类别。先检验总效应的显著性，再检验中介效应显著性，最后结合直接效应的显著性判别中介效应的类别。由表 7-7 可知，首先使用 Bootstrapping 法检测，取 95% 的置信度，总效应用 Bias-Corrected 法测得置信区间为 0.657 至 0.894，用 Percentile 法测得置信区间是

0.653 至 0.889，都未包含 0，表示总效应显著。再使用系数乘积检验法，Z 值等于点估计值与 SE 的商，计算为 13.017，远大于 1.96，检测效应显著。所以，两种判断方法均显示“IOHRMP→心理授权→企业绩效”过程中的总效应明显。

表 7-7　　　　心理授权单中介模型效应检测

变量关系		系数乘积检验法			Bootstrapping			
					Bias - Corrected 95% CI		Percentile 95% CI	
		点估计值	SE	Z	Lower	Upper	Lower	Upper
IOHRMP→心理授权→企业绩效	总效应	0.768	0.059	13.017	0.657	0.894	0.653	0.889
	间接效应	0.552	0.082	6.732	0.407	0.737	0.402	0.730
	直接效应	0.216	0.090	2.4	0.039	0.392	0.034	0.385

同样由表 7-7 检测间接效应（即中介效应），用 Bias - Corrected 法测得置信区间为 0.407 至 0.737，用 Percentile 法测得置信区间是 0.402 至 0.730，皆未包含 0，Z 值求得 6.732，也大于 1.96，即心理授权在这个过程中具有显著的中介效应。直接效应用 Bias - Corrected 法测得置信区间为 0.039 至 0.392，用 Percentile 法测得置信区间是 0.034 至 0.385，皆未包含 0，Z 值为 2.4，也大于 1.96，说明在中介效应显著的情况下依然存在直接效应。

综合以上检验结果，心理授权在创新导向人力资源管理实践与企业绩效之间具有部分中介效应，标准化中介路径系数为 0.448，非标准化中介系数路径为 0.546，在 0.001 的水平上显著（见表 7-8），假设 H3 被证实。

表 7-8　　　　心理授权单中介模型路径系数及检验

假设	路径	标准化路径系数	显著性	假设结果
H3	IOHRMP→心理授权→企业绩效	0.448***	0.000	成立（部分中介）

注：*** 表示 P<0.001。

四 心理授权与员工创新行为的双中介效应

基于之前心理授权和员工创新行为的单中介效应都成立，又根据实地访谈和理论假设，采用心理、行为双视角，研究心理授权、员工创新行为都参与的多中介效应情况，较之单中介效应更符合实际情境。Brown 在 1997 年认为明晰多个中介变量的作用效果在结构方程模型的研究中极为重要。与单中介效应模型不同的是，在多个中介变量的模型中，需要检验特殊中介效果（specific indirect effect），特殊中介效果是针对模型中特定的某一中介变量的中介效果（Mackinnon et al.，2007），该效果和直接效应（direct effect）、间接效应（indirect effect）和总效应（total effect）共同组成多中介变量的检验系统。所有特殊中介效果加和是整体中介效应（即总间接效应），整体中介效应与直接效应的和是模型的全部影响效应。Holbert 和 Stephenson（2003）在研究中发现 AMOS 等结构方程模型软件无法检验特殊中介效果，应辅以 MacKinnon 等（2007）开发的统计工具来检验。

1. 模型设定

在创新导向人力资源管理实践影响企业绩效的模型基础上，同时引入心理授权、员工创新行为两个中介变量，建立心理授权与员工创新行为的双中介模型（见图 7-7）。

2. 模型识别

双中介模型的数据点数目为 $q\times(q+1)/2=26\times27/2=351$，q 为观测变量个数，模型共计 60 个待估计参数（包括路径系数和残差系数），数据点数目大于待估计参数，属过度识别，可进行结构方程模型估计。

3. 模型估计

使用 AMOS17.0 对心理授权和员工创新行为的双中介模型进行参数估计，图 7-8 展现了双中介模型的估计结果。创新导向人力资源管理实践对心理授权的标准化路径系数为 0.82，创新导向人力资源管理实践对员工创新行为的标准化路径系数为 0.81，创新导向人力资源管理实践对企业绩效的标准化路径系数约为 0.0，心理授权对企业绩效的标准化路径系数为0.36，员工创新行为对企业绩效的标准化路径系数为0.47。运算后，心理授权在创新导向人力资源管理实践与企业绩效的中介效应系数为0.295；员工创新行为在创新导向人力资源管理实践与企业绩效的中介效应系数为0.381。

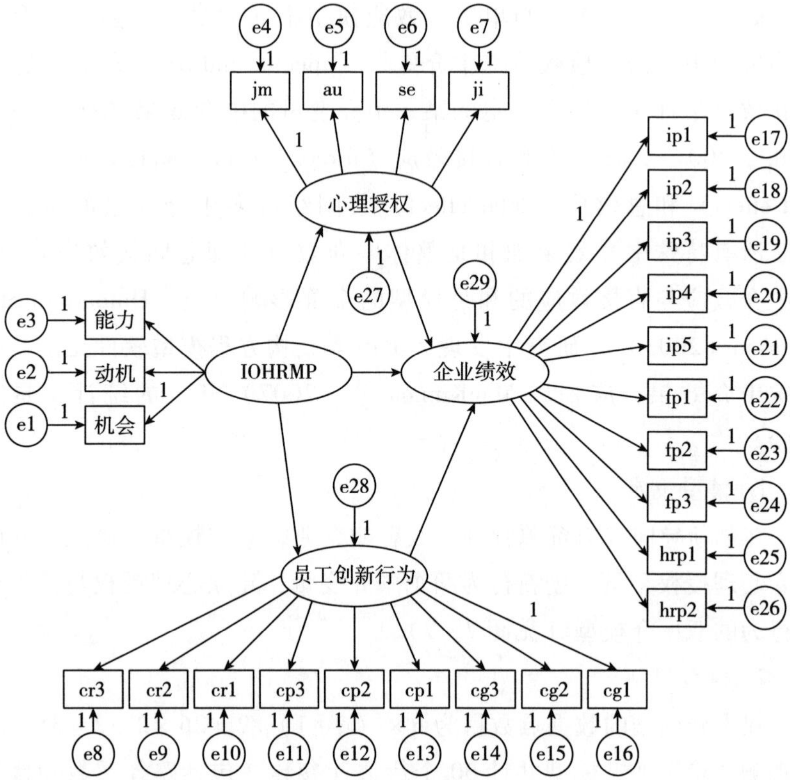

图7-7 双中介模型

双中介模型的适配度见表7-9。卡方自由度比为3.433<5，GFI=0.916>0.9，RMSEA=0.059<0.07，均符合适配度标准，显示绝对拟合度指标通过检验。CFI、NFI、RFI、IFI都大于0.9，均符合适配度标准，说明增值拟合度通过检验。PGFI=0.695、PNFI=0.783，AIC、CAIC也符合标准，表示简约拟合度指标通过检验。所

以，当心理授权和员工创新行为同时引入模型，形成的双中介模型拟合情况符合要求，可以进一步检验。

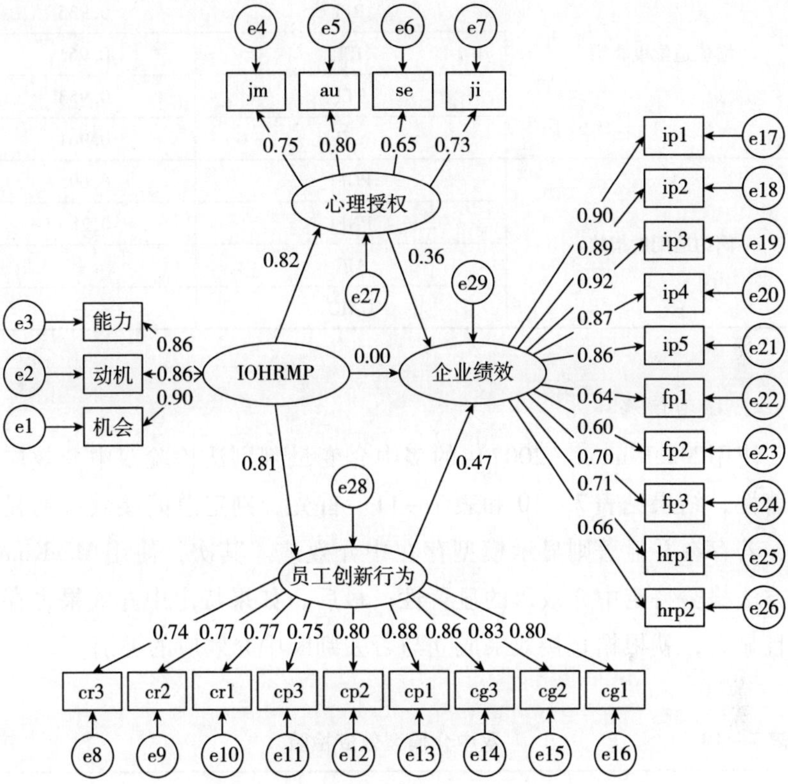

图 7－8　双中介模型估计结果

表 7－9　　　　双中介模型适配度

指标类型	统计量	值
绝对适配度指数	χ^2 自由度比	3.433
	GFI	0.916
	AGFI	0.902
	RMR	0.054
	RMSEA	0.059

续表

指标类型	统计量	值
增值适配度指数	NFI	0.946
	RFI	0.935
	IFI	0.961
	TLI	0.953
	CFI	0.961
简约适配度指数	PGFI	0.695
	PNFI	0.783
	AIC	—
	CAIC	—

4. 模型解释

使用 MacKinnon（2007）的多中介变量判别法检验双中介效应的显著性，结果见表 7－10 和表 7－11。首先，判定总间接效应的显著性，若存在并显著则显示模型存在中介效应。其次，使用 MacKinnon 的方法检验特定中介效果的显著性。最后，如果特定中介效果也存在并且显著，就根据直接效果成立与否去判断中介效应的类别。

表 7－10　　双中介模型效应检验

变量关系		系数乘积检验法			Bootstrapping			
					Bias－Corrected 95% CI		Percentile 95% CI	
		点估计值	SE	Z	Lower	Upper	Lower	Upper
IOHRMP→企业绩效	总间接效应	0.837	0.113	7.407	0.651	1.109	0.640	1.094
	直接效应	－0.001	0.108	－0.009	－0.235	0.194	－0.231	0.195

从表 7－10 可以看出，使用系数乘积检验法，创新导向人力资源管理实践对企业绩效的总间接效应的点估计值与 SE 之比 Z 值为 7.407，大于 1.96，存在显著的总间接效应；直接效应的 Z 值为 －0.009，小于 1.96，直接效应不显著。应用 Bootstrapping 法检测，总间接效应的置

信区间分别为 0. 651 至 1. 109（Bias – Corrected 法）、0. 640 至 1. 094（Percentile 法），均不包含 0，总间接效应显著；但检测直接效应时发现，其置信区间分别为 – 0. 235 至 0. 194（Bias – Corrected 法）/ – 0. 231 至 0. 195（Percentile 法），均包含 0，直接效应不明显。说明心理授权与员工创新行为都放入模型时，创新导向人力资源管理实践对企业绩效的直接效应变为不显著，总间接效应显著，保证了心理授权与员工创新行为至少存在一个中介效应，至于哪个中介效应成立或者两个都成立，则需要进一步检测。

在总间接效果显著的基础上，使用 MacKinnon PRODCLIN2 技术（Mackinnon et al.，2007）来检测特定中介路径的显著性，即特殊中介效果。设定置信度为 95%，运用 prodclin2 程序计算结果见表 7 – 11。IOHRMP→心理授权→企业绩效的特殊间接效果的置信区间为 0. 2176 至 0. 5438，IOHRMP→员工创新行为→企业绩效的特殊间接效果的置信区间为 0. 3311 至 0. 6198，均不包含 0，表明双中介机制中的心理授权与员工创新行为的中介效应均明显。

表 7 – 11　　　　双中介模型特殊中介效果

变量关系		MacKinnon PRODCLIN2 95% CI	
		Lower	Upper
IOHRMP→心理授权→企业绩效	特殊间接效果	0. 2176	0. 5438
IOHRMP→员工创新行为→企业绩效	特殊间接效果	0. 3311	0. 6198

结合表 7 – 10 得知，直接效应不显著。同时，心理授权与员工创新行为的特殊间接效果都显著，综合说明心理授权与员工创新行为在创新导向人力资源管理实践与企业绩效中具有完全中介效应，即假设 H4 被证实（见表 7 – 12）。计算得知，在双中介效应模型中，IOHRMP 通过心理授权影响企业绩效的标准化路径系数为 0. 295（$P<0.001$），IOHRMP 通过员工创新行为影响企业绩效的标准化路径系数为 0. 381（$P<0.001$），员工创新行为的中介效应高于心理授权。

表 7 - 12　　双中介模型路径系数及检验

假设	路径	标准化路径系数	显著性	假设结果
H4	IOHRMP→心理授权→企业绩效	0.295 ***	0.000	成立（完全中介）
	IOHRMP→员工创新行为→企业绩效	0.381 ***	0.000	

注：*** 表示 P < 0.001。

五　心理授权与员工创新行为的串联中介效应

1. 模型设定

在创新导向人力资源管理实践与企业绩效的双中介无因果模型基础上（心理授权和员工创新行为作为中介变量，二者没有因果关系），根据第四章研究假设，增加心理授权对员工创新行为的促进路径，形成双中介有因果模型，即串联中介模型，也被称作远程中介模型或链式中介模型（见图 7 - 9）。

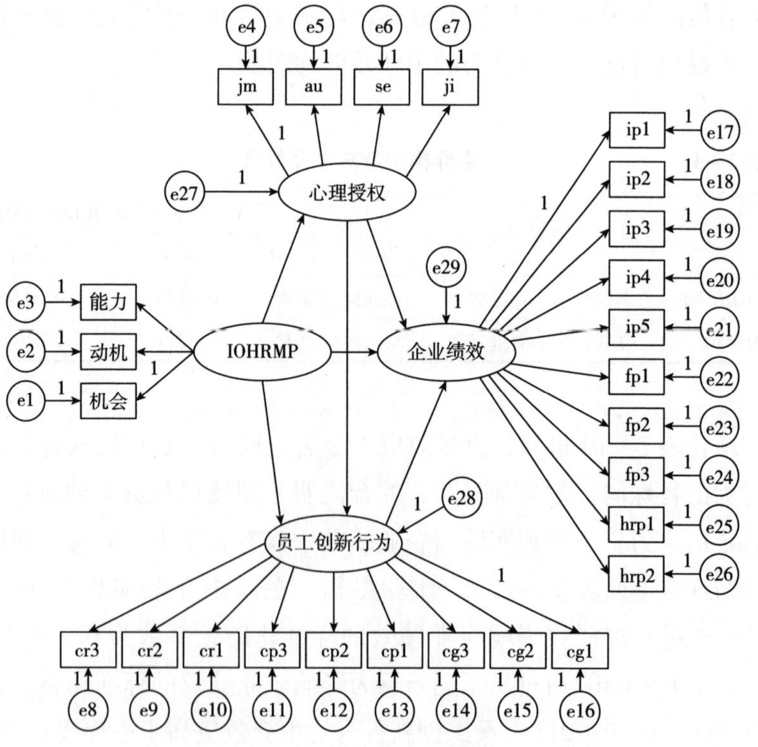

图 7 - 9　串联中介模型

2. 模型识别

串联中介模型的数据点数目为 q×（q+1）/2 = 26×27/2 = 351，q 为观测变量个数，模型共计 61 个待估计参数（包括路径系数和残差系数），数据点数目大于待估计参数，属过度识别，可进行结构方程模型估计。

3. 模型估计

使用 AMOS17.0 对心理授权和员工创新行为的串联中介模型进行参数估计，各条路径系数如表 7－13 所示，模型整体估计情况见图 7－10。

表 7－13　　串联中介模型路径系数

路径（模型呈现）	系数	路径（通过模型呈现的变量关系计算得出）	系数
IOHRMP→心理授权	0.77***	IOHRMP→心理授权→企业绩效	0.277
IOHRMP→员工创新行为	0.29***	IOHRMP→员工创新行为→企业绩效	0.110
心理授权→企业绩效	0.36***	IOHRMP→心理授权→员工创新行为	0.477
员工创新行为→企业绩效	0.38***	心理授权→员工创新行为→企业绩效	0.236
心理授权→员工创新行为	0.62***	IOHRMP→心理授权→员工创新行为→企业绩效	0.181
IOHRMP→企业绩效	0.06		

注：*** 表示 $P<0.001$

该模型的适配度见如表 7－14。卡方自由度比为 2.952 < 5、GFI = 0.919 > 0.9、RMSEA = 0.053 < 0.07，均符合适配度标准，显示绝对拟合度指标通过检验。CFI、NFI、RFI、IFI 都大于 0.9，均符合适配度标准，说明增值拟合度通过检验。PGFI = 0.702、PNFI = 0.787，AIC、CAIC 也符合标准，表示简约拟合度指标通过检验。所以，心理授权和员工创新行为的串联中介模型拟合良好。

4. 模型解释

该模型使用 AMOS 等统计软件仅能评估总间接效应，要想检验特殊中介效果，还应借助 MacKinnon 等（2007）开发的统计工具。

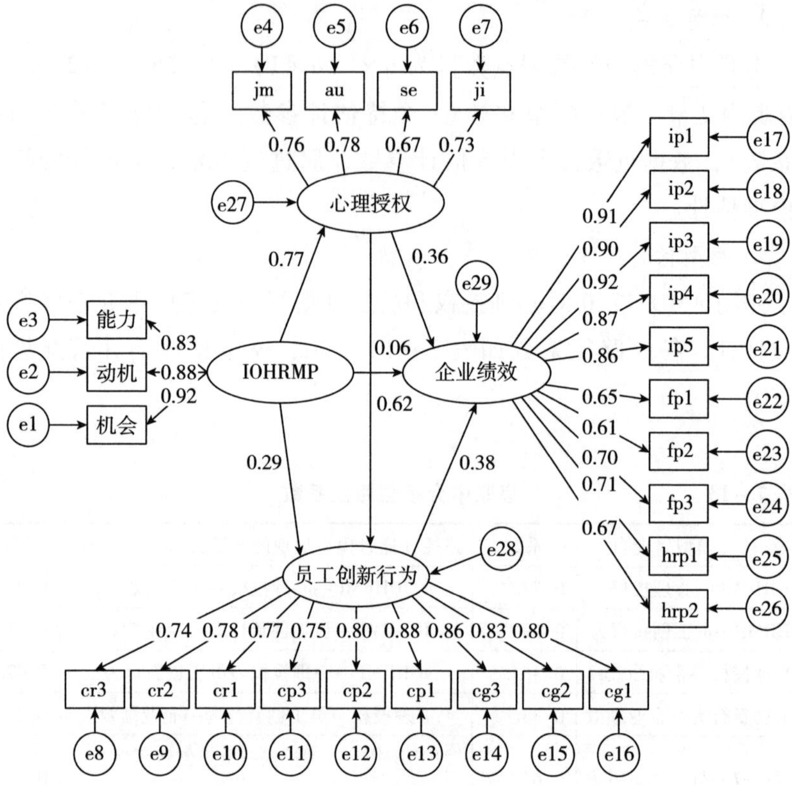

图 7-10 串联中介模型估计结果

表 7-14　　串联中介模型适配度

指标类型	统计量	值
绝对适配度指数	χ^2 自由度比	2.952
	GFI	0.919
	AGFI	0.902
	RMR	0.041
	RMSEA	0.053
增值适配度指数	NFI	0.954
	RFI	0.944
	IFI	0.969
	TLI	0.962
	CFI	0.969

续表

指标类型	统计量	值
简约适配度指数	PGFI	0.702
	PNFI	0.787
	AIC	—
	CAIC	—

检验步骤：先检验总间接效果，再检验特殊中介效果。在判断串联中介效应时，需检验每一个中介变量，只有当这条串联中介路径上的每一个中介变量的中介效应存在且显著时，才能证实此串联中介效应存在（李耀等，2017；倪清、杜鹏程，2017）。最后，利用直接效应判断是否完全中介或部分中介。

运用 MacKinnon 的方法检验总间接效应（中介效应）的存在性。由表 7－15 可知，创新导向人力资源管理实践对企业绩效的总间接效应的点估计值与标准误计算出的 Z 值是 8.9103，大于 1.96，置信区间求出为 0.562 至 0.882（Bias－Corrected 法）/0.556 至 0.866（Percentile 法），均不包含 0，总间接效应显著，存在总中介效应，显示心理授权、员工创新行为的单中介效应以及串联中介效应至少存在一个显著。

表 7－15　　串联中介模型的总间接效应及直接效应

变量关系		系数乘积检验法			Bootstrapping			
					Bias－Corrected 95% CI		Percentile 95% CI	
		点估计值	SE	Z	Lower	Upper	Lower	Upper
IOHRMP→企业绩效	总间接效应	0.695	0.078	8.9103	0.562	0.882	0.556	0.866
	直接效应	0.078	0.077	1.0130	−0.085	0.222	−0.081	0.226
IOHRMP→员工创新行为	总间接效应	0.476	0.075	6.3467	0.339	0.635	0.338	0.632
	直接效应	0.284	0.087	3.264	0.118	0.462	0.109	0.453
心理授权→企业绩效	总间接效应	0.334	0.092	3.630	0.174	0.538	0.166	0.524
	直接效应	0.504	0.148	3.405	0.236	0.824	0.240	0.824

在表7－15中观察各变量关系的直接效应，创新导向人力资源管理实践对企业绩效的Z值是1.0130，小于1.96，置信区间为－0.085至0.222（Bias－Corrected法）/－0.081至0.226（Percentile法），包含0，说明该直接效应不显著。同理判定创新导向人力资源管理实践对员工创新行为和心理授权的直接效应都显著。

在总间接效应存在的基础上，使用MacKinnon PRODCLIN2技术检测特殊中介效应（见表7－16）。心理授权在创新导向人力资源管理实践与企业绩效的特殊间接效应置信区间为0.1806至0.5162，在创新导向人力资源管理实践与员工创新行为的特殊间接效应置信区间为0.3533至0.6137；员工创新行为在创新导向人力资源管理实践与企业绩效的特殊间接效应置信区间为0.0624至0.2300，在心理授权与企业绩效的特殊间接效应置信区间为0.1878至0.5128。所有的置信区间都不包含0，说明各中介路径的中介效应均明显。

表7－16　　　　串联中介模型的特殊中介效应检测

变量关系		MacKinnon PRODCLIN2 95% CI	
		Lower	Upper
IOHRMP→心理授权→企业绩效	特殊间接效应	0.1806	0.5162
IOHRMP→员工创新行为→企业绩效	特殊间接效应	0.0624	0.2300
IOHRMP→心理授权→员工创新行为	特殊间接效应	0.3533	0.6137
心理授权→员工创新行为→企业绩效	特殊间接效应	0.1878	0.5128

总结串联中介模型的各种分析结果，得到串联中介模型的检验结果，见表7－17。当把心理授权对员工创新行为的促进路径加入模型后，创新导向人力资源管理实践对企业绩效的总直接效应不显著，即完全依靠间接效应进行传递。总间接效应，从创新导向人力资源管理实践出发，一路由心理授权发挥中介作用，一路由员工创新行为发挥中介作用，这其中心理授权的中介作用又有一部分是通过员工创新行为作为中介变量来发挥影响的，即心理授权本身作为中介变量，它的中介效应又通过另一个中介变量进一步发挥作用，这就构成了串联中

介效应，而且是完全中介的串联中介模型，假设 H5 被证实。

表 7－17　　　串联中介模型的检验结果

假设	路径	标准化路径系数	显著性	假设结果
H5	IOHRMP→心理授权→员工创新行为→企业绩效	0.181***	0.000	成立(完全中介)
	IOHRMP→心理授权→员工创新行为	0.477***	0.000	成立(部分中介)
	心理授权→员工创新行为→企业绩效	0.236***	0.000	成立(部分中介)

注：*** 表示 $P<0.001$。

六　作用传导机制的综合分析

本书在证实了创新导向人力资源管理实践对企业绩效的直接效应之后，逐步分析具体的作用过程。首先，依次引入心理授权、员工创新行为，构成两个单中介模型。其次，把心理授权、员工创新行为同时引入模型，构建双中介模型。最后，在文献研究的支撑下，在统计结果的佐证下，引入心理授权对员工创新行为的影响路径，构成双中介有因果模型，即串联中介模型。摘选出重要的特定路径在这一系列过程中的系数变化（见表 7－18），以便从中发现隐藏在统计结果背后的影响机理。

表 7－18　　　特定路径在多模型中的系数变化

变量关系	单中介模型	双中介模型	串联中介模型
IOHRMP→心理授权	0.76	0.82	0.77
IOHRMP→心理授权→企业绩效	0.448	0.295	0.277
IOHRMP→员工创新行为	0.76	0.81	0.29
IOHRMP→员工创新行为→企业绩效	0.456	0.381	0.1102
IOHRMP→心理授权→员工创新行为→企业绩效	—	—	0.1814

在演变过程中，IOHRMP→心理授权的路径系数分别是 0.76（单

中介模型)、0.82(双中介模型)、0.77(串联中介模型),变化不大,只有在双中介模型中系数稍大,这是因为双中介模型中直接效应不显著,全依赖间接效应传导影响作用。IOHRMP→心理授权→企业绩效的路径系数从0.448到0.295再到0.277,一直在降低,说明在心理授权单中介模型中,直接效应里包含了一部分其他变量的中介作用,因为没有引入其他变量,暂时归入了非间接效应;当进入双中介模型时,员工创新行为的中介路径贯通直接减少了心理授权中介路径的影响程度;当串联中介模型里构建了心理授权到员工创新行为的影响路径后,分流了心理授权到企业绩效的影响,统计结果显示影响作用更多地选择了心理授权→员工创新行为的路径,在汇集了IOHRMP→员工创新行为的影响之后,一起产生对企业绩效的影响作用。

从另一方面来看,IOHRMP→员工创新行为的路径系数是0.76(单中介模型)、0.81(双中介模型)、0.29(串联中介模型),因为双中介模型的直接效应不显著,使得系数有所增加,但在串联中介模型里系数骤降到0.29,这是一个很特别的现象,说明在构建了心理授权到员工创新行为的影响路径后,很大一部分的影响作用不再由创新导向人力资源管理实践直接到员工创新行为,而是选择通过心理授权间接到达员工创新行为。再从IOHRMP→员工创新行为→企业绩效的路径系数变化能分析出,员工创新行为的单中介路径影响在一直减弱(0.456到0.381再到0.1102),已经从重要路径变成了非重要路径,这一变化就是因为增加了心理授权→员工创新行为的影响路径。

从表7-18的三条能够到达企业绩效的路径来看,系数从高到低依次是0.277(IOHRMP→心理授权→企业绩效)、0.1814(IOHRMP→心理授权→员工创新行为→企业绩效)、0.1102(IOHRMP→员工创新行为→企业绩效)。发现有心理授权参与的路径系数都较大,员工心理授权感知度高会对企业绩效有明显的提升作用,这种提升作用既可以直接影响企业绩效,也可以通过心理对行为的支配作用,借助员工创新行为发挥影响作用。心理授权在整个创新导向人力资源管理实践对企业绩效的影响机制中起着关键枢纽的作用,作用先于并且大于员工创新行为,这也为下一步的对策建议提供了支撑和启示。

第二节 调节机制检验

一 员工学习目标导向的调节效应

（一）调节效应检验方法介绍与本书选择

本书检验员工学习目标导向对作用传导路径的调节效应，涉及潜变量交互效应结构方程建模，需要加入潜变量的乘积项。设 ξ_1 为自变量，ξ_2 为调节变量，y 为因变量，自变量 ξ_1 有两个观测变量 x_1，x_2，调节变量 ξ_2 有两个观测变量 x_3，x_4，其结构方程为：$y = \alpha_1\xi_1 + \alpha_2\xi_2 + \alpha_3\xi_1\xi_2 + \zeta$，其中 $\xi_1\xi_2$ 是 ξ_1 对 ξ_2 的交互项。

结构方程模型需要将 $\xi_1\xi_2$ 作为潜变量引入，但它没有观测变量。因此，有许多学者对此做了一系列不懈的研究。Kenny 和 Judd（1984）首次提出在结构方程模型中采用所有的交叉乘积项来检验潜变量交互效应，也就是将 x_1x_3、x_1x_4、x_2x_3、x_2x_4 定为 $\xi_1\xi_2$ 的指标。之后 Jaccard 和 Wan（1995）在检验过程中没有使用全部的交叉乘积，而是只用了其中几个观测变量的配对乘积。再之后 Ping（1995）在研究潜变量调节效应时注意到，若模型中加入的交叉乘积项过多，会产生高阶的协方差矩阵，还有满足许多等式约束，将会导致模型不收敛。所以 Ping 没有直接加入交叉乘积，而是把指标均值乘积设为单一乘积指标，也就是把第 1 个潜变量的观测变量均值乘以第 2 个潜变量的观测变量均值设为单一乘积指标，这种做法的优点是潜变量交叉项只有一个观测变量（单一乘积指标），囊括了原来变量乘积的全部信息，缺点是需要进行两个步骤估计，先要计算单一测量变量的因素负荷量与残差并设定交互作用项，之后再进行模型估计。

后来，Marsh 等（2004）专门对潜变量乘积指标的 3 种生成方法（全部乘积指标法、配对乘积指标法与单一乘积指标法）做了细致研究，从简约度、拟合度、偏差度以及精确度等方面进行比较，发现性能相对较好的是配对乘积指标。依据研究结果，对潜变量乘积指标有几点改良建议：（a）尽量让每一个指标都在交叉乘积指标中有体现，以便达到信息的最大利用率；（b）不能多次使用一个指标构成交叉乘积项，避免多个乘积指标因为包含同一指标而高度相关，会导致多重共线性问题。由此，我们发现全部乘积指标法与第 2 条建议相违背，单一乘积指标法和第 1 条建议相矛盾。另外，Batista - Foguet（2004）、Coenders（2008）也从其他研究视角得出了同样的结论，即采用配对乘积指标法效果较好。

对于配对乘积指标法，也有不同的配对方式，我们应选择一种比较简洁同时精确度较好的方法。Marsh 等（2004）进一步的研究指出，高负荷的指标应与高负荷的指标结对作乘积，配对原则是“大乘大、小乘小”。假设 ξ_1 与 ξ_2 各有三个观测变量，首先对 ξ_1 和 ξ_2 单独做验证性因子分析，得到三个观测变量按照标准化的负荷从高至低的顺序，并按照“大乘大、小乘小”的原则，把 ξ_1 与 ξ_2 的观测指标配对相乘。Saris（2007），Batista - Foguet（2004）与 Coenders（2008）也支持 Marsh 等的做法，提议拥有较高信度的观测变量应该结对乘积。在标准化结果中，信度最大的指标也是负荷最大的。Coenders，Batista - Foguet 与 Saris 在研究工作中就是采用了这样的配对方法，把信度最高的指标相互乘积。实践中还出现的一个问题是，若 ξ_1 和 ξ_2 的观测变量的数目不一样，应该怎么做？举个实际的问题，ξ_1 有 3 个观测变量，ξ_2 有 6 个观测变量，可使用下面的方法：在 ξ_2 的 6 个观测变量中筛选出最高负荷的 3 个观测变量按大小顺序与 ξ_1 的 3 个观测变量对应相乘，从而产生交互潜变量的观测变量乘积项，此法满足第 1、2 条建议。本书将采用“大乘大、小乘小”的配对原则，生成潜变量交叉乘积项的观测变量，在此基础上检验各个调节效应。

通过对大量文献的研读，在结构方程模型验证交互效应时，若直接使用原始指标进行检验，运算会变得非常复杂。众多文献显示，原始指标中心化已成为交互效应检验的不可或缺的标准步骤（Aiken & West，1991；Algina & Moulder，2001；Marsh et al.，2004），不仅降低了多重共线性程度，还使得模型更加简明。将学习目标导向在整个影响过程中的调节效应分解检验，见表 7 - 19。

表 7-19 调节效应的分解检验

H6	学习目标导向在 IOHRMP 影响企业绩效的作用机理中发挥着调节效应
H6a	学习目标导向对 IOHRMP 与企业绩效关系具有调节效应
H6b	学习目标导向对 IOHRMP 与心理授权关系具有调节效应
H6c	学习目标导向对 IOHRMP 与员工创新行为关系具有调节效应
H6d	学习目标导向对心理授权与员工创新行为关系具有调节效应
H6e	学习目标导向对心理授权与企业绩效关系具有调节效应
H6f	学习目标导向对员工创新行为与企业绩效关系具有调节效应

（二）学习目标导向对创新导向人力资源管理实践与企业绩效关系的调节效应

1. 模型设定

以创新导向人力资源管理实践（IOHRMP）为自变量，以企业绩效为因变量，以学习目标导向为调节变量，乘积项表示 IOHRMP 与学习目标导向的交互项。创新导向人力资源管理实践有 3 个观测变量，学习目标导向有 6 个观测变量，企业绩效有 10 个观测变量。根据权威文献的经典做法，要先对调节效应模型的数据进行中心化处理，之后根据 Marsh 等（2004）提出的，温忠麟、吴艳（2010）推荐的交互乘积项的配对策略，对各个构念做单因素验证性因子分析，按标准化负荷从大到小排列，采用“大乘大、小乘小”方式，组成乘积项，即 IOHRMP 里负荷最大的“机会”乘以学习目标导向里负荷最大的“lg3”，“动机”乘以“lg2”，“能力”乘以“lg1”。模型见图 7-11，图中“center 能力”等带“center”字眼的词代表中心化之后的数据。

2. 模型识别

在学习目标导向对 IOHRMP 与企业绩效关系的调节效应模型中，数据点数目为 q×（q+1）/2=22×23/2=253，q 为观测变量个数，模型共计 48 个待估计参数（包括路径系数和残差系数），数据点数目大于待估计参数，属过度识别，可进行结构方程模型估计。

3. 模型估计

使用 AMOS17.0 对学习目标导向对 IOHRMP 与企业绩效关系的调节效应模型进行参数分析，结果见图 7-12。

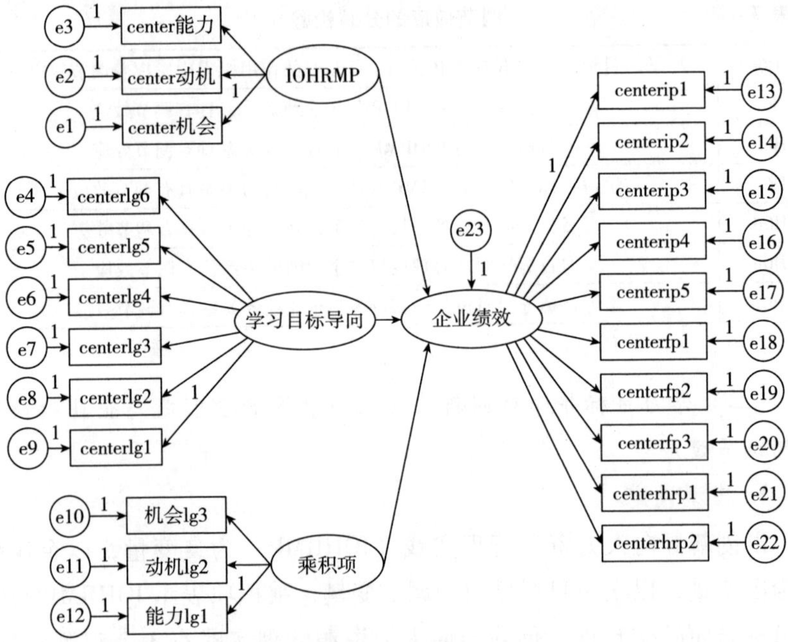

图 7-11 学习目标导向对"IOHRMP→企业绩效"调节模型

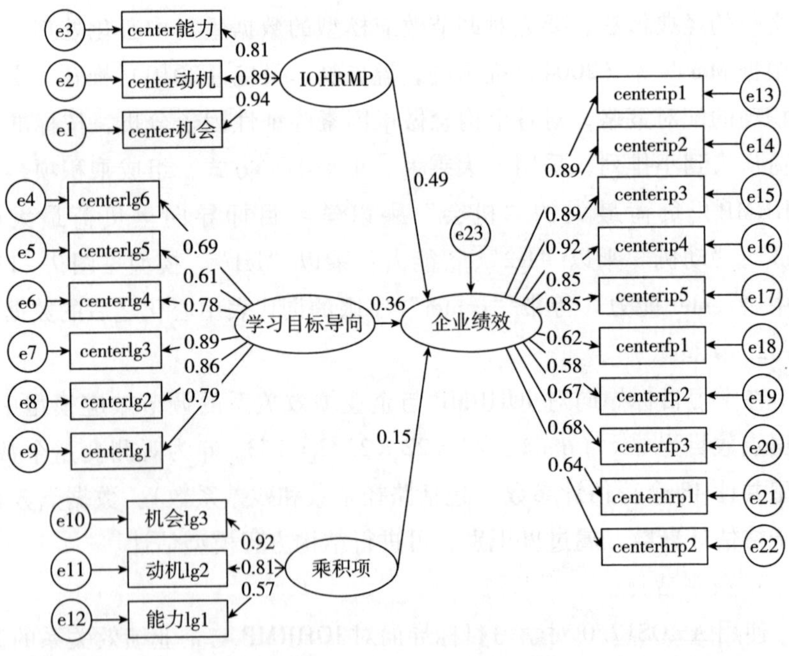

图 7-12 学习目标导向对"IOHRMP→企业绩效"调节模型估计

该模型的适配度指标见表 7－20。卡方自由度比为 5.026，GFI = 0.913、AGFI = 0.901、RMSEA = 0.076，均符合适配度标准，显示绝对拟合度指标通过检验。NFI = 0.928、RFI = 0.912、IFI = 0.941、TLI = 0.928 以及 CFI = 0.941，均符合适配度标准，说明增值拟合度通过检验。PGFI = 0.671、PNFI = 0.763，AIC、CAIC 也符合标准，表示简约拟合度指标通过检验。所以，此模型拟合可接受。

表 7－20　学习目标导向对"IOHRMP→企业绩效"调节模型适配度

指标	卡方自由度比	GFI	AGFI	RMR	RMSEA	NFI	RFI
值	5.026	0.913	0.901	0.051	0.076	0.928	0.912
是否接受	接受	接受	接受	接受	接受	接受	接受
指标	IFI	TLI	CFI	PGFI	PNFI	AIC	CAIC
值	0.941	0.928	0.941	0.671	0.763	—	—
是否接受	接受	接受	接受	接受	接受	接受	接受

4. 模型解释

由图 7－12 和表 7－21 可知，员工学习目标导向对 IOHRMP 与企业绩效的调节作用模型中，IOHRMP 与学习目标导向的乘积项到企业绩效的路径系数为 0.15，符合 0.001 显著水平要求，说明员工学习目标导向对 IOHRMP 与企业绩效的关系起着正向调节效应，即员工学习目标导向的水平越高，越会更大程度地促进 IOHRMP 对企业绩效的作用影响，假设 H6a 被证实。

表 7－21　学习目标导向对"IOHRMP→企业绩效"调节模型检验

假设	路径	标准化路径系数	显著性	结果
H6a	IOHRMP × 学习目标导向→企业绩效	0.15***	0.000	成立
	IOHRMP→企业绩效	0.49***	0.000	
	学习目标导向→企业绩效	0.36***	0.000	

注：*** 表示 P < 0.001。

（三）学习目标导向对 IOHRMP 与心理授权关系的调节效应

1. 模型设定

以创新导向人力资源管理实践为自变量，以心理授权为因变量，以学习目标导向为调节变量，乘积项表示 IOHRMP 与学习目标导向的交互项。创新导向人力资源管理实践有三个观测变量，学习目标导向有六个观测变量，心理授权有四个观测变量。与之前做法相同，先对调节效应模型的数据进行中心化处理，之后构建交互乘积项。见图 7－13。

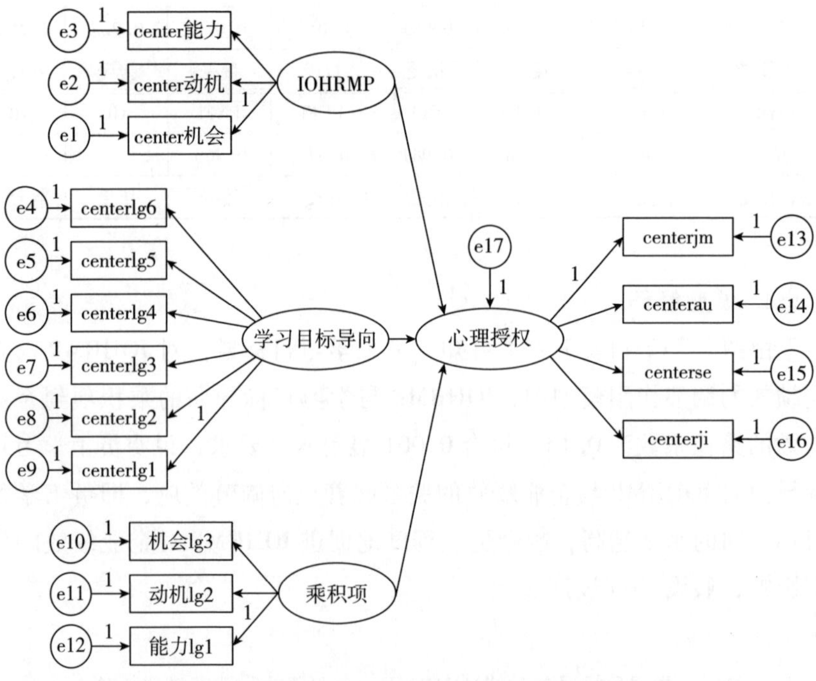

图 7－13 学习目标导向对"IOHRMP→心理授权"调节模型

2. 模型识别

在学习目标导向对 IOHRMP 与心理授权关系的调节效应模型中，数据点数目为 q×（q+1）/2 = 16×17/2 = 136，q 为观测变量个数，模型共计 36 个待估计参数（包括路径系数和残差系数），数据点数目大于待估计参数，属过度识别，可进行结构方程模型估计。

3. 模型估计

使用 AMOS17.0 对学习目标导向对 IOHRMP 与心理授权关系的调节效应模型进行参数分析，结果见图 7－14。

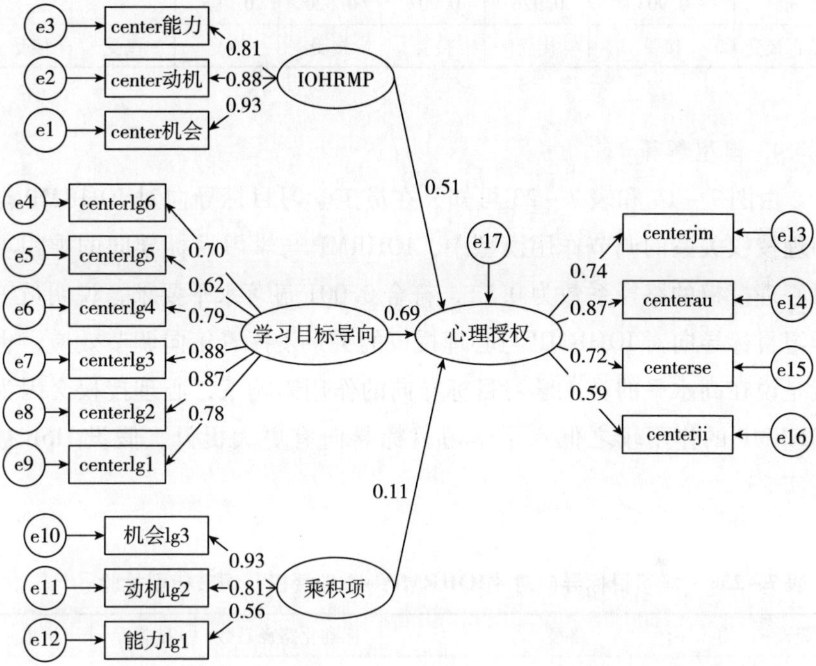

图 7－14　学习目标导向对“IOHRMP→心理授权”调节模型估计

该模型的适配度指标见表 7－22。卡方自由度比为 5.011，GFI＝0.917、AGFI＝0.904，均符合适配度标准，显示绝对拟合度指标通过检验。NFI＝0.931、RFI＝0.901、IFI＝0.903、TLI＝0.926 以及 CFI＝0.902，均符合适配度标准，说明增值拟合度通过检验。PGFI＝0.620、PNFI＝0.705，AIC、CAIC 也符合标准，表示简约拟合度指标通过检验。所以，此模型拟合基本合理。

表 7-22　学习目标导向对“IOHRMP→心理授权”调节模型适配度

指标	卡方自由度比	GFI	AGFI	RMR	RMSEA	NFI	RFI
值	5.011	0.917	0.904	0.046	0.078	0.931	0.901
是否接受	接受	接受	接受	接受	接受	接受	接受
指标	IFI	TLI	CFI	PGFI	PNFI	AIC	CAIC
值	0.903	0.926	0.902	0.620	0.705	—	—
是否接受	接受	接受	接受	接受	接受	接受	接受

4. 模型解释

由图 7-14 和表 7-23 可知，在员工学习目标导向对 IOHRMP 与心理授权关系的调节作用模型中，IOHRMP 与学习目标导向的乘积项对心理授权的路径系数为 0.11，符合 0.001 显著水平要求，说明员工学习目标导向对 IOHRMP 与心理授权的关系发挥着正向调节效应，也就是说在高水平的员工学习目标导向的作用影响下，心理授权会因为 IOHRMP 的作用较之低水平学习目标导向有更大提升，假设 H6b 被证实。

表 7-23　学习目标导向对“IOHRMP→心理授权”调节模型检验

假设	路径	标准化路径系数	显著性	结果
H6b	IOHRMP×学习目标导向→心理授权	0.11***	0.000	成立
	IOHRMP→心理授权	0.51***	0.000	
	学习目标导向→心理授权	0.69***	0.000	

注：*** 表示 P<0.001。

（四）学习目标导向对 IOHRMP 与员工创新行为关系的调节效应

1. 模型设定

以创新导向人力资源管理实践（IOHRMP）为自变量，以员工创新行为为因变量，以学习目标导向为调节变量，见图7-15。乘积项表示 IOHRMP 与学习目标导向的交互项。创新导向人力资源管理实践有三个观测变量，学习目标导向有六个观测变量，员工创新行为有九个观测变量。

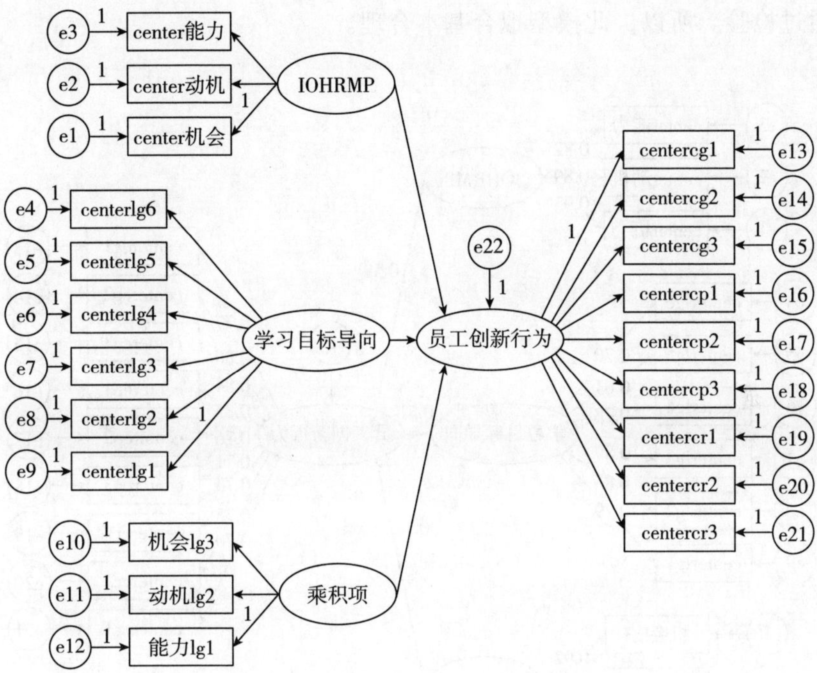

图7-15 学习目标导向对“IOHRMP→员工创新行为”调节模型

2. 模型识别

在学习目标导向对IOHRMP与员工创新行为关系的调节效应模型中，数据点数目为q×（q+1）/2=21×22/2=231，q为观测变量个数，模型共计46个待估计参数（包括路径系数和残差系数），数据点数目大于待估计参数，属过度识别，可进行结构方程模型估计。

3. 模型估计

使用AMOS17.0对学习目标导向对IOHRMP与员工创新行为关系的调节效应模型进行参数分析，结果见图7-16。

该模型的适配度指标见表7-24。卡方自由度比为4.857，GFI=0.913、AGFI=0.904、RMSEA=0.074，显示绝对拟合度指标通过检验。NFI=0.929、RFI=0.913、IFI=0.943、TLI=0.929以及CFI=

0.943，均符合适配度标准，说明增值拟合度通过检验。PGFI = 0.667、PNFI = 0.752，AIC、CAIC 也符合标准，表示简约拟合度指标通过检验。所以，此模型拟合基本合理。

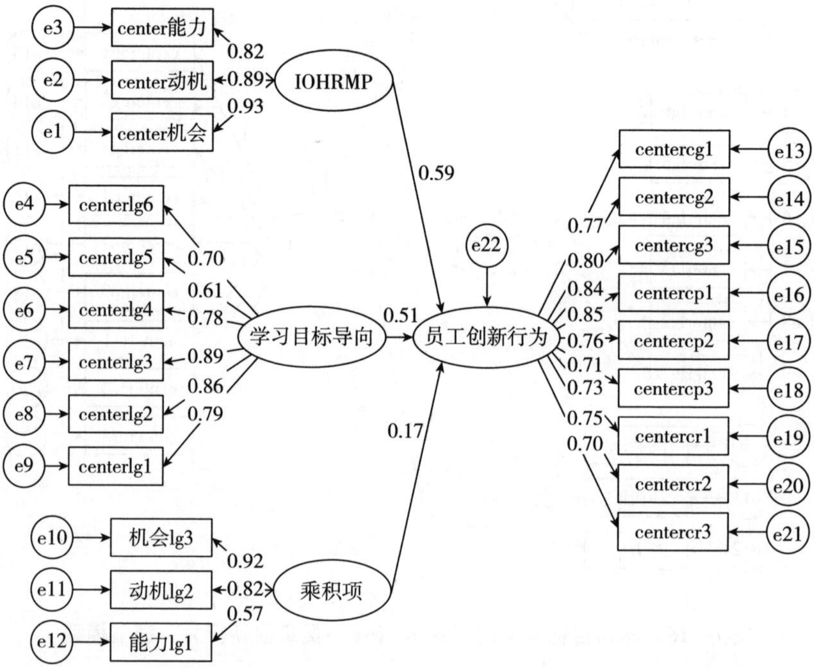

图 7-16　学习目标导向对“IOHRMP→员工创新行为”调节模型估计

表 7-24　　学习目标导向对“IOHRMP→员工创新行为”调节模型适配度

指标	卡方自由度比	GFI	AGFI	RMR	RMSEA	NFI	RFI
值	4.857	0.913	0.904	0.047	0.074	0.929	0.913
是否接受	接受	接受	接受	接受	接受	接受	接受
指标	IFI	TLI	CFI	PGFI	PNFI	AIC	CAIC
值	0.943	0.929	0.943	0.667	0.752	—	—
是否接受	接受	接受	接受	接受	接受	接受	接受

4. 模型解释

由图 7 - 16 和表 7 - 25 可知，在员工学习目标导向对 IOHRMP 与员工创新行为的调节作用模型中，IOHRMP 与学习目标导向的乘积项到员工创新行为的路径系数为 0.17，符合 0.001 的显著水平要求，说明并验证了员工学习目标导向对创新导向人力资源管理实践与员工创新行为之间的关系起着正向调节效应，假设 H6c 被证实。

表 7 - 25 学习目标导向对"IOHRMP→员工创新行为"调节模型检验

假设	路径	标准化路径系数	显著性	结果
H6c	IOHRMP × 学习目标导向→员工创新行为	0.17^{***}	0.000	成立
	IOHRMP→员工创新行为	0.59^{***}	0.000	
	学习目标导向→员工创新行为	0.51^{***}	0.000	

注：*** 表示 $P < 0.001$。

(五) 学习目标导向对心理授权与员工创新行为关系的调节效应

1. 模型设定

以心理授权为自变量，以员工创新行为为因变量，以学习目标导向为调节变量，见图 7 - 17。乘积项表示心理授权与学习目标导向的交互项。心理授权有 4 个观测变量，学习目标导向有 6 个观测变量，员工创新行为有 9 个观测变量。

2. 模型识别

数据点数目为 $q \times (q+1)/2 = 23 \times 24/2 = 276$，q 为观测变量个数，模型共计 50 个待估计参数（包括路径系数和残差系数），数据点数目大于待估计参数，属过度识别，可进行结构方程模型估计。

3. 模型估计

使用 AMOS17.0 对学习目标导向对 IOHRMP 与心理授权关系的调节效应模型进行参数分析，结果见图 7 - 18。

该模型的适配度指标见表 7 - 26。卡方自由度比为 4.742，GFI = 0.925、AGFI = 0.908、RMSEA = 0.077，均符合适配度标准，显示绝对拟合度指标通过检验。NFI = 0.928、RFI = 0.906、IFI = 0.936、TLI = 0.924 以及 CFI = 0.935，均符合适配度标准，说明增值拟合度通过检验。PGFI = 0.658、PNFI = 0.736，AIC、CAIC 也符合标准，表示简约拟合度指标通过检验。所以，此模型拟合尚可。

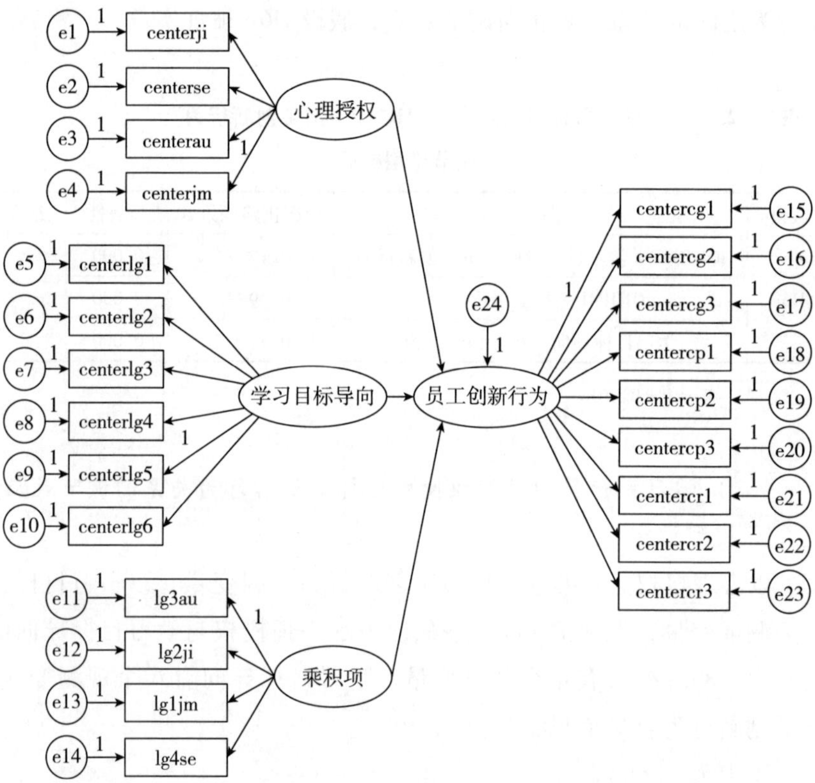

图 7-17　学习目标导向对“心理授权→员工创新行为”调节模型

4. 模型解释

由图 7-18 和表 7-27 可知，学习目标导向对心理授权与员工创新行为的调节作用模型中，心理授权与学习目标导向的乘积项到员工创新行为的路径系数为 0.10，符合 0.001 显著水平要求，说明员工学习目标导向对心理授权与员工创新行为的关系起着正向调节效应，即学习目标导向会将心理授权对员工创新行为的作用放大化，假设 H6d 成立。

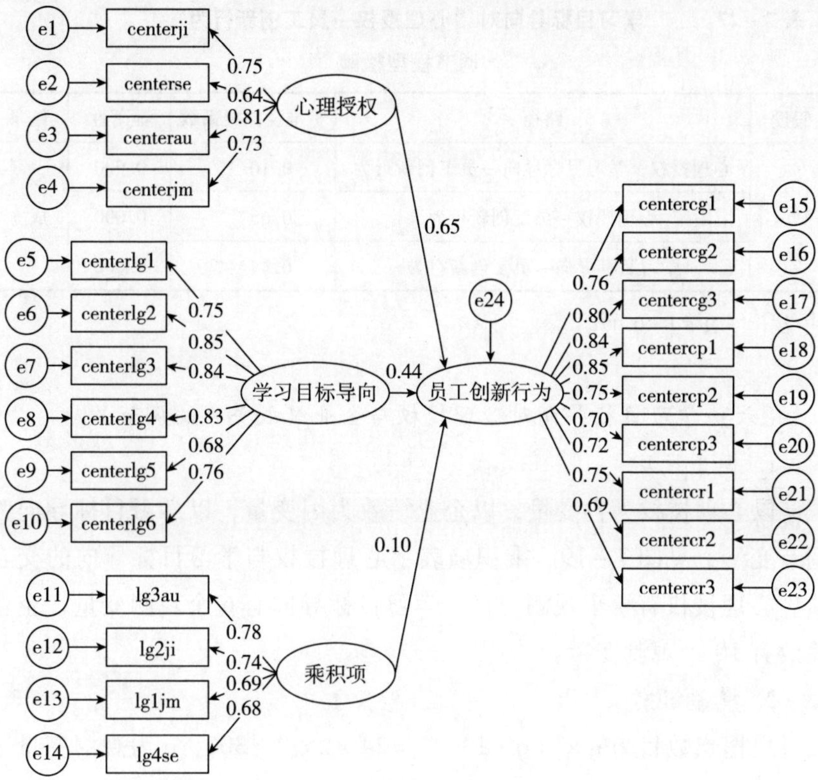

图 7－18　学习目标导向对“心理授权→员工创新行为”调节模型估计结果

表 7－26　　学习目标导向对“心理授权→员工创新行为”调节模型适配度

指标	卡方自由度比	GFI	AGFI	RMR	RMSEA	NFI	RFI
值	4. 742	0. 925	0. 908	0. 047	0. 077	0. 928	0. 906
是否接受	接受	接受	接受	接受	接受	接受	接受
指标	IFI	TLI	CFI	PGFI	PNFI	AIC	CAIC
值	0. 936	0. 924	0. 935	0. 658	0. 736	—	—
是否接受	接受	接受	接受	接受	接受	接受	接受

表 7-27　学习目标导向对“心理授权→员工创新行为”调节模型检验

假设	路径	标准化路径系数	显著性	结果
H6d	心理授权×学习目标导向→员工创新行为	0.10***	0.000	成立
	心理授权→员工创新行为	0.65***	0.000	
	学习目标导向→员工创新行为	0.44***	0.000	

注：*** 表示 $P<0.001$。

（六）学习目标导向对心理授权与企业绩效关系的调节效应

1. 模型设定

以心理授权为自变量，以企业绩效为因变量，以学习目标导向为调节变量，见图 7-19。乘积项表示心理授权与学习目标导向的交互项。心理授权有 4 个观测变量，学习目标导向有 6 个观测变量，企业绩效有 10 个观测变量。

2. 模型识别

数据点数目为 $q\times(q+1)/2=24\times25/2=300$，q 为观测变量个数，模型共计 52 个待估计参数（包括路径系数和残差系数），数据点数目大于待估计参数，属过度识别。

3. 模型估计

使用 AMOS17.0 对学习目标导向对心理授权与企业绩效关系的调节效应模型进行参数分析，结果见图 7-20。

4. 模型解释

由图 7-20 和表 7-28 看出，员工学习目标导向对心理授权与企业绩效的调节作用模型中，心理授权与学习目标导向的乘积项到企业绩效的路径系数为 0.05，不符合 0.001 显著水平要求，说明员工学习目标导向对心理授权与企业绩效的关系没有调节效应，假设 H6e 不成立。

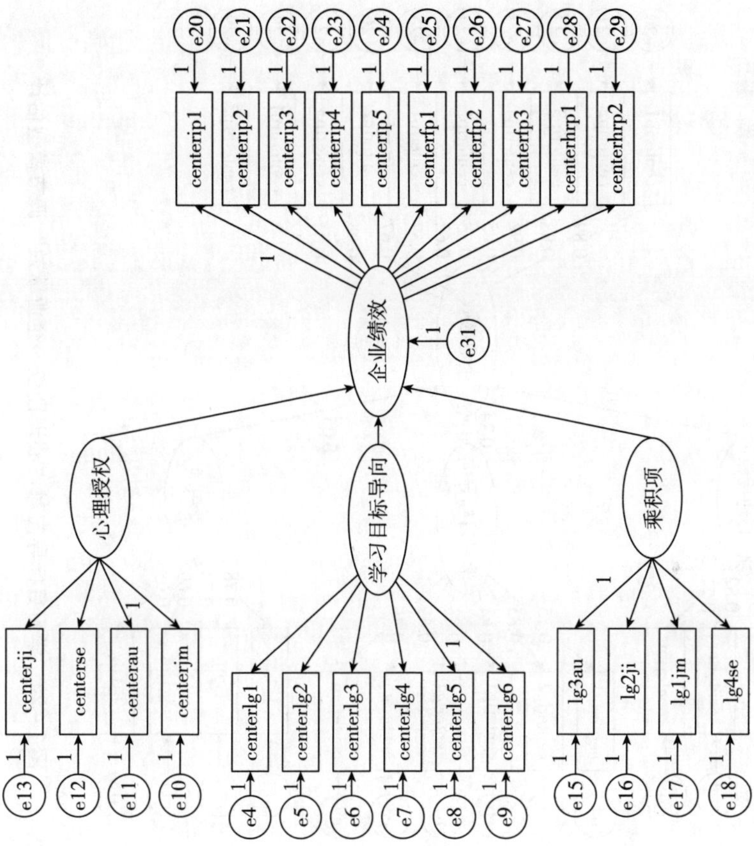

图 7－19 学习目标导向对“心理授权→企业绩效”调节模型

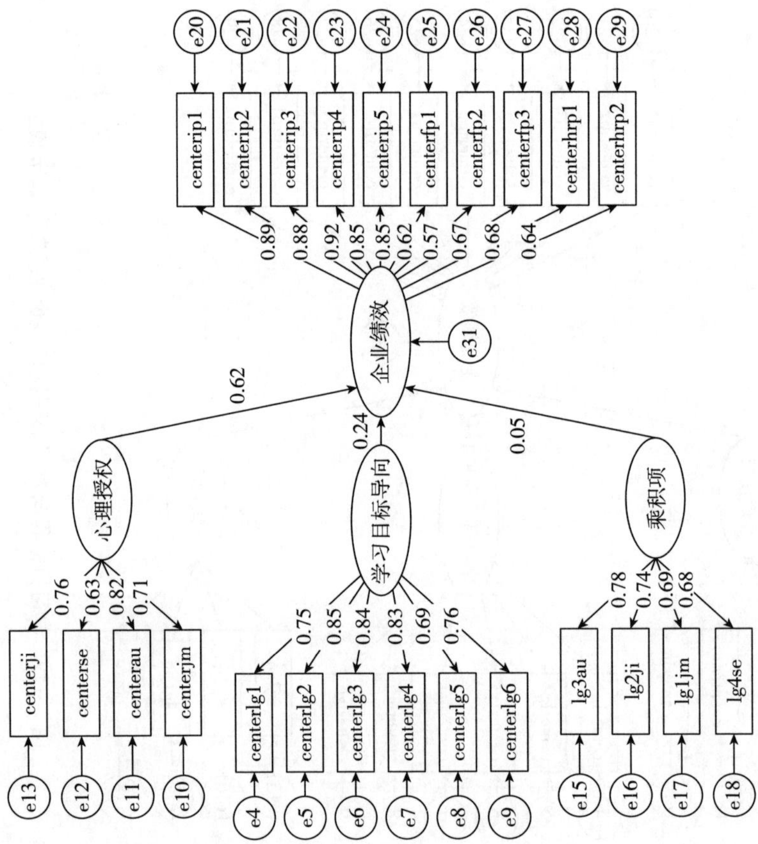

图 7-20　学习目标导向对"心理授权→企业绩效"调节模型估计

表 7－28 学习目标导向对“心理授权→企业绩效”调节模型检验

假设	路径	标准化路径系数	显著性	结果
H6e	心理授权×学习目标导向→企业绩效	0.05	0.145	不成立
	心理授权→企业绩效	0.62***	0.000	
	学习目标导向→企业绩效	0.24***	0.000	

注：*** 表示 $P<0.001$。

（七）学习目标导向对员工创新行为与企业绩效关系的调节效应

1. 模型设定

以员工创新行为为自变量，以企业绩效为因变量，以学习目标导向为调节变量，见图 7－21。乘积项表示员工创新行为与学习目标导向的交互项。员工创新行为有 9 个观测变量，学习目标导向有 6 个观测变量，企业绩效有 10 个观测变量。

2. 模型识别

该模型数据点数目为 $q\times(q+1)/2=31\times32/2=496$，q 为观测变量个数，模型共计 66 个待估计参数（包括路径系数和残差系数），数据点数目大于待估计参数，属过度识别。

3. 模型估计

使用 AMOS17.0 对调节模型进行参数分析，结果见图 7－22。

4. 模型解释

由图 7－22 和表 7－29 看出，员工学习目标导向对员工创新行为与企业绩效的调节作用模型中，员工创新行为与学习目标导向的乘积项到企业绩效的路径系数为 0.05，不符合 0.001 显著水平要求，说明员工学习目标导向对员工创新行为与企业绩效的关系没有起到调节作用，假设 H6f 不成立。

二 有调节的中介作用及其混合作用

根据调节作用成立的路径，对三条中介路径检验有调节的中介作用以及混合作用。先检验各条中介路径的有调节的中介作用，成立后再检验有中介的调节作用，二项都满足即说明混合作用通过检验（温忠麟等，2006）。根据调节效应的检验结果，将有调节的中介效应分解检验（见表7-30）。

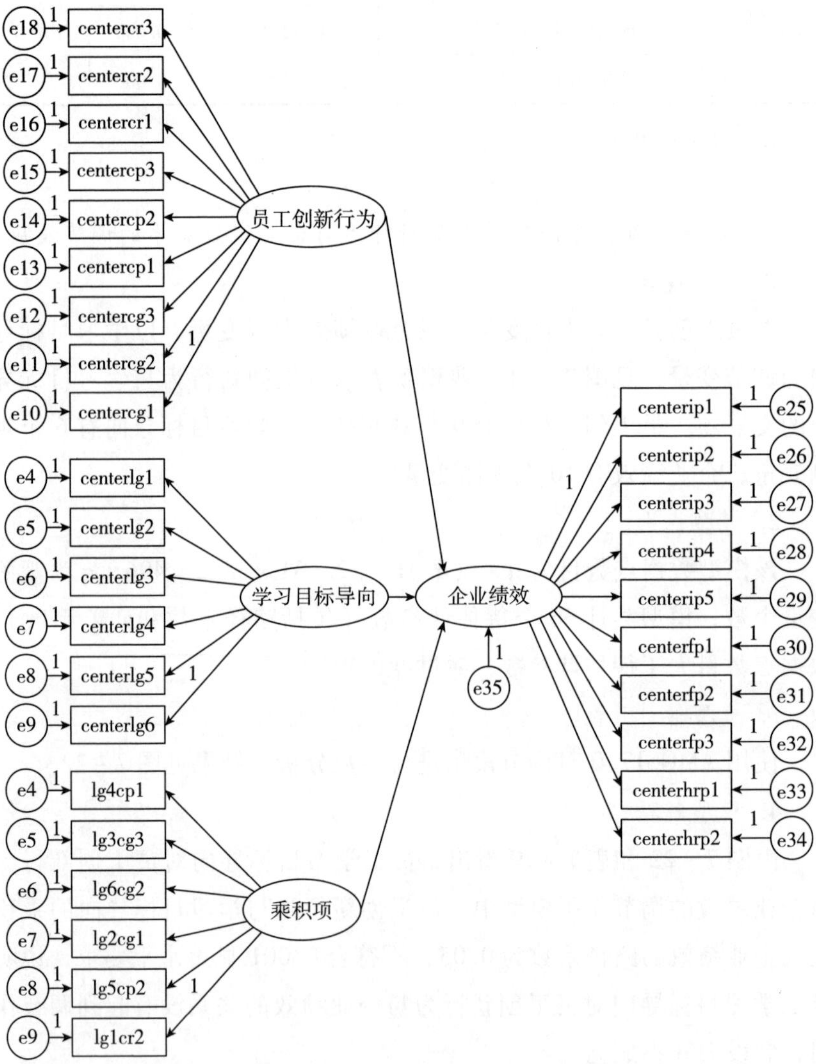

图7-21 学习目标导向对“员工创新行为→企业绩效”调节模型

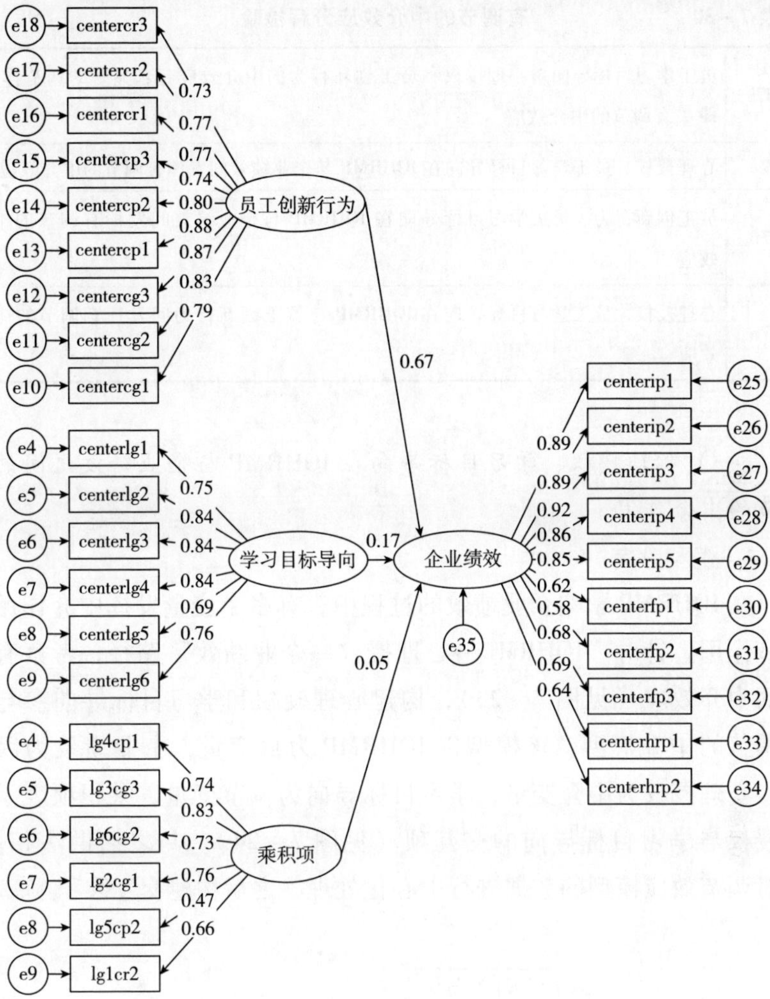

图 7－22　学习目标导向对“员工创新行为→企业绩效”调节模型估计

表 7－29　学习目标导向对“员工创新行为→企业绩效”调节模型检验

假设	路径	标准化路径系数	显著性	结果
H6f	员工创新行为×学习目标导向→企业绩效	0.05	0.123	不成立
	员工创新行为→企业绩效	0.67***	0.000	
	学习目标导向→企业绩效	0.17***	0.000	

注：*** 表示 P＜0.001。

表 7 - 30　　有调节的中介效应分解检验

H7	员工学习目标导向对心理授权和员工创新行为的中介效应起着显著的调节作用，即“有调节的中介效应”
H7a	心理授权、员工学习目标导向在 IOHRMP 与企业绩效间发挥有调节的中介效应
H7b	员工创新行为、员工学习目标导向在 IOHRMP 与企业绩效间发挥有调节的中介效应
H7c	心理授权、员工学习目标导向在 IOHRMP 与员工创新行为间发挥有调节的中介效应

（一）心理授权、学习目标导向在 IOHRMP 与企业绩效之间的有调节的中介作用

1. 模型设定

在 IOHRMP 影响企业绩效的过程中，有多个变量发挥中介作用或调节作用，针对“IOHRMP→心理授权→企业绩效”路径，考察有调节的中介效应（见图 7 - 23），构建心理授权和学习目标导向参与的有调节的中介模型，该模型以 IOHRMP 为自变量，企业绩效为因变量，心理授权为中介变量，学习目标导向为调节变量，乘积项表示心理授权与学习目标导向的交互项（见图 7 - 24）。与之前做法相同，先对调节效应模型的数据进行中心化处理，之后构建交互乘积项。

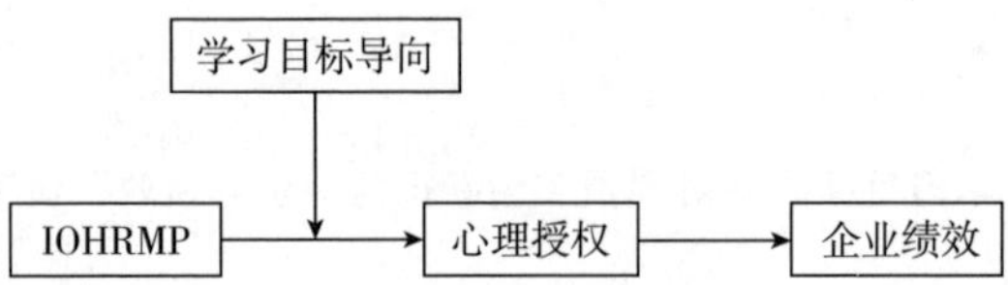

图 7 - 23　有调节的中介模型（1）

2. 模型识别

数据点数目为 q ×（q + 1）/2 = 27 × 28/2 = 378，q 为观测变量个数，模型共计 62 个待估计参数（包括路径系数和残差系数），数据点数目大于待估计参数，属过度识别。

3. 模型估计

使用 AMOS17.0 对“IOHRMP→心理授权→企业绩效”的有调节的中介模型进行分析，结果见图 7－25，模型适配度见表 7－31。

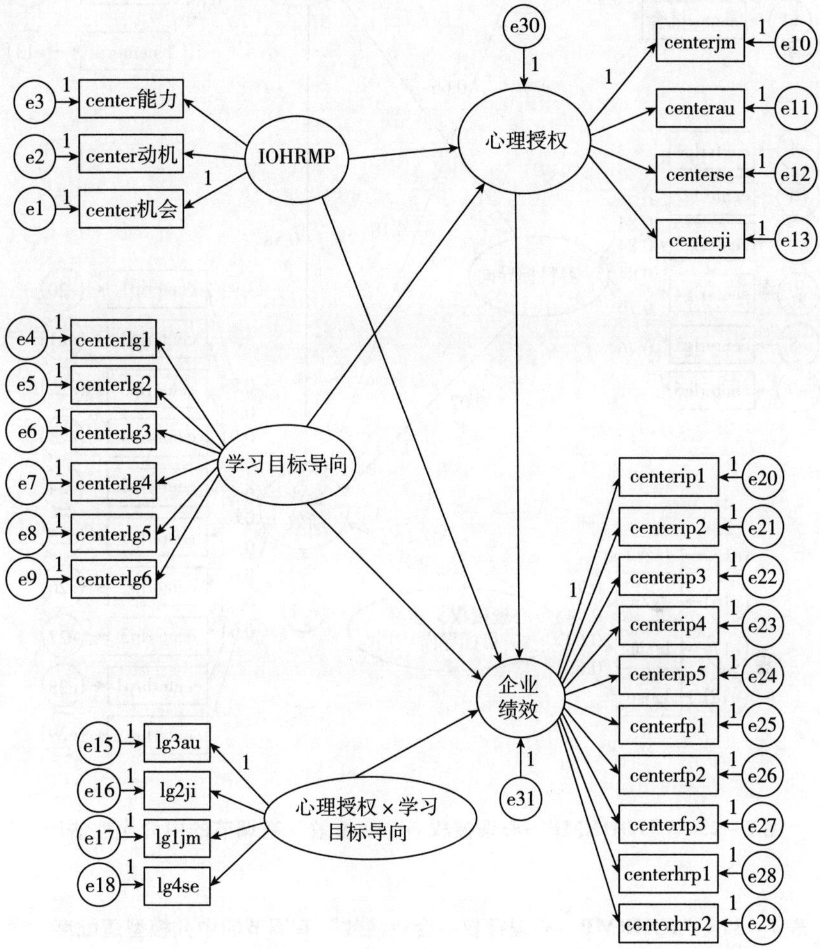

图 7－24　“IOHRMP→心理授权→企业绩效”有调节的中介模型

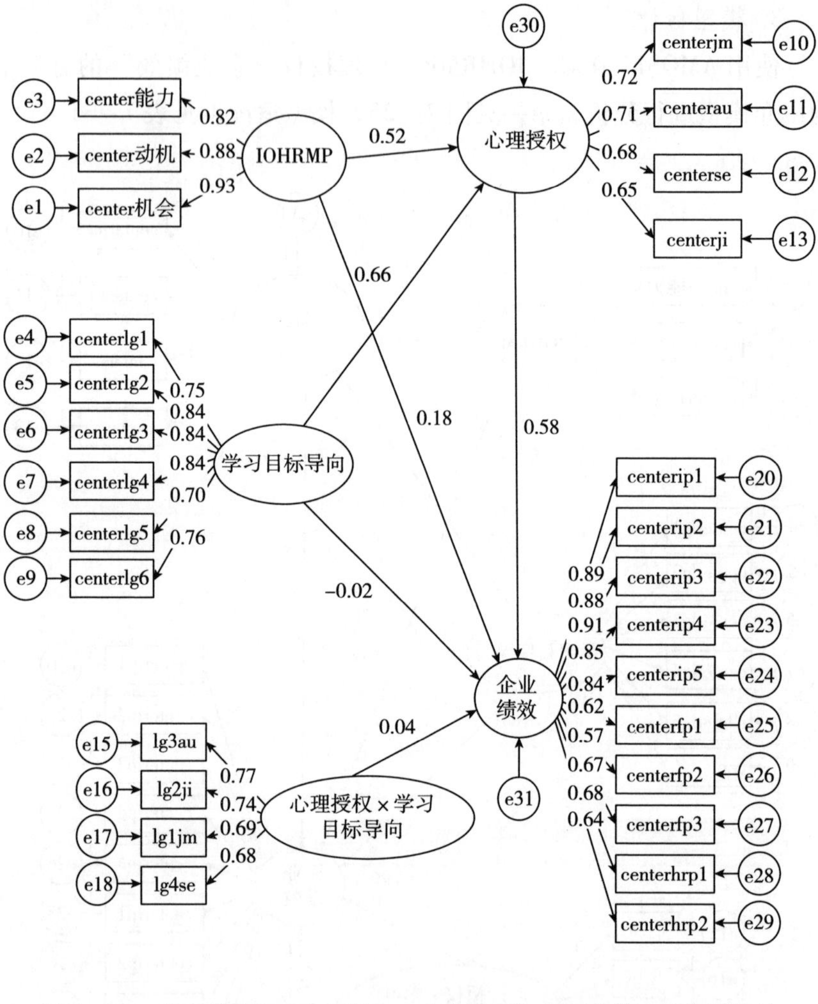

图 7-25 "IOHRMP→心理授权→企业绩效"有调节的中介模型估计

表 7-31 "IOHRMP→心理授权→企业绩效"有调节的中介模型适配度

指标	卡方自由度比	GFI	AGFI	RMR	RMSEA	NFI	RFI
值	4.903	0.921	0.908	0.042	0.064	0.916	0.908
是否接受	接受	接受	接受	接受	接受	接受	接受
指标	IFI	TLI	CFI	PGFI	PNFI	AIC	CAIC
值	0.913	0.911	0.913	0.576	0.670	—	—
是否接受	接受	接受	接受	接受	接受	接受	接受

4. 模型解释

由图 7 - 25 和表 7 - 32 发现，心理授权与学习目标导向的乘积项到企业绩效的路径系数为 0.04，在 0.001 水平上不显著，说明学习目标导向在“IOHRMP→心理授权→企业绩效”中不构成有调节的中介效应，假设 H7a 不成立。

表 7 - 32　“IOHRMP→心理授权→企业绩效”有调节的中介模型检验

假设	路径	标准化路径系数	显著性	结果
H7a	心理授权 × 学习目标导向→企业绩效	0.04	0.284	不成立

（二）员工创新行为、学习目标导向在 IOHRMP 与企业绩效之间的有调节的中介作用

1. 模型设定

针对“IOHRMP→员工创新行为→企业绩效”路径，考察有调节的中介效应（见图 7 - 26），构建了心理授权和学习目标导向参与的有调节的中介模型，该模型以 IOHRMP 为自变量，企业绩效为因变量，员工创新行为为中介变量，学习目标导向为调节变量，乘积项表示员工创新行为与学习目标导向的交互项（见图 7 - 27）。

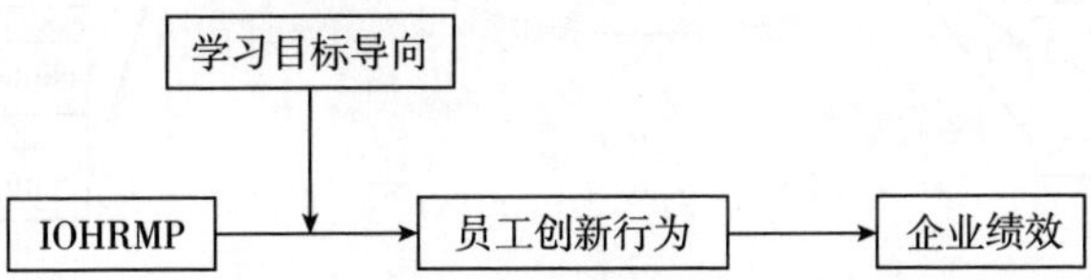

图 7 - 26　有调节的中介模型（2）

2. 模型识别

数据点数目为 q ×（q + 1）/2 = 34 × 35/2 = 595，q 为观测变量个数，模型共计 76 个待估计参数（包括路径系数和残差系数），数据点数目大于待估计参数，属过度识别。

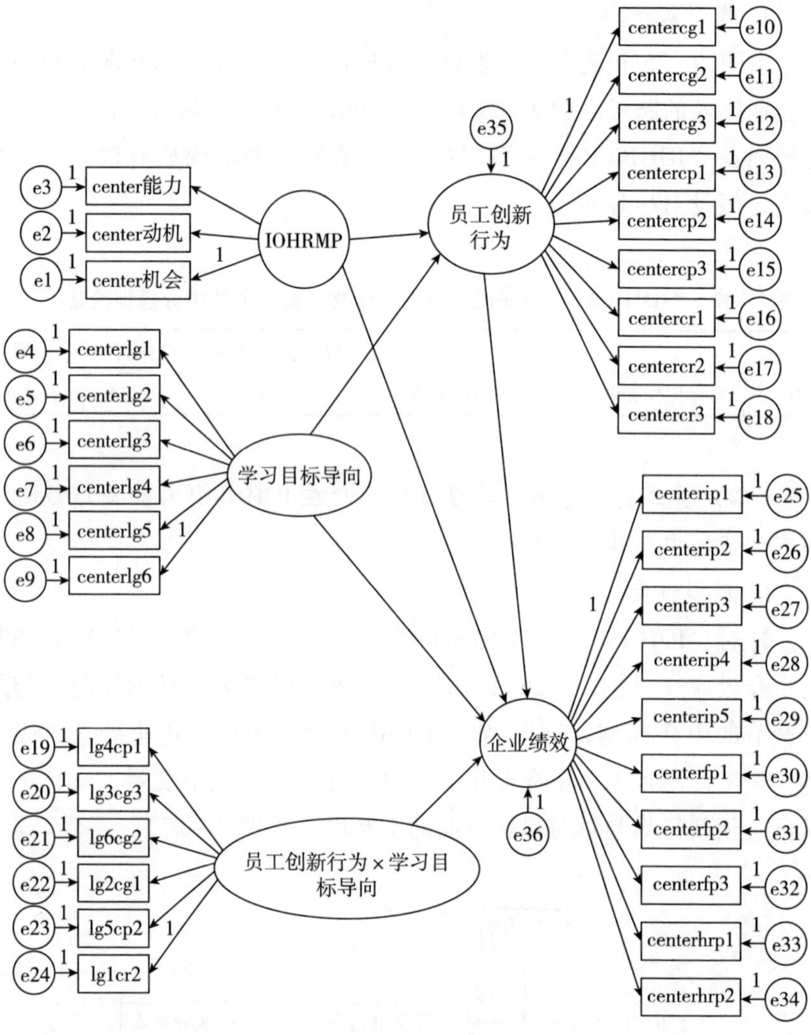

图7-27 “IOHRMP→员工创新行为→企业绩效”有调节的中介模型

3. 模型估计

使用AMOS17.0对“IOHRMP→员工创新行为→企业绩效”的有调节的中介模型进行分析，结果见图7-28，模型适配度见表7-33。

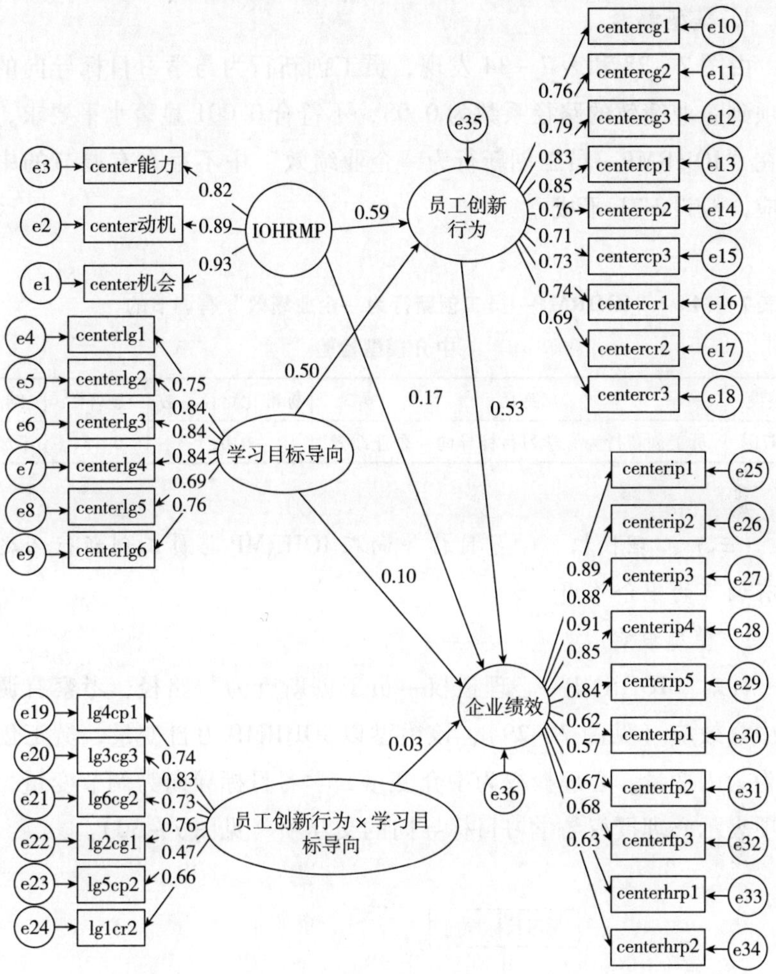

图 7-28　"IOHRMP→员工创新行为→企业绩效"有调节的中介模型估计

表 7-33　"IOHRMP→员工创新行为→企业绩效"有调节的中介模型适配度

指标	卡方自由度比	GFI	AGFI	RMR	RMSEA	NFI	RFI
值	4.564	0.941	0.910	0.037	0.071	0.933	0.922
是否接受	接受	接受	接受	接受	接受	接受	接受
指标	IFI	TLI	CFI	PGFI	PNFI	AIC	CAIC
值	0.915	0.903	0.914	0.523	0.591	—	—
是否接受	接受	接受	接受	接受	接受	接受	接受

4. 模型解释

由图 7-28 和表 7-34 发现，员工创新行为与学习目标导向的乘积项到企业绩效的路径系数为 0.03，不符合 0.001 显著水平要求，说明在“IOHRMP→员工创新行为→企业绩效”中不存在有调节的中介效应，假设 H7b 不成立。

表 7-34　“IOHRMP→员工创新行为→企业绩效”有调节的中介模型检验

假设	路径	标准化路径系数	显著性	结果
H7b	员工创新行为×学习目标导向→企业绩效	0.03	0.331	不成立

（三）心理授权、学习目标导向在 IOHRMP 与员工创新行为之间的有调节的中介作用

1. 模型设定

针对“IOHRMP→心理授权→员工创新行为”路径，考察有调节的中介效应（见图 7-29），该模型以 IOHRMP 为自变量，员工创新行为为因变量，心理授权为中介变量，学习目标导向为调节变量，乘积项表示心理授权与学习目标导向的交互项（见图 7-30）。

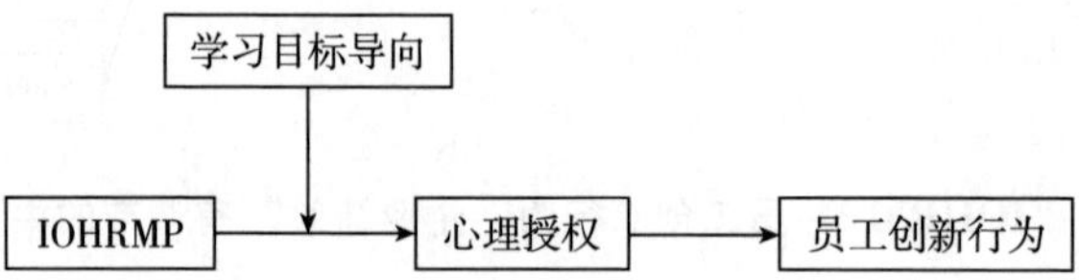

图 7-29　有调节的中介模型（3）

2. 模型识别

数据点数目为 q×（q+1）/2 = 26×27/2 = 351，q 为观测变量个数，模型共计 61 个待估计参数（包括路径系数和残差系数），数据点数目大于待估计参数，属过度识别。

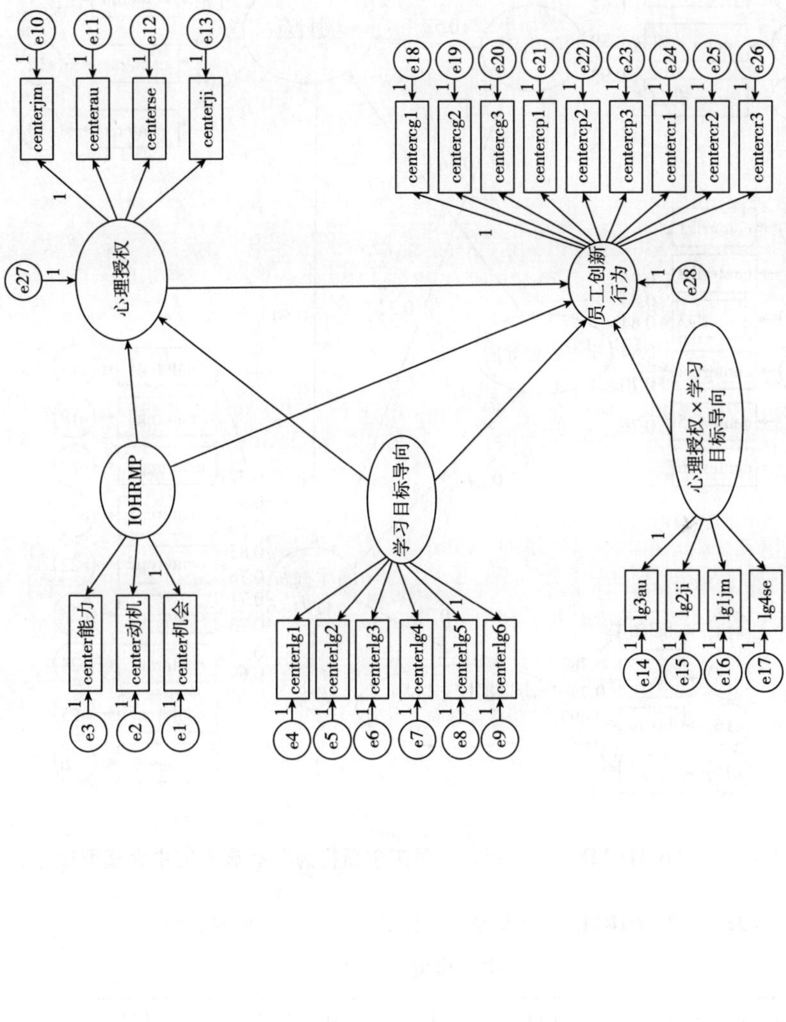

图7-30　“IOHRMP→心理授权→员工创新行为”有调节的中介模型

3. 模型估计

使用 AMOS17.0 对“IOHRMP→心理授权→企业绩效”的有调节的中介模型进行分析，结果见图 7－31，模型适配度见表 7－35。

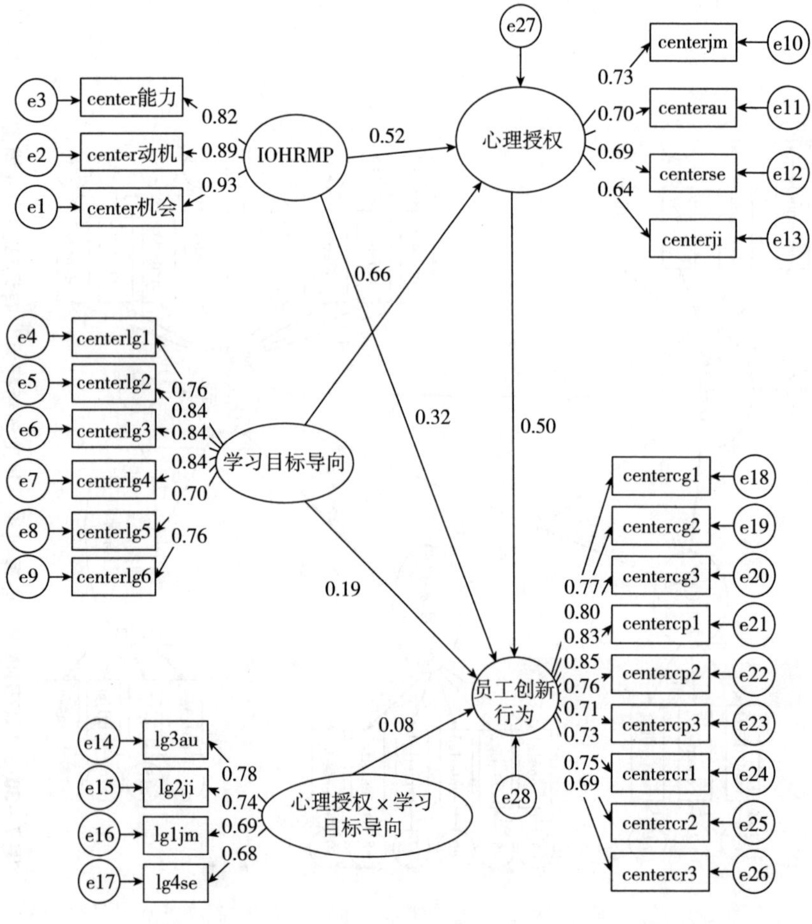

图 7－31 “IOHRMP→心理授权→员工创新行为”有调节的中介模型估计

表 7－35 “IOHRMP→心理授权→员工创新行为”有调节的中介模型适配度

指标	卡方自由度比	GFI	AGFI	RMR	RMSEA	NFI	RFI
值	3.902	0.948	0.912	0.042	0.064	0.914	0.910
是否接受	接受	接受	接受	接受	接受	接受	接受

续表

指标	IFI	TLI	CFI	PGFI	PNFI	AIC	CAIC
值	0.908	0.901	0.908	0.577	0.661	—	—
是否接受	接受	接受	接受	接受	接受	接受	接受

4. 模型解释

由图 7－31 和表 7－36 可知，心理授权与学习目标导向的乘积项到员工创新行为的路径系数为 0.08，在 0.01 水平上显著，说明在“IOHRMP→心理授权→员工创新行为”中存在有调节的中介作用，学习目标导向越强烈，心理授权在 IOHRMP 与员工创新行为之间中介效应就越大，学习目标导向对心理授权的中介效应有正向促进作用，假设 H7c 被证实。

表 7－36　“IOHRMP→心理授权→员工创新行为”有调节的中介模型检验

假设	路径	标准化路径系数	显著性	结果
H7c	心理授权×学习目标导向→员工创新行为	0.08**	0.008	成立
	IOHRMP→心理授权	0.52***	0.000	
	心理授权→员工创新行为	0.50***	0.000	

注：** 表示 $P<0.01$，*** $P<0.001$。

（四）心理授权、学习目标导向在 IOHRMP 与员工创新行为之间的有中介的调节作用

1. 模型设定

学习目标导向在“IOHRMP→心理授权→员工创新行为”过程中有调节的中介模型成立后，需要继续检验有中介的调节作用。创新导向人力资源管理实践为自变量，员工创新行为为因变量，心理授权为中介变量，学习目标导向为调节变量，乘积项表示 IOHRMP 与学习目标导向的交互项，建立有中介的调节模型，见图 7－32。

2. 模型识别

数据点数目为 $q\times(q+1)/2=25\times26/2=325$，q 为观测变量个

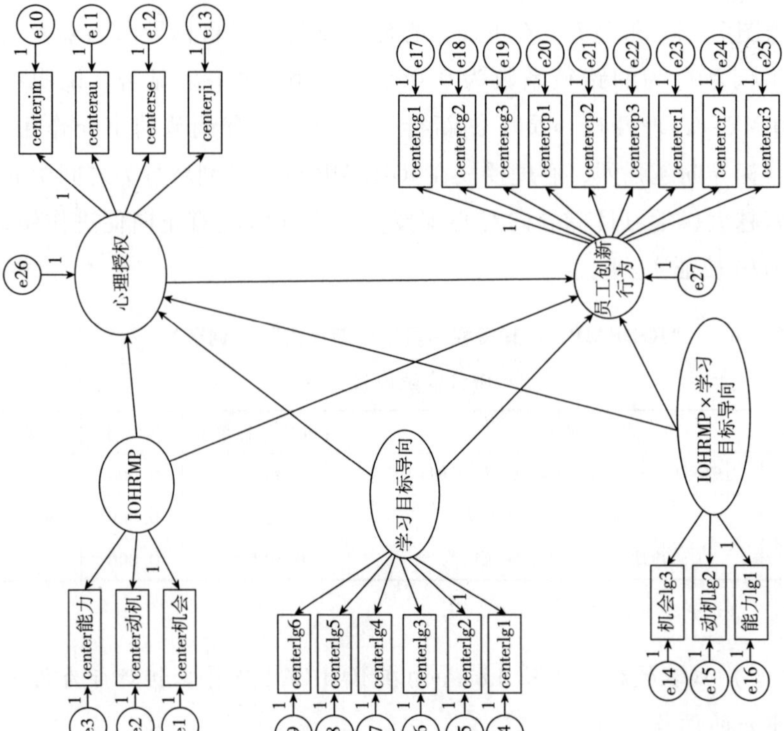

图 7-32　有中介的调节模型

数，模型共计59个待估计参数（包括路径系数和残差系数），数据点数目大于待估计参数，属过度识别。

3. 模型估计

使用AMOS17.0对“IOHRMP→心理授权→员工创新行为”的有中介的调节模型进行分析，结果见图7-33，模型适配度见表7-37。

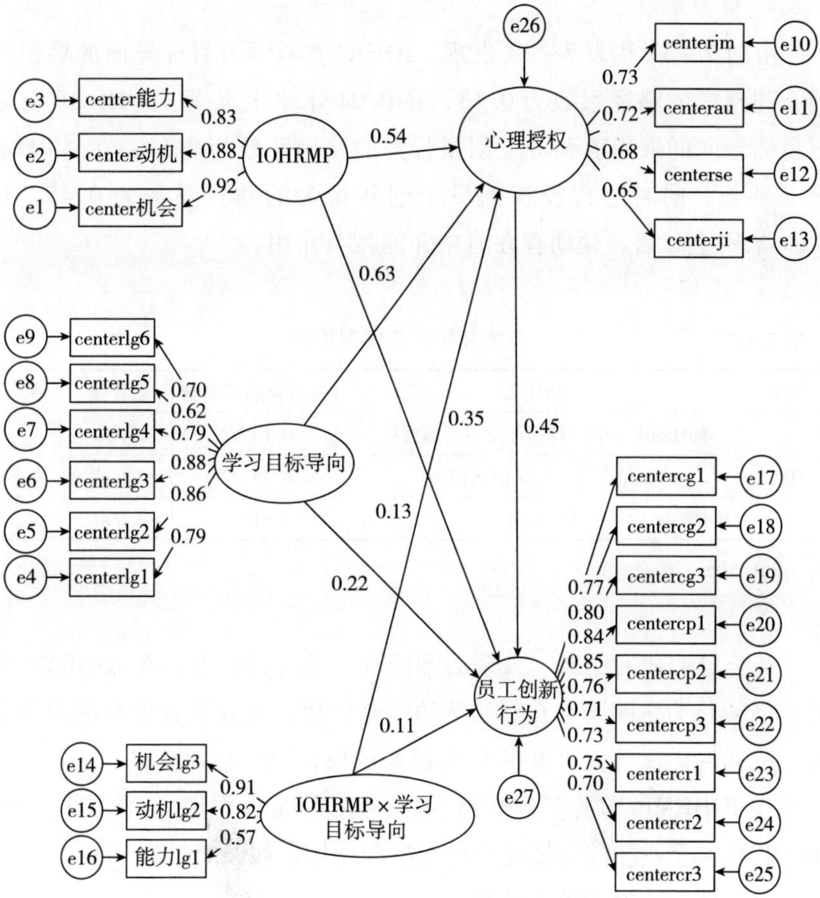

图7-33 有中介的调节模型估计

表7-37 有中介的调节模型适配度

指标	卡方自由度比	GFI	AGFI	RMR	RMSEA	NFI	RFI
值	4.291	0.942	0.927	0.038	0.071	0.911	0.904
是否接受	接受	接受	接受	接受	接受	接受	接受

续表

指标	IFI	TLI	CFI	PGFI	PNFI	AIC	CAIC
值	0.928	0.914	0.928	0.581	0.662	—	—
是否接受	接受	接受	接受	接受	接受	接受	接受

4. 模型解释

由图7-33和表7-38发现，IOHRMP与学习目标导向的乘积项到心理授权的路径系数为0.13，在0.01水平上显著，IOHRMP与学习目标导向的乘积项到员工创新行为的路径系数为0.11，在0.01水平上显著，同时心理授权到员工创新行为的路径系数为0.45，在0.01水平上显著，说明存在有中介的调节作用。

表7-38　　　　有中介的调节模型检验

假设	路径	标准化路径系数	显著性	结果
H8	IOHRMP×学习目标导向→心理授权	0.13***	0.000	成立
	心理授权→员工创新行为	0.45***	0.000	
	IOHRMP×学习目标导向→员工创新行为	0.11***	0.000	

注：*** 表示 $P<0.001$。

结合已有研究结果，发现心理授权、学习目标导向在IOHRMP与员工创新行为之间既存在有调节的中介作用，又存在有中介的调节作用，根据温忠麟等人（2006）的研究成果，说明心理授权、学习目标导向在IOHRMP与员工创新行为之间存在混合作用，也说明在IOHRMP影响企业绩效的过程中存在混合作用，假设H8成立。

三　调节机制的综合分析

创新导向人力资源管理实践以创新为核心目标，工作过程中员工会接触到各类新知识、新技能、新方法，需要员工积极学习掌握。而员工的个人情况又不尽相同，有的积极学习新内容，有的抵触学习新东西，有的甘于墨守成规，有的乐于开拓进取，这与员工的教育背景、文化水平、生活经历都有关联，属于个体特征范畴，所以本书引入反映这方面员工特征的变量——学习目标导向。学习目标导向以能力提升、个人发展为主要目的，具有较高水平学习目标导向的员工一般有很强的学习动力和进步渴求，以学习来增强自身能力，以利于更好地完成工作获得个人发展。

学习目标导向的调节机制遵循步步深入、层层剖析的研究逻辑，首先研究学习目标导向对理论模型各条路径的调节效应，然后结合中介效应，探讨更复杂的作用效应。

实证结果显示：学习目标导向正向调节 IOHRMP 与心理授权的关系，即学习目标导向的水平越高，IOHRMP 对心理授权的促进关系越强。创新导向人力资源管理实践实行之后，高水平学习目标导向的员工，会积极学习各类新的知识技能，提升潜在的创新能力，相应提高创新自我效能感，提高自己在工作中发挥的作用，并对工作产生更大的影响，心理授权水平也随之有更大的提升。而较低水平学习目标导向的员工，缺乏学习的动力，个人能力提升较慢，影响着心理授权各维度指标的提高。

学习目标导向对 IOHRMP 与员工创新行为的关系发挥正向调节作用。具备较高水平学习目标导向的员工，会积极顺应组织 IOHRMP 的引导，下大气力努力学习，提升自身实力，并将学到的新知识技能方法应用到工作中，更大程度地提高员工创新行为。

学习目标导向在心理授权与员工创新行为之间也有正向调节作用。员工认同并遵循企业的 IOHRMP，获得一定的心理授权水平，根据计划行为理论，会对其创新行为形成影响，在这一过程中，学习目标导向相对强烈的员工有着更大的学习渴求，自身具备更高的积极性和学习工作效率，会更快速、更大程度地提升自己的创新行为。

通过对模型各条路径调节效应的检验发现，学习目标导向作为个体特征变量，其调节作用主要发生在企业、环境对员工个体心理、行为的影响过程中。结合中介效应，进一步讨论“有调节的中介作用”等复杂效应。

复杂效应的实证检验发现，学习目标导向只有在“IOHRMP→心理授权→员工创新行为”中介路径上满足“有调节的中介效应”，说明学习目标导向不仅正向调节着“IOHRMP→心理授权”和“心理授权→员工创新行为”，还对心理授权在IOHRMP与员工创新行为之间的中介效应发挥着正向促进作用。学习目标导向作为个体特征变量，最先作用于员工心理，学习目标导向程度较高意味着学习积极、能力突出，这样的员工更乐于在创新环境中工作，能够将自身能力充分发挥出来，自我效能感、工作影响随之提高，工作与个人目标一致，具有很强的内在动力，心理授权水平进至更高的水平，更能充分发挥心理授权的中介作用。

随后的检验发现，学习目标导向在“IOHRMP→心理授权→员工创新行为”中介路径上还满足“有中介的调节效应”，进而说明心理授权、学习目标导向在IOHRMP与员工创新行为之间存在混合作用。不仅心理授权的中介效应受学习目标导向的正向促进，同时学习目标导向的调节效应还会借助心理授权的中介来发挥作用。心理授权、学习目标导向不再是单向的主次关系，而变为了双向的混合关系。

第三节　本章小结

第五章通过问卷调查得到了有效的样本数据，第六章通过测量模型等一系列的检验证实了数据与测量模型的合理性，本章主要是检验第四章提出的理论假设，运用结构方程模型进行实证分析。

一方面，在直接效应和中介效应检验阶段。首先检验创新导向人力资源管理实践（IOHRMP）和企业绩效的关系，假设H1被证实，即IOHRMP对企业绩效具有正向影响。其次，在模型中依次引入心理授权与员工创新行为两个中介变量进行单中介模型检验，假设H2、H3被证实，即心理授权与员工创新行为在IOHRMP与企业绩效关系中单独发挥部分中介效应。再次，在心理、行为双视角下，同时引入心理授权与员工创新行为，构建双中介模型，假设H4被证实，即心理授权与员工创新行为在IOHRMP与企业绩效关系中存在双中介影响路径。又次，基于心理维度对行为维度的促进作用，建立串联中介模型，假设 H5 被证实，即心理授权和员工创新行为在影响过程具有串联中介效应，IOHRMP 可通过影响心理授权促进员工创新行为的提升，再进一步提高企业绩效。最后，进行作用传导机制的细化分析，剖析重要的特定路径在这一系列过程中的系数变化，从中发现隐藏在统计结果背后的影响机理。发现 IOHRMP→员工创新行为的路径系数在串联中介模型里系数急剧下降，这一特别现象说明在构建心理授权到员工创新行为的影响路径后，很大一部分影响作用不再由创新导向人力资源管理实践直接到员工创新行为，而是选择通过心理授权间接到达员工创新行为，看出串联中介路线已成为重要的绩效实现路径。还发现有心理授权参与的路径系数都较大，员工较高水平的心理授权感知度会对企业绩效有明显的提升作用，这种提升作用既可以直接影响企业绩效，也可以通过心理对行为的支配作用，借助员工创新行为发挥影响作用。心理授权在整个创新导向人力资源管理实践对企业绩效的影响机制中起着关键枢纽的作用，作用先于并且大于员工创新行为，这也为下一步的对策建议提供了支撑和启示。

另一方面，在调节效应及其复杂作用检验阶段。首先，检验得出员工学习目标导向对“IOHRMP→企业绩效”“IOHRMP→员工创新行为”“IOHRMP→心理授权”“心理授权→员工创新行为”路径具有调节效应。之后，通过进一步研究复杂作用机理，发现心理授权、学习目标导向在 IOHRMP 影响员工创新行为的影响路径中具有“有调节的中介效应”和“有中介的调节”，进而确认具有“混合作用”，使研究者能够更透彻地掌握变量间的内在作用关系。

综上研究可知，本章证实了之前提出的理论模型，对研究假设进行了判断，对 IOHRMP 影响企业绩效的作用机制进行深入的研究，揭示内在规律，为下一步的研究结论提供科学的实证依据。

第八章　研究结论与展望

本书主要探究员工感知视角下创新导向人力资源管理实践对企业绩效的作用机制，深入讨论心理授权和员工创新行为在创新导向人力资源管理实践影响企业绩效的单中介效应、双中介效应和串联中介效应，还有员工学习目标导向对各条路径的调节作用以及与中介变量共同发挥作用情况。第一章阐述研究背景、意义、主要内容、结构以及研究方法等核心问题。第二章对创新导向人力资源管理实践、心理授权、员工创新行为、企业绩效和学习目标导向进行文献梳理与综述，归纳出后续研究有待拓展的空间。第三章对创新导向人力资源管理实践进行质性研究，明确构念结构。第四章在多种理论的支撑下，提出研究假设，构建理论模型。第五章问卷设计与数据收集，选取成熟量表，先进行预调研，修改问卷，再进行正式调研。第六章评估正式调研回收的数据，进行测量模型、竞争模型等检验。第七章对研究假设进行实证检验，深入剖析内在作用机理，判断变量间各种效应关系。本章将对全文做细致总结：第一节论述主要研究结论，第二节总结创新点和启示，第三节指出研究局限和未来的研究展望。

第一节　主要研究结论

本书在员工感知视角下首先检验创新导向人力资源管理实践对企业绩效的直接效应，之后检验心理授权、员工创新行为的单中介效应、双中介效应和串联中介效应，最后检验有员工学习目标导向参与的各种复杂效应，包括有调节的中介效应、有中介的调节效应和混合效应，构建多个结构方程模型，检验结果见表 8－1。

表 8－1　研究假设检验结果

假设	研究假设	结果
H1	IOHRMP 对企业绩效具正向促进效应	支持
H2	员工创新行为在 IOHRMP 与企业绩效间具中介效应	支持
H3	心理授权在 IOHRMP 与企业绩效间具中介效应	支持
H4	心理授权、员工创新行为在 IOHRMP 与企业绩效间具双中介效应	支持
H5	心理授权在 IOHRMP 与企业绩效间通过员工创新行为发挥串联中介效应	支持
H6	员工学习目标导向在 IOHRMP 与企业绩效的影响过程中发挥调节效应	部分支持
H7	员工学习目标导向对心理授权和员工创新行为的中介效应起着显著的调节作用，即“有调节的中介效应”	部分支持
H8	心理授权、员工创新行为、员工学习目标导向对 IOHRMP 和企业绩效之间的关系发挥“混合作用”	支持

一　创新导向人力资源管理实践对企业绩效的直接效应

本书检验了创新导向人力资源管理实践与企业绩效的直接关系，实证结果证明假设 H1 成立，即创新导向人力资源管理实践对企业绩效产生直接的正向影响（路径系数 $\beta = 0.63$，显著性 $P < 0.001$）。

从社会交换理论的视角出发，创新导向人力资源管理实践使得员工感受到企业对创新的重视、企业鼓励员工积极提高有关创新的知识技能，建立自由充分的沟通机制，吸收员工参与决策管理，关注员工的切身利益和职业发展。这些感知让员工自知处于一个自由、宽松、关爱和信任的环境里，所以自愿在企业长期服务，建立起互利互惠、合作共荣的关系，能很大程度上减少企业与员工心理契约断裂的可能性，提高员工的组织认同和对企业的承诺。这些都有利于企业绩效的提升（孙秀丽、赵曙明，2017）。

人力资源管理的研究者指出，企业可运用人力资源管理实践提升员工能力、工作动机和机会进而提高企业绩效（刘燕君等，2018）。该实践体系作为影响个体态度和行为的触发推动器，是人力资源管理具有战略性的主要原因（王勇、葛苏琼，2016）。但是，人力资源管理实践对员工态度行为的影响不是直接的，而是由于个体感知到这些实践所携带的信号所致。企业高层领导借助实行具体的人力资源管理实践向员工传达期望行为和管理制度等多种信号（蔡宁伟、张丽华，2014）。还有研究发现，人力资源管理实践能被看作信号功能，通过向员工传达特定的信息来促进员工从心理上理解工作意义。员工接收到人力资源管理实践携带的信号，就能了解到何种知识技能被认可、何种态度行为被表彰。员工依据经验、行为倾向去感知人力资源管理实践所携带的信号，产生自身的态度和行为（王雅洁等，2014），最终影响企业绩效。

创新导向人力资源管理实践是致力于通过创新实现企业绩效提升的一系列实践活动，分为能力、动机、机会三个维度，重点强调提升创新能力、激励创新动机和增加创新机会。正因为每个维度都能有效促进绩效，创新导向人力资源管理实践对企业绩效才有显著的直接正向效应。具体来说：①能力维度涵盖招聘、培训和开发。招聘具有较高科学文化素质有利于组织创新的人才，更能对知识技能进行良好的交流、整合、共享，不断向企业人力资本存量中补充新鲜资源，拓展企业创新的能力来源，最终实现绩效提升。培训和开发是提高企业人力资本存量质量的重要方法，能够促进知识技能的获得和共享，增强创新意识能力，使员工理解当前的企业发展方向和创新渴求，实现以创新求发展的战略目标。②动机维度包括基于创新业绩的奖励和晋升，还有员工渴望的成就感和职业前途。这些措施与员工的切身利益挂钩，多方面多渠道激励员工的创新动机，将有利于解决企业人才闲置和流失问题，使员工目标与企业目标一致化，合力提升企业绩效。③机会维度就是要创造一个员工可以自由发挥的环境，给予员工大量沟通、参与、建言的机会，使员工与员工、员工与高管都可以顺畅交流，这才有利于创新想法的产生和应用，最终促进企业绩效。

二　员工创新行为的单中介效应

员工创新行为单中介模型的实证检验显示，创新导向人力资源管理实践对员工创新行为的路径系数为0.76（$p<0.001$），员工创新行为对企业绩效的路径系数为0.60（$p<0.001$），创新导向人力资源管

理实践对企业绩效的路径系数为0.17（$p<0.001$）并且小于在直接效应中的路径系数0.63，说明创新导向人力资源管理实践到企业绩效的关系有一部分是由员工创新行为这个中介变量传导的，中介系数为0.456。之后运用MacKinnon中介判别方法进一步确定中介效应的显著性与类别，结果显示总效应、间接效应和直接效应都显著，员工创新行为起到了部分中介作用。

每位员工都是企业的基本单元，创新导向人力资源管理实践的作用对象就是每一个人。当创新导向人力资源管理实践作为企业一项措施进行活动时，受到直接影响的还是每一位员工。创新导向人力资源管理实践要想充分影响企业绩效，就必须发挥员工的主观能动性，提高员工从事创新活动的动机，但光有动机还不够，还要促使其行动起来，运用自身的知识、技能、经验进行实际的创新行为，这样才能真正促进企业绩效的提高（苏中兴等，2015）。

创新导向人力资源管理实践在三个维度上的具体实践活动客观上促进了员工创新行为的产生。提高创新能力的实践使员工具备了进行创新行为的能力准备，动机维度的实践提高了员工从事创新行为的意愿，扩充创新机会的实践给予了员工更多的创新选择和更大的创新可能性。创新导向人力资源管理实践使员工充分体会到自己有能力、有机会、有意愿进行创新行为，只有这样才能有效提升企业绩效。

三　心理授权的单中介效应

心理授权单中介模型的实证检验显示，创新导向人力资源管理实践对心理授权的路径系数为0.76（$p<0.001$），心理授权对企业绩效的路径系数为0.59（$p<0.001$），创新导向人力资源管理实践对企业绩效的路径系数为0.18（$p<0.001$）并且小于在直接效应中的路径系数0.63，表示创新导向人力资源管理实践到企业绩效的关系有一部分是由心理授权这个中介变量传导的，中介系数为0.448。之后又用MacKinnon中介判别方法进一步确定中介效应的显著性与类别，结果显示总效应、间接效应和直接效应都显著，表明心理授权发挥着部分中介作用。

从自我决定理论的角度出发，人们一生一直在追求三个心理需求

(自主、胜任、关系),才能使身体心理机能达到最好的水平,充分感受到成长快乐和幸福感(谢俊、储小平,2016)。自主需求是指人们相信自己能够决定自己的行为,这会使人们感受到身心的自由,该需求对应心理授权的自主性维度。胜任需求是指人们出色完成工作,有能力迎接困难和挑战,这会使人们感受到成就感,该需求对应心理授权的自我效能和工作影响维度。关系需求是指人们希望与别人进行交流合作建立联系,这会使人们感受到周围人的认可与支持,该需求对应心理授权的工作意义和工作影响维度。所以,当企业实行创新导向人力资源管理实践时,员工自动会与之前的措施比较,看是否更有助于达成这三个心理需求,当三个心理需求得到更大的满足时,员工会感受到工作快乐和幸福感,心理授权水平大幅提升,从而促进企业绩效的提高(杨洋,2017)。

从另一角度来看,在创新导向人力资源管理实践影响企业绩效的过程中,首先是员工通过感知,预估该措施对自己工作的影响,同时包括对自己工作意义、胜任力、自我效能的影响,即创新导向人力资源管理实践能对员工心理授权产生有效影响。其次,心理授权对企业绩效也有较强的影响,这一点有目共睹。对心理授权有较高优越度的人,对自己的工作能力和影响力有相对更强的自信、更多的工作自由度、更高的综合运用资源能力,这样的员工更会运用有关技能知识通过新观点新方法促进企业绩效。

之前的模型分别证实了员工创新行为和心理授权的单中介效应,显示员工在心理、行为上的变动都直接影响着创新导向人力资源管理实践的成败,说明创新导向人力资源管理实践对企业绩效不光有直接影响,还会通过心理授权、员工创新行为这两个重要的中介变量间接产生影响。根据检验结果可知,这两个单中介效应都不是完全中介,而是部分中介,说明创新导向人力资源管理实践同时借助两条路径影响企业绩效,一是直接作用,二是心理授权和员工创新行为的间接作用,这也是下一步的双中介效应的必要条件和研究基础。

四 心理授权和员工创新行为的双中介效应

企业绩效的提升,既需要员工在行为上的配合支持,还需要员工在心理上真真切切地产生意愿和动机。本书突破了心理或行为的单一视角研究的局限，在心理（心理授权）和行为（员工创新行为）的双视角下探索创新导向人力资源管理实践对企业绩效的作用机制问题。创新导向人力资源管理实践能够促进企业绩效的根本原因在于，其对于员工心理授权和创新行为均具有建设性和重要性。

之前的检验结果显示，单一的心理授权和员工创新行为皆发挥部分中介作用，说明单中介模型不能完全反映创新导向人力资源管理实践对企业绩效的影响过程，需要进一步研究双中介模型。另外，单中介模型也无法对中介变量的作用大小进行比较。于是本书建立心理授权和员工创新行为的双中介模型，解释影响过程并比较二者的作用先后与大小。

双中介模型的检验结果显示，创新导向人力资源管理实践通过心理授权影响企业绩效的标准化路径系数为0.295（$p<0.001$），创新导向人力资源管理实践通过员工创新行为影响企业绩效的标准化路径系数为0.381（$p<0.001$）。员工创新行为的中介效应要稍稍高于心理授权，具有相对重要的解释力度和中介作用，创新导向人力资源管理实践影响企业绩效的路径更多地关注员工的行为因素。同时发现创新导向人力资源管理实践对企业绩效的直接效应不再显著，意味着心理授权和员工创新行为是这一影响过程的完全双中介变量。

五 串联中介效应

本书采用 MacKinnon PRODCLIN2 技术判断串联中介效应的显著性。心理授权在创新导向人力资源管理实践与企业绩效的特殊间接效果置信区间为0.1806至0.5162，在创新导向人力资源管理实践与员工创新行为的特殊间接效果置信区间为0.3533至0.6137；员工创新行为在创新导向人力资源管理实践与企业绩效的特殊间接效果置信区间为0.0624至0.2300，在心理授权与企业绩效的特殊间接效果置信区间为0.1878至0.5128。所有的置信区间都不包含0，说明在串联中介路径中的每个中介机制都显著，即串联中介效应显著。

串联中介效应具体可解释为：当把心理授权对员工创新行为的促进路径加入模型后，创新导向人力资源管理实践对企业绩效的总直接效应变得不显著，即完全依靠间接效应进行传递。总间接效应从创新导向人力资源管理实践出发，一路由心理授权发挥中介作用，一路由员工创新行为发挥中介作用，这其中心理授权的中介作用又有一大部分是通过员工创新行为作为中介变量来发挥影响的，即心理授权本身作为中介变量，它的中介效应又通过另一个中介变量进一步发挥作用，这就构成了串联中介效应，而且是完全中介的串联中介模型。

通过作用传导机制比较，心理授权在创新导向人力资源管理实践与员工创新行为之间发挥部分中介作用（β=0.477），创新导向人力资源管理实践对员工创新行为的一部分影响由心理授权中介，即心理授权分担或削弱了员工创新行为的中介效应，使“IOHRMP→员工创新行为”的路径系数急剧减小（由0.81骤降为0.29），连锁影响“IOHRMP→员工创新行为→企业绩效”中介路径也变得作用有限，在创新导向人力资源管理实践对企业绩效的作用过程中仅具有较低水平的中介作用，大部分的中介作用是通过心理授权来实现的。这一结论可以解释一些现实情况，例如创新培训学校的跟踪数据显示，接受培训的员工虽然可以促成一定的创新行为，但对企业整体绩效未见明显效果。本书的解释是：员工接受培训是创新导向人力资源管理实践的一项措施，该措施对企业绩效的影响作用需要经过本书的串联中介模型来发挥，心理授权在其中发挥重大中介作用，如果员工参与培训是企业的指派任务，没有得到员工的心理认可，没有提高心理授权水平，那么培训传授的创新知识技能就无法得到有效转化。

从能够影响企业绩效的三条作用路径来看，IOHRMP→心理授权→企业绩效的系数最高，其次是IOHRMP→心理授权→员工创新行为→企业绩效，最后是IOHRMP→员工创新行为→企业绩效。说明心理授权在整个创新导向人力资源管理实践对企业绩效的影响机制中起着关键枢纽的作用，作用先于并且大于员工创新行为。

六　员工学习目标导向的调节效应以及引发的复杂效应

在已有研究模型中引入调节变量员工学习目标导向进行分析，串联中介模型中有两条中介路径，分别是“IOHRMP→心理授权→企业绩效”“IOHRMP→员工创新行为→企业绩效”，还有一条串联中介路径"IOHRMP→心理授权→员工创新行为→企业绩效"。因为模型中既有中介变量又有调节变量，所以本书重点关注"有调节的中介效应"以及"混合效应"。检验结果见表8-2。

表8-2 调节变量员工学习目标导向对各传导路径的效应检验结果

作用路径	调节效应	作用路径	复杂效应
IOHRMP→心理授权	成立	IOHRMP→心理授权→企业绩效	有调节的中介效应不成立
心理授权→企业绩效	不成立	IOHRMP→员工创新行为→企业绩效	有调节的中介效应不成立
IOHRMP→员工创新行为	成立	IOHRMP→心理授权→员工创新行为	有调节的中介效应成立
员工创新行为→企业绩效	不成立	IOHRMP→心理授权→员工创新行为	有中介的调节效应成立
心理授权→员工创新行为	成立	IOHRMP→心理授权→员工创新行为	混合效应成立
IOHRMP→企业绩效	成立		

本书首先检验员工学习目标导向对"IOHRMP→企业绩效"的调节作用，结果证实存在正向的调节作用，我们才有了进一步研究精确调节效应的基础。其次，检验出员工学习目标导向对其中一条主要路径"IOHRMP→心理授权"有正向调节作用，但对心理授权在IO-HRMP与企业绩效间的中介效应没有调节作用。再次，检验学习目标导向对另一条主要路径"IOHRMP→员工创新行为"有正向调节作用，但对员工创新行为在IOHRMP与企业绩效间的中介效应同样没有调节作用。之后检验学习目标导向对"心理授权→员工创新行为"有正向调节作用，对心理授权在IOHRMP与员工创新行为间的中介效应有调节作用，构成"有调节的中介"，再检验出也同时具有"有中介的调节"，因此说明在串联中介路径"IOHRMP→心理授权→员工创新行为"的传导机制中心理授权和学习目标导向对IOHRMP与员工创新行为间的关系起到了混合作用。

从中介作用的视角出发，当员工学习目标导向程度相对较高时，心理授权在 IOHRMP 与员工创新行为间发挥的中介作用会增强；当员工学习目标导向程度相对较低时，心理授权在 IOHRMP 与员工创新行为间发挥的中介作用也会随之减弱。从调节作用的视角出发，学习目标导向对 IOHRMP 与员工创新行为之间关系的调节作用有一部分是通过心理授权中介发挥作用的，即“有中介的调节作用”。所以，心理授权、学习目标导向在 IOHRMP 与员工创新行为间既有“有调节的中介作用”，也有“有中介的调节作用”，它们发挥着混合作用。

第二节　创新点和管理启示

一　创新点

第一，以员工感知为研究视角，从微观个体层面揭示创新导向人力资源管理实践影响企业绩效的作用机理。

传统的人力资源管理实践大多停留在企业、组织层面，体现的是企业计划实施的人力资源管理实践，即措施制定者设定的人力资源管理实践。这样的实践措施员工是否能完全理解与执行，取决于员工感知的程度。在实际情境下，员工感知到人力资源管理实践与企业计划实施的人力资源管理实践往往存在较大差异。基于利益相关者理论，企业或组织不应只专注于企业所有者的利益，还应关注其他重要利益相关者的利益，站在他们的视角看待问题，例如员工、中低层管理者等，将各利益相关者纳入组织决策，才更有助于提升企业的竞争优势。本书以员工感知为研究视角，着重研究员工真正感知到的创新导向人力资源管理实践通过心理授权、员工创新行为、学习目标导向对企业绩效的影响机理，更有利于揭示其中的“黑箱”问题，是一种研究视角的创新。

第二，凝练出创新导向人力资源管理实践的核心范畴与构念结构。

以往人力资源管理领域的研究大多集中于战略人力资源管理，创新导向人力资源管理实践作为指向性人力资源管理的一种类型是新兴的发展方向，此构念是战略人力资源管理的发展与延伸，有机融合了创新战略与人才战略。自 2014 年提出创新导向人力资源管理实践的构念以来，其核心范畴与结构维度一直没有定论。本书对企业中层管理者、基层管理者和资深员工进行了半结构化的深度访谈，运用扎根理论的思维，对涉及创新、人力资源管理的大量访谈材料逐句研读，将隶属同一含义的内容加以类聚，再对各个类别统整提炼，发展升华为核心类别。归纳提炼出当前中国情境下创新导向人力资源管理实践的核心范畴与能力、动机、机会三个维度。

第三，构建并验证了创新导向人力资源管理实践影响企业绩效的理论模型。

本书从理论与实践两方面入手，在大量经典文献研究和实地调研访谈基础上，以社会认知理论、计划行为理论、创新扩散理论、社会交换理论、目标设定理论、利益相关者理论为理论支撑，依据研究假设构建了员工感知视角下创新导向人力资源管理实践影响企业绩效的理论模型。以往模型较为常见的检验是单中介效应或调节效应，多重中介效应等复杂效应已不常见。本书在单中介效应和调节效应检验基础上，验证了更为复杂的双中介效应、串联中介效应、有调节的中介作用、有中介的调节作用和混合作用，更加深入剖析了模型内在的作用机理。

第四，揭示了创新导向人力资源管理实践通过心理授权、员工创新行为、学习目标导向促进企业绩效的作用传导与调节机制。

因为指向性人力资源管理发展时间有限，创新导向人力资源管理实践的构念提出不久，针对创新导向人力资源管理实践影响企业绩效的复杂过程研究尚显不足。本书以全国 14 个省份的 701 位企业中低管理者或三年以上工作时间的资深员工为调查样本，运用多种统计方法，突破单一中介机制，着眼心理、行为双视角，引入两个中介变量（心理授权、员工创新行为）和一个调节变量（学习目标导向），层层剖析，明确作用传导路径和调节影响作用，详细分析其中的复杂作用和内在规律，指出创新导向人力资源管理实践通过心理授权、员工创新行为的串联中介作用促进企业绩效的提升，心理授权的作用先于且大于员工创新行为，心理授权的中介效应受学习目标导向的正向促进，学习目标导向的调节效应借助心理授权的中介发挥作用，心理授权、学习目标导向不再是单向主次关系，而变为双向混合关系。在员工感知视角下深入挖掘并澄清了创新导向人力资源管理实践与企业绩效之间的“黑箱”机理，丰富了创新导向人力资源管理实践的理论体系和研究成果，为今后研究打下较为坚实的基础。

二 管理启示

第一，从创新导向人力资源管理实践自身的结构维度入手，在人力资源管理实践中突出创新的要素理念。应与一般性人力资源管理实践区别对待，实行更多的激发员工创新提升绩效的实践措施：在提高创新能力方面，采用有效的甄选方法招聘创造性强的人员，吸收不同领域的各方面人员，经常组织围绕创新展开的培训活动，课程式培训形式与轮岗制、导师制等非课程式培训形式相结合（林新奇、丁贺，2017），夯实知识基础，提高与创新相关的技能；在激励创新动机方面，制定优越的创新奖励机制，关注员工对创新活动的积极性和参与度，设立有挑战性的长期的绩效目标，激励员工产生更多的创新想法；在给予创新机会方面，设计多元化的员工职业发展路径，营造宽松的工作环境，建立高效的组织沟通和上下级反馈机制，营造积极上进宽和包容的工作氛围，有利于创意的萌发和传播以及减少创新想法实行的阻力。

第二，创新导向人力资源管理实践对企业绩效的作用影响很复杂，不光有直接的影响，还通过心理授权和员工创新行为的串联中介作用间接影响企业绩效，另外在影响机制中，调节变量员工学习目标导向也和中介变量发挥混合作用。所以，不光要从自变量入手，更要从作用机理的中间环节着眼，对影响心理授权和员工创新行为的因素多加关注，深入调研哪些措施能对二者有较大促进作用，找准关键点，提高心理授权感知优越度，以心理促行为，从心理上让员工真正愿意从事创新行为，才能使创新导向人力资源管理实践发挥出应有的功效。针对心理授权和员工创新行为实施有效的提升措施：大力宣传表彰创新榜样，传达企业发展战略和创新理念，使员工感受到创新的重大意义和企业的期望（高素英等，2016）；召开项目研讨会，层层分解任务，提供良好的工作条件、部门协调和资源支持，提高员工的创新自我效能感；分析每位员工特点，尽可能根据员工兴趣和特长安排任务；对于创新性工作放宽工作时间、地点、方式的限制，给予充足的工作自主性（王雪莉、马琳，2015）；开展创新竞赛活动，组织员工对创意进行讨论和推广，对创新成果的实行提供最大便利与支持。以上做法将使创新导向人力资源管理实践的各项措施发挥充分的功效。

第三，激励员工，不光要从外部动机，更要从内部动机着手，才能取得长久稳定高质的效果。企业管理员工最重要的目的就是激励员工去完成企业所希望的各项工作任务（李进等，2015）。实践措施刚公布之时，员工可能只是为了遵从管理要求、获得创新奖励而去完成工作，这种情况视为外部动机，员工的行为一般不会持久。也有一些员工是因为心里认可这项实践措施的意义，进而按企业要求完成工作，这种情况视为内部动机，员工行为能够保持很长时间（王贵军，2015）。员工学习目标导向就属于内部动机，企业应积极引导，向员工阐述工作任务对企业发展和自身职业生涯的重大价值，促使员工内化具体的创新工作任务，将工作转变为员工自身的因素，达到企业目标与个人目标高度一致，这时员工从事创新工作将变得持久而有意义，企业绩效自然就能得到很大的提升。具体措施有：为员工讲解国家的创新驱动战略、社会对创新人才的渴求、创新人才的发展优势、企业培养创新人才的考量与做法、职业发展成就预期，说明具体任务对组织愿景、使命、战略和目标的价值，也可派员考察学习，亲身感受，将企业目标内化为员工个人目标。

第四，在企业制定措施提高员工创新行为时，要充分考虑企业管理情境。本书在调研中发现员工不仅在对激励的反应上，而且在从事创新行为的实际表现上，个体之间有较大差异。究其原因，员工对压力挑战的感受与对风险的规避是这些差异存在的主要原因，企业应予以重点关注，寻找员工压力产生的源头，有针对性地减轻员工压力与焦虑，并在培训、信息、资源上给予大力支持，以减少员工对创新风险的回避态度，创造更好的管理环境，以利于员工表现出更加积极的创新行为。另外，还要考虑所处的经济形势、行业背景等外部环境，制定出最匹配的人力资源管理实践。

第三节　研究局限与未来研究展望

本书整合社会认知理论、计划行为理论、创新扩散理论、社会交换理论、目标设定理论，在文献深刻研读和质性研究的基础上，首先探索创新导向人力资源管理实践对企业绩效的直接效应，其次，分别检验心理授权、员工创新行为的单中介效应，再次，引入双视角思想，证实心理授权、员工创新行为的双中介效应，进一步研究串联中介效应。最后，在串联中介模型中引入员工学习目标导向，考察在各个路径上的调节效应，因为此时同时具有中介变量和调节变量，所以检验了有调节的中介效应、有中介的调节效应以及混合效应，获得科学可信的结论和有实际针对性的启示，具有较好的理论和实际意义。

本书仍存在一定的研究局限，有待进一步完善：第一，在统计调查中应该使用随机抽样方式来挑选研究对象，但是因为研究数据的不易获取，故在调查时，采用方便抽样方式，后续研究应努力扩大样本的种类和数量，以求尽量趋近于随机抽样；第二，在研究数据上，采用同时收集的横截面问卷数据。按事物发展规律，企业绩效要在一系列人力资源管理实践实行一段时间后才会出现效果，员工感知到创新导向人力资源管理实践影响心理授权和员工创新行为也需要相隔一段时间，但由于研究时间的约束，本书没有采用时间序列收集数据。后续研究可进行分时段多次测量，对研究样本追踪采集数据，来加大对影响机理的检验说服力。

下一步的研究展望是：第一，本书主要研究员工心理、行为维度上的变量对创新导向人力资源管理实践与企业绩效之间关系的影响，还有一个方面是能力维度，今后的研究模型可再加入智力资本、人力资本等表示员工能力的变量；第二，本书调节变量只讨论了学习目标导向，今后可再加入绩效目标导向以及员工个体特征方面的其他代表性变量。

附　录

创新导向人力资源管理实践影响企业绩效的调查问卷（正式调研）

尊敬的女士/先生：

感谢您在百忙之中填写此问卷，我们真诚地期望您可以根据自己的真实情况来回答相关问题。本调查采用匿名形式，所填问卷仅供学术研究之用，对您填写的内容绝对保密，决不做个别处理或公开发表，保证不会对您造成任何不良影响。主要调查问题全部以选择题形式给出，如果您以电子版形式填答，请加粗该选项，或标以不同颜色，如果您以纸质版形式填答，请直接勾选（√）。若有任何疑问和建议请与我联系。

一　企业基本情况

1. 您所在企业的名称________________；

2. 您所在企业员工总数共____________人；

3. 您所在企业成立于________年；

4. 您所在企业的地理位置是________省__________市；

5. 您所在企业所属行业？　①制造业②建筑业③交通运输、仓储和物流业④信息传输、计算机软件业⑤批发零售业⑥住宿餐饮业⑦金融业⑧房地产业⑨其他________________；

6. 您所在企业属于何种性质①国有独资②中外合资③外商独资④私营企业⑤集体企业⑥其他____________。

二 问卷填写人的基本信息

1. 您的职位①高层管理者②中层管理者③基层管理者④研发人员⑤工作多于三年的员工⑥工作少于三年的员工____________；

2. 您的学历①博士②硕士③本科④大专⑤高中或中专⑥其他____________；

3. 您工作至今共____________年；

4. 性别①男②女____________；

5. 年龄____________岁。

三 下列各项旨在了解所在企业在创新导向人力资源管理实践方面的情况，请您依据实际情况在适当的数字上打√，或涂颜色，或加粗。

	非常不同意	不同意	不确定	同意	非常同意
1. 员工拥有在公司内部不同岗位上流动的机会	[1]	[2]	[3]	[4]	[5]
2. 为员工提供知识和技能的培训	[1]	[2]	[3]	[4]	[5]
3. 公司采用经验交流会/研讨会等内训方式提升员工能力	[1]	[2]	[3]	[4]	[5]
4. 为员工设计了多元化的职业发展路径	[1]	[2]	[3]	[4]	[5]
5. 奖励小发明、小创造、小革新	[1]	[2]	[3]	[4]	[5]
6. 对创新的工作团队进行奖励	[1]	[2]	[3]	[4]	[5]
7. 员工个人的奖金和团队的绩效结果挂钩	[1]	[2]	[3]	[4]	[5]
8. 为员工设置具有挑战性的绩效目标	[1]	[2]	[3]	[4]	[5]
9. 对员工创新能力和创新行为的进行考核	[1]	[2]	[3]	[4]	[5]

10. 以工作的业绩作为员工晋升的依据	[1]	[2]	[3]	[4]	[5]
11. 为员工提供沟通的渠道，以利于员工之间分享信息	[1]	[2]	[3]	[4]	[5]
12. 工作中，员工有机会提出合理改进工作的建议	[1]	[2]	[3]	[4]	[5]
13. 员工代表能够参与公司涉及员工个人利益的重大决策	[1]	[2]	[3]	[4]	[5]
14. 员工的建议通常会被采纳	[1]	[2]	[3]	[4]	[5]
15. 员工具有较为宽泛的工作职责	[1]	[2]	[3]	[4]	[5]
16. 为员工提供需要多样化技能的工作任务	[1]	[2]	[3]	[4]	[5]
17. 员工具有工作的自主性特征	[1]	[2]	[3]	[4]	[5]

四　下列各项旨在了解您所在企业的员工创新行为情况，请您依据实际情况在适当的数字上打√，或涂颜色，或加粗。

	非常不同意	不同意	不确定	同意	非常同意
1. 我经常在工作环境中引入新想法	[1]	[2]	[3]	[4]	[5]
2. 我经常为改善工作绩效提出新点子	[1]	[2]	[3]	[4]	[5]
3. 我经常主动搜寻新的工作方法、技术或工具	[1]	[2]	[3]	[4]	[5]
4. 我经常向他人推广新点子并寻求支持	[1]	[2]	[3]	[4]	[5]
5. 我总是想方设法让组织成员提供新点子	[1]	[2]	[3]	[4]	[5]

6. 我常常动员他人支持创新	[1]	[2]	[3]	[4]	[5]
7. 我经常将新点子转化为有用的实践	[1]	[2]	[3]	[4]	[5]
8. 我能够针对问题提出有创意的解决办法	[1]	[2]	[3]	[4]	[5]
9. 我经常跟踪评价新点子的应用效果	[1]	[2]	[3]	[4]	[5]

五　下列各项目旨在了解有关员工心理授权的情况，请您依据实际情况在适当的数字上打√，或涂颜色，或加粗。

	非常不同意	不同意	不确定	同意	非常同意
1. 我所做的工作对我来说非常有意义	[1]	[2]	[3]	[4]	[5]
2. 工作上所做的事对我个人来说非常有意义	[1]	[2]	[3]	[4]	[5]
3. 我的工作对我来说非常重要	[1]	[2]	[3]	[4]	[5]
4. 我自己可以决定如何着手来做我的工作	[1]	[2]	[3]	[4]	[5]
5. 在如何完成工作上，我有很大的独立性和自主权	[1]	[2]	[3]	[4]	[5]
6. 在决定如何完成我的工作上，我有很大的自主权	[1]	[2]	[3]	[4]	[5]
7. 我自信自己有做好工作上的各项事情的能力	[1]	[2]	[3]	[4]	[5]
8. 我对自己完成工作的能力非常有信心	[1]	[2]	[3]	[4]	[5]
9. 我对发生在本部门的事情的影响很大	[1]	[2]	[3]	[4]	[5]

	非常不同意	不同意	不确定	同意	非常同意
10. 我对发生在本部门的事情起着很大的控制作用	[1]	[2]	[3]	[4]	[5]
11. 我对发生在本部门的事情有重大的影响	[1]	[2]	[3]	[4]	[5]

六　下列各项目旨在了解您所在企业的员工学习目标导向的情况，请您依据实际情况在适当的数字上打√，或涂颜色。

	非常不同意	不同意	不确定	同意	非常同意
1. 我经常阅读一些与工作相关的材料，提高我的能力	[1]	[2]	[3]	[4]	[5]
2. 我愿意选择能从中学到很多东西的工作任务	[1]	[2]	[3]	[4]	[5]
3. 我经常寻找那些可以发展新技能和学习新知识的机会	[1]	[2]	[3]	[4]	[5]
4. 我喜欢挑战和困难，因为这可以让我学到新技能	[1]	[2]	[3]	[4]	[5]
5. 为了提升工作能力，我愿意承担风险	[1]	[2]	[3]	[4]	[5]
6. 我更喜欢在那些需要高能力水平和才能的环境中工作	[1]	[2]	[3]	[4]	[5]

七　下列各项目旨在了解企业绩效的情况，请您依据实际情况在适当的数字上打√，或涂颜色，或加粗。

与本地同行一般企业相比，企业近5年：

	非常不同意	不同意	不确定	同意	非常同意
1. 与主要竞争对手比较，能持续推出新产品	[1]	[2]	[3]	[4]	[5]
2. 与主要竞争对手比较，能率先引入新产品	[1]	[2]	[3]	[4]	[5]

3. 与主要竞争对手比较，能迅速发布新产品	[1]	[2]	[3]	[4]	[5]
4. 与主要竞争对手比较，能开发出高质量的新产品	[1]	[2]	[3]	[4]	[5]
5. 与主要竞争对手比较，能使用新产品来渗透市场	[1]	[2]	[3]	[4]	[5]
6. 与主要竞争对手比较，企业的利润很高	[1]	[2]	[3]	[4]	[5]
7. 与主要竞争对手比较，企业的总收入很高	[1]	[2]	[3]	[4]	[5]
8. 与主要竞争对手比较，企业的利润增长很快	[1]	[2]	[3]	[4]	[5]
9. 与主要竞争对手比较，企业员工对企业的满意度很高	[1]	[2]	[3]	[4]	[5]
10. 与主要竞争对手比较，企业员工的生产率很高	[1]	[2]	[3]	[4]	[5]

再次感谢您参与本次问卷调查，请您检查一下是否有漏答或错答的情况，以免造成废卷。如果您填答的是电子版问卷，烦请您将问卷发回至 E - mail：ypeng68@126. com。祝您工作顺利，阖家幸福！

参考文献

宝贡敏、赵卓嘉：《面子需要概念的维度划分与测量——一项探索性研究》，《浙江大学学报》（人文社会科学版）2009 年第 2 期。

蔡宁伟、张丽华：《最佳人力资源管理实践与组织绩效的关系研究——基于国企的追踪案例》，《中国人力资源开发》2014 年第 23 期。

蔡霞、宋哲、耿修林等：《社会网络环境下的创新扩散研究述评与展望》，《科学学与科学技术管理》2017 年第 4 期。

曹科岩、窦志铭：《组织创新氛围、知识分享与员工创新行为的跨层次研究》，《科研管理》2015 年第 12 期。

曹勇、蒋振宇、孙合林：《知识溢出效应、创新意愿与创新能力——来自战略性新兴产业企业的实证研究》，《科学学研究》2016 年第 1 期。

查金祥、王立生：《网络购物顾客满意度影响因素的实证研究》，《管理科学》2006 年第 1 期。

陈建安、陈明艳、金晶：《支持性人力资源管理与员工工作幸福感——基于中介机制的实证研究》，《外国经济与管理》2018 年第 1 期。

陈丽芬、金灿：《高绩效人力资源实践对任务绩效和创新行为的影响：组织心理所有权和互动公平的作用》，《中国人力资源开发》2018 年第 6 期。

陈倩倩、樊耘、李春晓：《组织支持感对员工创新行为的影响研究——目标导向与权力动机的作用》，《华东经济管理》2018 年第 2 期。

丁明磊、杨芳、王云峰：《试析创业自我效能感及其对创业意向的影响》，《外国经济与管理》2009 年第 5 期。

杜娟：《人力资源管理实践与组织绩效关系研究的困境与中间变量选择》，《外国经济与管理》2007 年第 7 期。

杜鹏、万后芬：《创新导向与市场导向的融合——一个实证研究》，《管理科学》2007 年第 1 期。

段文婷、江光荣：《计划行为理论述评》，《心理科学进展》2008 年第 2 期。

方慧、何斌、张倩：《领导对创造力及创新绩效的影响机制研究综述》，《华东经济管理》2017 年第 12 期。

方杰、温忠麟：《基于结构方程模型的有调节的中介效应分析》，《心理科学》2018 年第 2 期。

方琦：《目标导向对员工创业学习的影响研究：基于工作态度的中介作用》，博士学位论文，吉林大学，2016 年。

方阳春、陈超颖：《包容型领导风格对新时代员工创新行为的影响》，《科研管理》2017 年第 S1 期。

冯彩玲：《差异化变革型领导对员工创新行为的跨层次影响》，《管理评论》2017 年第 5 期。

高素英、许龙、马姝妍等：《创新型人力资本与企业竞争优势的关系——研发团队成员配置及团队精神的调节作用》，《科技管理研究》2016 年第 23 期。

高艳、师雅洁、毕蒙蒙：《知识共享和创新导向的人力资源管理实践作用机制研究——以华为为例》，《中国人力资源开发》2014 年第 3 期。

顾琴轩、张冰钦：《虚拟团队变革型和交易型领导对团队创造力的影响机理：共享领导视角》，《中国人力资源开发》2017 年第 11 期。

顾远东、彭纪生：《组织创新氛围对员工创新行为的影响：创新自我效能感的中介作用》，《南开管理评论》2010 年第 1 期。

郭云、廖建桥：《上级发展性反馈对员工工作绩效的作用机理研究》,《管理科学》2014 年第 1 期。

韩杨、罗瑾琏、钟竞:《双元领导对团队创新绩效影响研究——基于惯例视角》,《管理科学》2016 年第 1 期。

蒿坡、龙立荣、贺伟:《领导力共享、垂直领导力与团队创造力:双视角研究》,《管理科学》2014 年第 6 期。

何会涛、彭纪生:《人力资源管理实践对创新绩效的作用机理研究——基于知识管理和组织学习视角的整合框架》,《外国经济与管理》2008 年第 8 期。

何洁:《高绩效人力资源实践如何激发员工创造力:自我决定视角》,《当代经济管理》2013 年第 4 期。

何郁冰、张思:《技术创新持续性对企业绩效的影响研究》,《科研管理》2017 年第 9 期。

胡建军、王立磊、张宁俊:《组织认同对员工创新行为的激励作用》,《财经科学》2013 年第 11 期。

胡文安、罗瑾琏、钟竞:《双元型人力资源系统如何激发员工创造力?——一项基于高新技术企业的纵向动态追踪研究》,《研究与发展管理》2017 年第 5 期。

华锦阳:《技术创新扩散决策模型:综合回顾及新模型构建》,《科技进步与对策》2015 年第 5 期。

黄芳铭:《结构方程模式理论与应用》,中国税务出版社 2005 年版。

黄秋风、唐宁玉、陈致津等:《变革型领导对员工创新行为影响的研究——基于自我决定理论和社会认知理论的元分析检验》,《研究与发展管理》2017 年第 4 期。

江辛、王永跃、温巧巧:《学习目标导向对员工创新行为的作用机制研究》,《科研管理》2018 年第 10 期。

江新会、钟昌标、张强等:《中国心理授权的一个特性:影响力导致的消极效应及其边界条件》,《管理评论》2016 年第 3 期。

蒋建武、宋军梅、刘心怡等:《普适与权变观视角下“2017 美国最佳雇主 100 强”人力资源管理实践的聚类研究》,《管理学报》

2018 年第 5 期。

蒋建武、张凤鸣、林莉莉：《可持续人力资源管理研究：实践体系与理论模型》，《中国人力资源开发》2017 年第 10 期。

蒋建武、赵曙明、戴万稳：《战略人力资源管理对组织创新的作用机理研究》，《管理学报》2010 年第 12 期。

蒋琬、顾琴轩、王博艺：《人力资源管理实践与组织创新关系研究脉络与启示》，《中国人力资源开发》2013 年第 11 期。

荆炜、韩冬日：《激励偏好、组织认同与员工创新行为》，《西北民族大学学报》（哲学社会科学版）2016 年第 5 期。

井辉：《个性化人力资源管理实践对员工创新绩效的影响：组织公民行为的中介效应》，《领导科学》2017 年第 26 期。

井辉、张国良：《个性化人力资源管理实践：概念与内容》，《领导科学》2016 年第 29 期。

寇跃、贾志永：《战略人力资源管理“黑箱”机理研究溯源、现状述评与未来展望》，《外国经济与管理》2013 年第 7 期。

寇跃、贾志永、白云等：《整合视角的战略人力资源管理研究述评》，《管理评论》2014 年第 12 期。

雷巧玲、赵更申：《知识型员工个体特征对心理授权影响的实证研究》，《科学学与科学技术管理》2009 年第 8 期。

李超平、李晓轩、时勘、陈雪峰：《授权的测量及其与员工工作态度的关系》，《心理学报》2006 年第 1 期。

李高勇、毛基业：《案例选择与研究策略——中国企业管理案例与质性研究论坛第 2014 期综述》，《管理世界》2015 年第 2 期。

李海刚、卢燕：《知识团队成员技术接受行为对创新绩效的影响》，《科研管理》2016 年第 S1 期。

李进、陆露、刘军：《人力资源管理实践与员工创造力：综述及管理启示》，《中国人力资源开发》2015 年第 19 期。

李培楠、赵兰香、万劲波：《创新要素对产业创新绩效的影响——基于中国制造业和高技术产业数据的实证分析》，《科学学研究》2014 年第 4 期。

李乾文、赵曙明：《企业创新战略、人力资源管理与绩效关系探析》，《外国经济与管理》2008 年第 4 期。

李万明、李君锐：《心理授权与员工创新行为的关系——心理契约新视角的中介作用》，《工业技术经济》2016 年第 10 期。

李显君、钟领、王京伦、王巍：《开放式创新与吸收能力对创新绩效影响——基于我国汽车企业的实证》，《科研管理》2018 年第 1 期。

李晓红、徐雷、杨卫华：《员工创新行为发生机制：来自领导的影响》，《科技进步与对策》2017 年第 21 期。

李燕萍、齐伶圆：《人力资源管理领域对创新型人才的观照：视角、重点与未来方向》，《科技进步与对策》2016 年第 24 期。

李耀、周密、王新新：《顾客知识对顾客独创价值行为的驱动机理：一个链式中介模型》，《管理评论》2017 年第 7 期。

李燚、黄蓉：《研发人员心理授权与创新绩效：内在工作动机与控制点的作用研究》，《华东经济管理》2014 年第 2 期。

连欣、杨百寅、马月婷：《组织创新氛围对员工创新行为影响研究》，《管理学报》2013 年第 7 期。

梁冰倩、顾琴轩：《团队成员学习目标导向离散化与团队创造力研究》，《管理学报》2015 年第 1 期。

林小英：《分析归纳法和连续比较法：质性研究的路径探析》，《北京大学教育评论》2015 年第 1 期。

林新奇、丁贺：《人力资源管理强度对员工创新行为影响机制研究——一个被中介的调节模型》，《软科学》2017 年第 12 期。

林新奇、苏伟琳：《社会交换理论视域下的新生代员工激励管理研究》，《现代管理科学》2017 年第 5 期。

林志扬、裴彩霞：《组织变革背景下员工创新行为研究》，《厦门大学学报》（哲学社会科学版）2017 年第 2 期。

刘景江、邹慧敏：《变革型领导和心理授权对员工创造力的影响》，《科研管理》2013 年第 3 期。

刘军、苏方国、刘晓琳：《基于扎根理论的金融业最佳人力资源管理实践研究》,《中国人力资源开发》2016 年第 3 期。

刘宁、刘颖:《企业奖酬对员工创新绩效影响的研究评述》,《管理学报》2014 年第 12 期。

刘善仕、刘辉健:《投资型人力资源管理系统与企业绩效的关系研究》,《管理工程学报》2008 年第 4 期。

刘小平:《员工组织承诺的形成过程:内部机制和外部影响——基于社会交换理论的实证研究》,《管理世界》2011 年第 11 期。

刘燕君、徐世勇、张慧等:《人力资源管理张力的应对:基于悖论视角》,《中国人力资源开发》2018 年第 11 期。

刘耀中:《心理授权的结构维度及其与员工创新行为的关系研究》,《西北师大学报》(社会科学版)2008 年第 6 期。

刘云、石金涛:《授权理论的研究逻辑——心理授权的概念发展》,《上海交通大学学报》(哲学社会科学版)2010 年第 1 期。

刘云、石金涛:《组织创新气氛对员工创新行为的影响过程研究——基于心理授权的中介效应分析》,《中国软科学》2010 年第 3 期。

刘智强、邓传军、廖建桥等:《组织支持、地位认知与员工创新:雇佣多样性视角》,《管理科学学报》2005 年第 10 期。

卢小君、张国梁:《工作动机对个人创新行为的影响研究》,《软科学》2007 年第 6 期。

罗海滨、刘善仕、王红椿:《内控导向人力资源管理实践与组织绩效研究》,《管理学报》2015 年第 8 期。

马君、张昊民、杨涛:《绩效评价、成就目标导向对团队成员工作创新行为的跨层次影响》,《管理工程学报》2015 年第 3 期。

马璐、王丹阳:《共享型领导对员工主动创新行为的影响》,《科技进步与对策》2016 年第 22 期。

毛良虎、王磊磊、房磊:《企业家精神对企业绩效影响的实证研究——基于组织学习、组织创新的中介效应》,《华东经济管理》2016 年第 5 期。

苗慧、宋典:《市场型和培育型战略人力资源管理模式对企业绩效影响的实证研究——基于人力资本属性的探讨》，《科技进步与对策》2010 年第 14 期。

倪清、杜鹏程：《基于链式中介效应的谦卑型领导与经理人反馈寻求行为关系研究》，《管理学报》2017 年第 6 期。

聂婷、孙艳伟：《中国人力资源管理的多元化发展——第 6 届中国人力资源管理论坛述评》，《管理学报》2018 年第 3 期。

彭正龙、赵红丹：《组织公民行为真的对组织有利吗——中国情境下的强制性公民行为研究》，《南开管理评论》2011 年第 1 期。

齐昕、刘洪、张晶晶：《柔性工作、心理授权与员工创造力：基于“供给—需求匹配”视角》，《科学学与科学技术管理》2017 年第 12 期。

秦伟平、赵曙明、周路路：《企业人力资源管理实践对跨功能团队创造力的跨层影响》，《管理学报》2015 年第 1 期。

沈伊默、周婉茹、魏丽华、张庆林：《仁慈领导与员工创新行为：内部人身份感知的中介作用和领导—部属交换关系差异化的调节作用》，《心理学报》2017 年第 8 期。

宋典、袁勇志、张伟炜：《战略人力资源管理、创新氛围与员工创新行为的跨层次研究》，《科学学与科学技术管理》2011 年第 1 期。

宋文豪、顾琴轩、于洪彦：《学习目标导向对员工创造力和工作绩效的影响》，《工业工程与管理》2014 年第 2 期。

宋源：《团队导向的人力资源管理实践对团队创新的影响——心理安全的中介作用》，《中国人力资源开发》2014 年第 17 期。

苏芳、黄江明：《质性研究设计与写作的若干策略——“中国企业管理案例与质性研究论坛第 2012 期”会议综述》，《管理世界》2013 年第 2 期。

苏中兴：《转型期中国企业的高绩效人力资源管理系统：一个本土化的实证研究》，《南开管理评论》2010 年第 4 期。

苏中兴、张雨婷、曾湘泉：《组织创新战略如何转化为员工创新行为？——以中关村 IT 行业为例》，《中国人民大学学报》2015 年第 5 期。

孙锐：《战略人力资源管理、组织创新氛围与研发人员创新》，《科研管理》2014 年第 8 期。

孙锐、王乃静、王同庆：《推动企业员工创新的人力资源管理作用模式研究》，《华东经济管理》2009 年第 11 期。

孙锐、赵晨：《战略人力资源管理、组织情绪能力与组织创新——高新技术企业部门心理安全的作用》，《科学学研究》2016 年第 12 期。

孙晓军、周宗奎：《探索性因子分析及其在应用中存在的主要问题》，《心理科学》2005 年第 6 期。

孙秀丽、赵曙明：《HRM 能力及其重要性对战略人力资源管理与企业绩效的影响研究》，《南京社会科学》2017 年第 1 期。

孙彦玲、杨付、张丽华：《创造力自我效能感与员工创新行为的关系：一个跨层分析》，《经济管理》2012 年第 11 期。

孙永磊、宋晶、陈劲：《差异化变革型领导、心理授权与组织创造力》，《科学学与科学技术管理》2016 年第 4 期。

覃大嘉、呼玲妍、刘人怀：《转型升级背景下制造业人资管理实践与情感承诺：基于易学阴阳和谐视角》，《管理评论》2018 年第 11 期。

汤淑琴、蔡莉、陈娟艺等：《经验学习对新企业绩效的动态影响研究》，《管理学报》2015 年第 8 期。

汤学俊：《变革型领导、心理授权与组织公民行为》，《南京社会科学》2014 年第 7 期。

田立法：《最佳人力资源管理实践、组织氛围强势与企业绩效关系研究》，《管理工程学报》2017 年第 2 期。

田庆锋、张银银、马蓬蓬、杨清：《企业战略导向、组织学习对商业模式创新的影响研究》，《科技管理研究》2018 年第 20 期。

王博艺：《创新导向的人力资源管理实践对组织创造力的影响研究——基于组织创新文化和结构权变视角》，《现代管理科学》2014 年第 9 期。

王博艺：《创造力导向的人力资源管理实践对员工及组织创造力

作用机理研究》，博士学位论文，上海交通大学，2015 年。

王朝晖：《承诺型人力资源管理与探索式创新：吸收能力的多重中介效应》，《科学学与科学技术管理》2014 年第 8 期。

王春玲、刘建准：《知识型员工创新行为激励策略研究——员工沟通意愿的调节作用》，《东南大学学报》（哲学社会科学版）2017 年第 S2 期。

王贵军：《心理契约感知、组织承诺与员工创新行为的关系研究》，《中国人力资源开发》2015 年第 11 期。

王国猛、赵曙明、郑全全：《团队信任与团队水平组织公民行为——团队心理授权的中介作用研究》，《大连理工大学学报》（社会科学版）2012 年第 2 期。

王国猛、郑全全：《心理授权、心理氛围与工作绩效的关系》，《心理科学》2008 年第 2 期。

王辉、常阳：《组织创新氛围、工作动机对员工创新行为的影响》，《管理科学》2017 年第 3 期。

王丽平、韩二伟、黄娜：《人力资源管理实践对员工敬业度的跨层次影响——基于组织嵌入和心理授权的中介作用》，《大连理工大学学报》（社会科学版）2014 年第 1 期。

王林：《人力资源管理理论研究的多重审视与研究启示》，《现代管理科学》2016 年第 12 期。

王瑞文、刘金兰：《组织环境、心理授权与组织承诺——基于高校教师个体评价的实证分析》，《大连理工大学学报》（社会科学版）2014 年第 3 期。

王士红、徐彪、彭纪生：《组织氛围感知对员工创新行为的影响——基于知识共享意愿的中介效应》，《科研管理》2013 年第 5 期。

王顺江、陈荣、郑小平：《心理授权对员工满意、忠诚和绩效影响的实证分析》，《系统工程》2012 年第 5 期。

王文卓、孙遇春、徐振亭：《学习目标导向、留职动机与工作投入的关系——组织学习氛围的跨层次调节作用》，《工业工程与管理》2017 年第 4 期。

王喜刚：《组织创新、技术创新能力对企业绩效的影响研究》，《科研管理》2016 年第 2 期。

王雪莉、马琳：《中国优秀企业高绩效人力资源管理实践模型探究》，《管理学报》2015 年第 11 期。

王迅、孙吉国：《高绩效人力资源实践体系和企业创新复合绩效的关系——“任务—关系”双重机制的中介作用》，《山东大学学报》（哲学社会科学版）2016 年第 3 期。

王雅洁、戴景新、高素英等：《战略人力资源管理、企业特征与企业绩效——基于中国企业的经验数据》，《科技管理研究》2014 年第 4 期。

王艳平、刘效广、张亚莉：《人力资源实践、人力资源系统强度与创新氛围关系研究》，《科研管理》2014 年第 1 期。

王艳子、张莉、李倩：《学习目标取向对员工创新行为的影响研究：内在动机和创新效能感的中介效应》，《现代管理科学》2015 年第 12 期。

王雁飞、梅洁、朱瑜：《心理资本对员工创新行为的影响：组织支持感和心理安全感的作用》，《商业经济与管理》2017 年第 10 期。

王勇、葛苏琼：《人力资源管理实践、效能感与知识分享行为关系的跨层次分析》，《华东经济管理》2016 年第 9 期。

魏巍、彭纪生：《人力资源管理系统构型差异性、组织心理所有权与员工创造力》，《商业经济与管理》2018 年第 1 期。

温素彬、李慧、焦然：《企业文化、利益相关者认知与财务绩效——多元资本共生的分析视角》，《中国软科学》2018 年第 4 期。

温忠麟、吴艳：《潜变量交互效应建模方法演变与简化》，《心理科学进展》2010 年第 8 期。

温忠麟、张雷、侯杰泰：《有中介的调节变量和有调节的中介变量》，《心理学报》2006 年第 3 期。

吴明隆：《问卷统计分析实务——SPSS 操作与应用》，重庆大学出版社 1990 年版。

吴延兵：《不同所有制企业技术创新能力考察》，《产业经济研究》2014 年第 2 期。

吴艳、温忠麟:《结构方程建模中的题目打包策略》,《心理科学进展》2011 年第 12 期。

夏瑞卿、杨忠:《目标导向与员工创造力的关系研究——有调节的中介效应分析》,《浙江工商大学学报》2014 年第 4 期。

肖小虹、张亚军、程志辉:《包容型领导对一线员工服务创新的影响研究》,《管理世界》2017 年第 4 期。

谢俊、储小平:《多层次导向的变革型领导对个体及团队创造力的影响:授权的中介作用》,《管理工程学报》2016 年第 1 期。

谢俊、汪林、储小平等:《组织公正视角下的员工创造力形成机制及心理授权的中介作用》,《管理学报》2013 年第 2 期。

谢礼珊、关新华、Catherine Mercier - Suissa:《个体与组织情景因素对旅游服务员工创新行为的影响》,《旅游学刊》2015 年第 2 期。

谢凌玲、江新会、邓丽芳:《中国人力资源管理实践研究路径的演化、比较与选择》,《现代管理科学》2017 年第 3 期。

徐光、钟杰、高阳:《知识型员工创新行为激励策略研究——基于心理契约视角》,《科学管理研究》2016 年第 4 期。

徐国华、杨东涛:《制造企业的支持性人力资源实践、柔性战略与公司绩效》,《管理世界》2005 年第 5 期。

徐佳、陈艳:《利益相关者对国有企业绩效评价影响程度的研究》,《宏观经济研究》2016 年第 7 期。

徐宁、吴创:《高管激励契约、技术创新动力与路径选择——来自民营中小上市公司的经验证据》,《科技进步与对策》2015 年第 4 期。

徐宁、徐向艺:《技术创新导向的高管激励整合效应——基于高科技上市公司的实证研究》,《科研管理》2013 年第 9 期。

闫岩:《计划行为理论的产生、发展和评述》,《国际新闻界》2014 年第 7 期。

阎亮、白少君:《高绩效工作系统与员工创新行为——个人感知视角的影响机制》,《科技进步与对策》2016 年第 20 期。

颜爱民、陈丽：《高绩效工作系统对员工行为的影响——以心理授权为中介》，《中南大学学报》（社会科学版）2016 年第 3 期。

颜爱民、胡仁泽、徐婷：《新生代员工感知的高绩效工作系统与工作幸福感关系研究》，《管理学报》2016 年第 4 期。

杨百寅、高昂：《企业创新管理方式选择与创新绩效研究》，《科研管理》2013 年第 3 期。

杨春江、蔡迎春、侯红旭：《心理授权与工作嵌入视角下的变革型领导对下属组织公民行为的影响研究》，《管理学报》2015 年第 2 期。

杨浩、刘佳伟：《最佳人力资源管理实践与企业绩效的关系研究》，《科研管理》2015 年第 S1 期。

杨洁：《促进企业创新的支持性人力资源管理实践体系构建》，《现代管理科学》2013 年第 11 期。

杨晶照、杨东涛：《工作场所中员工创新的内驱力：员工创造力自我效能感》，《心理科学进展》2011 年第 9 期。

杨洋：《心理契约、心理授权对组织行为的影响机理与模型测度》，《统计与决策》2017 年第 15 期。

杨英、李伟：《心理授权对个体创新行为的影响——同事支持的调节作用》，《中国流通经济》2013 年第 3 期。

姚艳虹、陈彦文、刘金洋：《绩效考核目标取向与员工工作绩效的关系研究——心理授权的中介作用》，《管理现代化》2017 年第 1 期。

弋亚群、刘怡、谷盟：《高管团队认知冲突对创新导向的双刃剑效应》，《管理学报》2018 年第 11 期。

易华：《创业导向有助于激发员工创新行为吗——创新意愿的中介作用》，《财经理论与实践》2018 年第 1 期。

于静静、蒋守芬：《员工政治技能与创新行为关系研究——基于心理授权的视角》，《山东社会科学》2018 年第 11 期。

于维娜、樊耘、马贵梅：《知识型企业中地位与创新的关系研究——以风险承担、创新支持为机理》，《科学学与科学技术管理》

2016 年第 1 期。

于晓宇、蔡莉：《失败学习行为、战略决策与创业企业创新绩效》，《管理科学学报》2013 年第 12 期。

袁朋伟、董晓庆、翟怀远、冯群：《共享领导对知识员工创新行为的影响研究——知识分享与团队凝聚力的作用》，《软科学》2018 年第 1 期。

张超、徐燕、陈平雁：《探索性因子分析与验证性因子分析在量表研究中的比较与应用》，《南方医科大学学报》2007 年第 11 期。

张红丽、王婷：《变革型领导对新生代员工离职倾向的作用机制研究：心理授权的中介作用》，《领导科学》2017 年第 14 期。

张婧、段艳玲：《我国制造型企业市场导向和创新导向对新产品绩效影响的实证研究》，《南开管理评论》2010 年第 1 期。

张丽华、朱金强、冯彩玲：《员工创新行为的前因和结果变量研究》，《管理世界》2016 年第 6 期。

张宁俊、袁梦莎、付春香等：《差错管理氛围与员工创新行为的关系研究》，《科研管理》2015 年第 S1 期。

张琦、刘克：《基于利益相关者理论的企业绩效评价指标体系》，《系统工程》2016 年第 6 期。

张瑞娟：《创新导向人力资源管理实践：结构和测量》，《中国人力资源开发》2014 年第 23 期。

张瑞娟：《创新导向人力资源管理实践如何影响组织创新：创新氛围和组织结构特征的作用》，《中国人力资源开发》2016 年第 2 期。

张瑞娟、孙健敏：《人力资源管理对创新作用的研究述评》，《新疆财经》2015 年第 3 期。

张武装：《人力资源管理实践对组织绩效的影响研究》，《统计与决策》2015 年第 12 期。

张学和、宋伟、方世建：《成就动机理论视角下的知识型员工个体创新绩效实证研究——基于部分科技型组织的调查数据分析》，《科学学与科学技术管理》2013 年第 1 期。

张振刚、余传鹏、崔婷婷：《家长式领导、心理授权对企业管理创新的影响》,《科技管理研究》2015 年第 3 期。

张治河、冯陈澄、李斌等:《科技投入对国家创新能力的提升机制研究》,《科研管理》2014 年第 4 期。

张治河、潘晶晶、李鹏:《战略性新兴产业创新能力评价、演化及规律探索》,《科研管理》2015 年第 3 期。

赵洪彬、侯二秀、长青等:《战略人力资源管理实践对组织创新绩效影响研究》,《财会通讯》2015 年第 12 期。

周飞、陈钦兰、何美贤:《包容型领导与员工创新行为的关系研究》,《科研管理》2018 年第 6 期。

周浩、龙立荣:《共同方法偏差的统计检验与控制方法》,《心理科学进展》2004 年第 6 期。

Agarwal P. , Farndale E. , "High – Performance Work Systems and Creativity Implementation: The Role of Psychological Capital and Psychological Safety", *Human Resource Management Journal*, Vol. 27, No. 3, 2017.

Aiken L. S. , West S. G. , *Multiple Regression: Testing and Interpreting Interactions*, Newbury Park: SAGE Publications, 1991.

Aino K. , Josune S. , Nekane A. , "Knowledge – Based Human Resource Management Practices, Intellectual Capital and Innovation", *Journal of Business Research*, No. 81, 2017.

Ajzen I. , "The Theory of Planned Behavior", *Organizational Behavior and Human Decision Processes*, Vol. 50, 1991.

Algina J. , Moulder B. C. , "A Note on Estimating the Jöreskog – Yang Model for Latent Variable Interaction Using LISREL 8. 3", *Structural Equation Modeling*, No. 8, 2001.

Arvanitis Spyros, Seliger Florian, Stucki Tobias, "The Relative Importance of Human Resource Management Practices for Innovation", *Economics of Innovation & New Technology*, Vol. 25, No. 8, 2016.

Aryee S. , F. O. Walumbwa, et al. , "Impact of High – Performance Work Systems on Individual – and Branch – Level Performance: Test of a Multilevel Model of Intermediate Linkages", *Journal of Applied Psychology*,

Vol. 97, No. 2, 2012.

Atuahene – Gima K., "The Influence of Innovation Orientation In human Resource Management on New Product Development: The Moderating Role of Innovation Ttype", *Journal of Market – Focused Management*, Vol. 1, No. 1, 1996.

Avolio B. J., W. C. Zhu, et al., "Transformational Leadership and Organizational Commitment: Mediating Role of Psychological Empowerment and Moderating Role of Structural Distance", *Journal of Organizational Behavior*, Vol. 25, No. 8, 2004.

Axtell C. M., Holman D. J., Unsworth K. L., et al., "Waterson, P. E., and Harrington, E. Shop – Floor Innovation: Facilitating the Suggestion and Implementation of Ideas", *Journal of Occupational and Organizational Psychology*, No. 73, 2000.

Bain P., Mann L., Pirola – Merlo A., "The Innovation Imperative: The Relationships between Team Climate, Innovation, and Performance in Research and Develop Teams", *Small Group Research*, Vol. 32, No. 1, 2001.

Bandura A., "Self – efficacy Mechanism in Human Agency", *American Psychologist*, Vol. 37, No. 2, 1982.

Bandura A., "Self – efficacy: Toward a Unifying Ttheory of Behavioral Change", *Advances in Behaviour Research and Therapy*, Vol. 1, No. 4, 1978.

Bandura A., "Social Cognitive Theory of Self – Regulation", *Organizational Behavior and Human Decision Processes*, Vol. 50, 1991.

Bandura A., "Social Cognitive Theory: An Agentic Perspective", *Annual Review of Psychology*, Vol. 52, 2001.

Banks G. C., Kepes S., "The Influence of Internal HRM Activity Fit on the Dynamics within the 'Blackbox'", *Human Resource Management Review*, Vol. 25, No. 4, 2015.

Batista – Foguet J. M., Coenders G., Saris W. E., "A Parsimonious

Approach to Interaction Effects in Structural Equation Models: An Application to Consumer Behavior", *Working Papers d' ESADE*, Vol. 183, 2004.

Batt R., Colvin A. J., "An Employment Systems Approach to Turnover: Human Resources Practices, Quits, Dismissals, and Performance", *Academy of Management Journal*, Vol. 54, No. 4, 2011.

Batt R., "Managing Customer Services: Human Resource Practices, Quit Rates, and Sales Growth", *Academy of Management Journal*, Vol. 45, No. 3, 2002.

Berthon P. R., Hulbert J. M., Pitt L. F., "To Serve or Create? Strategic Orientations Toward Customers and Innovation", *California Management Review*, Vol. 42, No. 1, 1999.

Betz F., "Managing Technology Competing Through New Ventures, Innovation and Corporate Research", *Prentice Hall*, *N. J*, 1993.

Button S. B., Mathieu J. E., Zajac D. M., "Goal Orientation in Organizational Research: A Conceptual and Empirical Foundation", *Organizational Behavior and Human Decision Processes*, Vol. 67, No. 1, 1996.

Cellar D. F., Stuhlmacher A. F., Young S. K., et al., "Trait Goal Orientation, Self – Regulation, and Performance: A Meta – Analysis", *Journal of Business and Psychology*, Vol. 26, No. 4, 2011.

Ceylan C., "Commitment – based HR Practices, Different Types of Innovation, and Firm Innovation Performance", *International Journal of Human Resource Management*, No. 24, 2013.

Chen C. J., Huang J. W., "Strategic Human Resource Practices and Innovation Performance – – The Mediating Role of Knowledge Management Capacity", *Journal of Business Research*, Vol. 62, No. 1, 2009.

Chen L., Su Z. X., Zeng X., "Path Dependence And The Evolution Of HRM In China", *The International Journal of Human Resource Management*, Vol. 27, No. 18, 2016.

Christian V., Kathleen B., Alexandra P., "Affective Commitment to Organizations and Supervisors and Turnover: A Role Theory Perspective", *Journal of Management*, Vol. 43, No. 7, 2017.

Chung – Jen Wang, Chang – Yen Tsai, "Managing Innovation and Creativity in Organization: An Empirical Study of Service Industries in Taiwan", *Service Business*, No. 2, 2014.

Coenders G., Batista – Foguet J. M., Saris W. E., "Simple, Efficient and Distribution – Free Approach to Interaction Effects in Complex Structural Equation Models", *Quality & Quantity*, Vol. 42, No. 3, 2008.

Collins C. J., Clark K. D., "Strategic Human Resources Practices and Top Management Team Social Networks: An Examination of The Role of HR Practices in Creating Organizational Competitive Advantage", *Academy of Management Journal*, Vol. 46, No. 6, 2003.

Conger J. A., R. N. Kanungo, "The Empowerment Process; Integrating Theory and Practice", *The Academy of Management Review*, Vol. 13, No. 3, 1988.

Cooper C., Robert G., "Industrial Firm's New Product Strategies", *Journal of Business Research*, No. 13, 1985.

Cordero R., "The Measurement of Innovation Performance in the Firm: An Overview", *Research Policy*, Vol. 19, No. 2, 1990.

Craigl P. C. L, Charles C. M., "Is Shared Leadership the Key to Responsible Leadership?" *The Academy of Management Perspectives*, Vol. 28, No. 3, 2014.

Crawford E. R., Lepine J. A., "A Configural Theory of Team Processes: Accounting for the Structure of Task Work and Teamwork", *Academy of Management Review*, Vol. 38, No. 1, 2012.

Delaney J. E., Huselid M. A., "The Impact of Human Resource Management Practices on Perceptions of Organizational Performance", *Academy of Management Journal*, Vol. 39, 1996.

Delery J. E., Doty D. H., "Modes Of Theorizing In Strategic Human Resource Management: Tests of Universalistic, Contingency, And Configurational Performance Predictions", *Academy of Management Journal*,

No. 39, 1996.

Derue D. S., Ashford S. J., "Who Will Lead and Who Will Follow? A Social Process of Leadership Identity Construction in Organizations", *Academy of Management Review*, Vol. 35, No. 4, 2010.

Dweck C. S., Leggett E. L., "A Social Cognitive Approach to Motivation and Personality", *Psychological Review*, Vol. 95, No. 2, 1988.

Elliot A. J., Mcgregor H. A., "A 2 × 2 Achievement Goal Framework", *Journal of Personality and Social Psychology*, Vol. 80, No. 3, 2001.

Emerson R. M., "Social Exchange Theory", *Annual Review of Sociology*, No. 2, 1976.

Esfahani Saeed Aibaghi, Rezaii Hamid, Koochmeshki Niloofar, et al., "Sustainable and Flexible Human Resource Management for Innovative Organizations", *Administer*, Vol. 30, 2017.

Feifei R., Jinghuan Z., "Job Stressors, Organizational Innovation Climate, and Employees' Innovative Behavior", *Creativity Research Journal*, Vol. 27, No. 1, 2015.

Fornell C., Larcker D. F., "Structural Equation Models with Unobservable Variables and Measurement Error: Algebra and Statistics", *Journal of Marketing Research*, Vol. 18, No. 3, 1981.

Fulford M. D., Enz C. A., "The Impact of Empowerment on Service Employees", *Journal of Managerial Issues*, Vol. 7, No. 2, 1995.

Fulmer I. S., Ployhar R. E., " 'Our Most Important Asset' A Multidisciplinary/Multilevel Review of Human Capital Valuation for Research and Practice", *Journal of Management*, Vol. 40, No. 1, 2014.

George J. M., Zhou J., "Understanding when Bad Moods Foster Creativity and Good Ones Don't: The Role of Context and Clarity of Feelings", *Journal of Applied Psychology*, Vol. 87, 2002.

Gong Y. P., Huang J. C., Farh J. L., "Employee Learning Orientation, Transformational Leadership, and Employee Creativity: The Mediating Role of Employee Creative Self – Efficacy", *Academy of Management*

Journal, Vol. 52, No. 4, 2009.

Guzzo R. A., Shea G. P., "Group Performance and Inter – Group Relations in Organizations", *Handbook of Industrial and Organizational Psychology*, Vol. 3, 1992.

Hackman J. R., "Effects of Changes in Job Characteristics on Work Attitudes and Behaviors: A Naturally Occurring Quasi – Experiment", *Organizational Behavior and Human Performance*, Vol. 21, 1978.

Harros E. G., Mowen J. C., Brown T. J., "Re – Examining Salesperson Goal Orientations: Personality Influencers, Customer Orientation, and Work Satisfaction", *Journal of Academy of Marketing Science*, Vol. 33, No. 1, 2005.

Holbert R. L., Stephenson M. T., "The Importance of Indirect Effects in Media Effects Research: Testing for Mediation in Structural Equation Modeling", *Journal of Broadcasting and Electronic Media*, Vol. 47, No. 4, 2003.

Hon A. H. Y., Leung A. S. M., "Employee Creativity and Motivation in the Chinese Context: The Moderating Role of Organizational Culture", *Cornell Hospitality Quarterly*, Vol. 52, No. 2, 2011.

Hosseinpour A., Kordlouie Hamid Reza, "Examining Organizational Innovation and Knowledge Management Capacity by the Role of Strategic HR Practices: The Combined Transport IRISL", *International Journal of Management, Accounting & Economics*, Vol. 5, No. 1, 2018.

Hsu J., "Exploring the Interaction between Vertical and Shared Leadership in Information Systems Development Projects", *International Journal of Project Management*, No. 8, 2017.

Huang Jimmy, Kim Hyun Jeong, "Conceptualizing Structural Ambidexterity into The Innovation of Human Resource Management Architecture: The Case of LG Electronics", *International Journal of Human Resource Management*, Vol. 24, No. 5, 2013.

Hurley R., Hult T., "Innovation, Market Orientation, and Organizational Learning: An Integration and Empirical Examination", *Journal of Marketing*, Vol. 62, No. 3, 1998.

Jaccard J., Wan C. K., "Measurement Error in the Analysis of Interaction Effects between Continuous Predictors Using Multiple Regression: Multiple Indicator and Structural Equation Approaches", *Psychological Bulletin*, Vol. 117, No. 2, 1995.

Jackson S. E., Schuler R. S., Jiang K., "An Aspirational Framework for Strategic Human Resource Management", *The Academy of Management Annals*, Vol. 8, No. 1, 2014.

Jansen J. J. P., Van Den Bosch F. A. J., Volberda H. W., "Exploratory Innovation, Exploitative Innovation, and Performance: Effects of Organizational Antecedents and Environmental Moderators", *Management Science*, Vol. 52, No. 11, 2006.

Jansen J. J. P., Van D., Bosch F. A. J., Volberda H. W., "Exploratory Innovation, Exploitative Innovation, and Performance: Effects of Organizational Antecedents and Environmental Moderators", *Management Science*, Vol. 52, No. 11, 2006.

Janssen O., Van Yperen N. W., "Employees' Goal Orientations, the Quality of Leader - Member Exchange, and the Outcomes of Job Performance and Job Satisfaction", *Academy of Management Journal*, Vol. 47, No. 3, 2004.

Janssen O., "Job Demands, Perceptions of Effort - Reward Fairness and Innovation Work Behavior", *Journal of occupational & Organizational Psychology*, Vol. 73, No. 3, 2000.

Janssen O., "The Joint Impact of Perceived Influence and Supervisor Supportiveness on Employee Innovative Behavior", *Journal of Occupational and Organizational Psychology*, Vol. 78, No. 4, 2005.

Jantunen A., "Knowledge - Processing Capabilities and Innovative Performance: An Empirical Study", *European Journal of Innovation Management*, Vol. 8, No. 3, 2005.

John H. , Myriam C. , "Measuring Innovative Performance: Is There an Advantage in Using Multiple Indicators?" *Research Policy*, Vol. 32, No. 8, 2003.

Julia E. H. , "Shared Leadership, Diversity, and Information Sharing in Teams", *Journal of Managerial Psychology*, Vol. 29, No. 5, 2014.

Kaiser H. F. , "An Index of Factorial Simplicity", *Psychometrika*, Vol. 39, No. 1, 1974.

Kakar A. K. , "Investigating the Prevalence and Performance Correlates of Vertical Versus Shared Leadership in Emergent Software Development Teams", *Information Systems Management*, No. 2, 2017.

Kalimullin Aydar M. , Yungblud Valery T. , Khodyreva Elena A. , "Characteristic Features of Innovation Project Management Aimed at University Human Resource Development", *International Journal of Environmental and Science Education*, Vol. 11, No. 9, 2016.

Kanter R. M. , "When a 1000 Flowers Bloom: Structural, Collective, and Social Conditions for Innovation in Organization", *Research in Organizational Behavior*, No. 10, 1988.

Kanter, "Power Failure in Management Circuit", *Harvard Business Review*, Vol. 57, No. 4, 1979.

Kenny D. , Judd C. M. , "Estimating the Nonlinear and Interactive Effects of Latent Variables", *Psychological Bulletin*, Vol. 96, 1984.

Kirkman B. L. , B. Rosen, et al. , "The Impact of Team Empowerment on Virtual Team Performance: The Moderating Role of Face – To – Face Interaction", *Academy of Management Journal*, Vol. 47, No. 2, 2004.

Kleysen F. R. , Street C. T. , "Toward a Multi – Dimensional Measure on Individual Innovative Behavior", *Journal of Intellectual Capital*, Vol. 3, No. 2, 2001.

Kozlowski S. W. J. , "Technological Innovation and Strategic HRM: Facing the Challenge of Change", *Human Resource Planning*, Vol. 10,

No. 2, 1987.

Lang J. C., Lee C. H., "Workplace Humor and Organizational Creativity", *The International Journal of Human Resource Management*, Vol. 21, No. 1, 2010.

Laursen K., Foss N. J., "New Human Resource Management Practices, Complementarities and the Impact on Innovation Performance", *Cambridge Journal of Economics*, Vol. 27, No. 2, 2003.

Leach D. J., T. D. Wall, et al., "The Effect of Empowerment on Job Knowledge: An Empirical Test Involving Operators of Complex Technology", *Journal of Occupational and Organizational Psychology*, Vol. 76, No. 1, 2003.

Leede J. D., Looise J. K., "Innovation and HRM: Towards an Integrated Framework", *Creativity and Innovation Management*, Vol. 14, No. 2, 2005.

Liden R. C., S. J. Wayne, et al., "An Examination of the Mediating Role of Psychological Empowerment on the Relations between the Job, Interpersonal Relationships, and Work Outcomes?" *Journal of Applied Psychology*, Vol. 85, No. 3, 2000.

Locke E. A., Latham G. P., "Building A Practically Useful Theory of Goal Setting and Task Motivation: A 35 – Year Odyssey", *American Psychologist*, Vol. 57, 2002.

Locke E. A., "Motivation Through Conscious Goal Setting", *Applied And Preventative Psychology*, No. 5, 1996.

Lund Vinding A., "Absorptive Capacity and Innovative Performance: A Human Capital Approach", *Economics of Innovation and New Technology*, Vol. 15, No. 45, 2006.

Luzadis R. A., Gerhardt M. W., "An Exploration of the Relationship between Ethical Orientation and Goal Orientation", *Journal of Academic and Business Ethics*, Vol. 5, No. 1, 2011.

Mackinnon D. P., Fairchild A. J., Fritz M. S., "Mediation Analysis", *Annual Review of Psychology*, Vol. 58, No. 1, 2007.

Mackinnon D. P., *Introduction to Statistical Mediation Analysis*, Routledge, 2008.

March J. G., "Exploration and Exploitation in Organizational Learning", *Organization Science*, Vol. 2, No. 1, 1991.

Marler Janet H., Parry Emma, "Human Resource Management, Strategic Involvement and E – HRM Technology", *International Journal of Human Resource Management*, Vol. 27, No. 19, 2016.

Marsh H. W., Wen Z., Hau K. T., "Structural Equation Models of Latent Interactions: Evaluation of Alternative Estimation Strategies and Indicator Construction", *Psychological Methods*, Vol. 9, No. 3, 2004.

Matthew Anita, "Human Resource Management: The Enabler of Innovation in Organizations", *BVIMR Management Edge*, Vol. 7, No. 1, 2014.

Menon S. T., "Employee Empowerment: An Integrative Psychological Approach", *Applied Psychology – An International Review – Psychologie Appliquee – Revue Internationale*, Vol. 50, No. 1, 2001.

Morgeson F. P., Derue D. S., Karam E. P., "Leadership in Teams: A Functional Approach to Understanding Leadership Structures and Processes", *Journal of Management*, Vol. 36, No. 1, 2010.

Morris M. H., Jones F., "Relationship Among Environment Turbulence, Human Resource Management and Corporate Entrepreneurship", *Journal of Business and Entrepreneurship*, No. 7, 1995.

Nieves Julia, Quintana Agustm, "Human Resource Practices and Innovation in The Hotel Industry: The Mediating Role of Human Capital", *Tourism & Hospitality Research*, Vol. 18, No. 1, 2018.

Nyberg A. J., Moliterno T. P., Hale D., et al., "Resource – Based Perspectives on Unit – Level Human Capital A Review and Integration", *Journal of Management*, Vol. 40, No. 1, 2014.

Nyberg A. J., Wright P. M., "50 Years of Human Capital Research: Assessing What We Know, Exploring Where We Go", *Academy of Man-*

agement Perspectives, Vol. 29, No. 3, 2015.

Ping R. A., "A Parsimonious Estimating Technique for Interaction and Quadratic Latent Variables", *Journal of Marketing Research*, Vol. 32, 1995.

Ployhart R. E., Nyberg A. J., Reilly G., et al., "Human Capital Is Dead; Long Live Human Capital Resources!" *Journal of Management*, Vol. 40, No. 2, 2014.

Ployhart R. E., "Strategic Organizational Behavior: The Missing Voice in the Strategic Human Capital Conversation", *Academy of Management Perspectives*, Vol. 29, No. 3, 2015.

Qiong W., Karhtyn C., "Shared Leadership and Team Creativity: A Social Network Analysis in Engineering Design Teams", *Journal of Technology Management &Innovation*, Vol. 11, No. 2, 2016.

Rogers E. M., "A Prospective and Retrospective Look at the Diffusion Model", *Journal of Health Communication*, Vol. 9, 2004.

Rogers E. M., "Diffusion of Preventive Innovations", *Addictive Behaviors*, Vol. 27, 2002.

Saris W. E., Batista - Foguet J. M., Coenders G., "Selection of Indicators for the Interaction Term in Structural Equation Models with Interaction", *Quality & Quantity*, Vol. 41, No. 1, 2007.

Scott S. G., Bruce R. A., "Determinants of Innovative Behavior: A Path Model of Individual Innovation in the Workplace", *Academy of Management Journal*, Vol. 37, No. 3, 1994.

Seibert S. E., G. Wang, et al., "Antecedents and Consequences of Psychological and Team Empowerment in Organizations: A Meta - Analytic Review", *Journal of Applied Psychology*, Vol. 96, No. 5, 2011.

Shalley C. E., Gilson L. L., Bluin T. C., "Interactive Effects of Growth Need Strength, Work Context, and Job Complexity on Self - Reported Creative Performance", *Academy of Management Journal*, Vol. 52, No. 3, 2009.

Shipton H., Sparrow P., Budhwar P., et al., "HRM and Innovation: Looking Across Levels", *Human Resource Management*, No. 2, 2017.

Siguaw Judy A., Simpson Penny A., Eng Cathy A., "Conceptualizing Innovation Orientation: A Framework for Study and Integration of Innovation Research", *Journal of Production Innovation Management*, Vol. 23, No. 6, 2006.

Simpson P. M., Siguaw J. A., Enz C. A., "Innovation Orientation Out Comes: The Good and The Bad", *Journal of Business Research*, Vol. 59, 2006.

Spreitzer G. M., C. Cooper, et al., "Taking Stock: A Review of More Than Twenty Years of Research on Empowerment at Work", *Handbook of organizational behavior*, 2008.

Spreitzer G. M., "Psychological Empowerment in the Workplace: Dimensions, Measurement, and Validation", *Academy of Management Journal*, Vol. 38, No. 5, 1995.

Spreitzer G. M., "Social Structural Characteristics of Psychological Empowerment", *Academy of Management Journal*, Vol. 39, No. 2, 1996.

Spreizer G. M., *When Organizations Dare: The Dynamics of Individual Empowerment in Workplace*, Michigan: University of Michigan, 1992.

Stock R. M., Totzauer F., Zacharias N. A., "A Closer Look at Cross – Functional R&D Cooperation for Innovativeness: Innovation – Oriented Leadership and Human Resource Practices as Driving Forces", *Journal of Product Innovation Management*, Vol. 31, No. 5, 2014.

Stock R. M., Zacharias N. A., "Patterns and Performance Outcomes of Innovation Orientation", *Journal of the Academy of Marketing Science*, Vol. 39, No. 6, 2011.

Straub D. W., "Validiting Instruments in MIS Research", *MIS Quarterly*, Vol. 13, No. 2, 1989.

Taggar S., "Individual Creativity and Group Ability to Utilize Individual Creative Resources: A Multilevel Model", *Academy of Management Journal*, Vol. 45, No. 2, 2002.

Thomas K. W., Velthouse B. A., "Cognitive Elements of Empowerment: An Interpretive Model of Intrinsic Task Motivation", *Academy of management Review*, Vol. 15, No. 4, 1990.

Trojanowski Tomasz, "Innovations in Human Resource Management through the Creation of Sustainable Staff Members", *Handel Wewnêtrzny*, No. 1, 2017.

Vaishali, "Shared Leadership and Performance in Public Sector Groups: Testing the Mediating Effects of Group Potency", *International Journal on Leadership*, No. 2, 2017.

Van Yperen N. W., Janssen O., "Feeling Fatigued and Dissatisfied or Feeling Fatigued But Satisfied? Employees' Goal Orientations and Their Responses to High Job Demands", *Academy of Management Journal*, Vol. 45, No. 6, 2002.

Vandewalle D., Cummings L. L., "A Test of the Influence of Goal Orientation on the Feedback - Seeking Process", *Journal of Applied Psychology*, Vol. 82, No. 3, 1997.

Vandewalle D., "Goal Orientation: Why Wanting to Look Successsful Doesn't Always Lead to Success", *Organizational Dynamics*, Vol. 2, 2001.

Venkatraman N., Ramanujam V., "Measurement of Business Performance on Strategy Research: A Comparison of Approaches", *Academy of Management Review*, No. 4, 1986.

Vogus T. J., Welbourne T. M., "Structuring for High Reliability: HR Practices and Mindful Processes in Reliability - Seeking Organizations", *Journal of Organizational Behavior*, No. 24, 2003.

Walsworth S., Verma A., "Globalization, Human Resource Practices And Iinnovation: Recent evidence From The Canadian Workplace And Employee Survey", *Industrial Relations: A Journal of Economy and Society*, Vol. 46, No. 2, 2007.

West M. A., Anderson N. R., "Innovation in Top Management

Teams", *Journal of Applied Psychology*, Vol. 81, 1996.

West M. A., Farr J., "Innovation at Work: Psychological Perspectives", Social Behavior, No. 4, 1989.

Woodman R. W., Sawyer J. E., Griffin R. W., "Toward a Theory of Organizational Creativity", *Academy of Management Review*, Vol. 18, No. 2, 1993.

Wright P. M., Dunford B. B., Snell S. A., "Human Resources and the Resource Based View of the Firm", *Journal of Management*, Vol. 27, 2001.

Wright P. M., Sherman S., *The Failure To Find Fit In Strategic Human Resource Management: Theoretical And Empirical Considerations Research In Personnel And Human Resources Management*, Greenwich, CT: JAI Press, 1999.

Youndt M. A., "Human Resource Management Systems, Intellectual Capital, and Organization Performance", Philadelphia: Pennsylvania State University, 1998.

Yuan F. R., Zhou J., "Effects of Cultural Power Distance on Group Creativity and Individual Group Member Creativity", *Journal of Organizational Behavior*, Vol. 36, No. 7, 2015.

Zimmerman M. A., "Taking Aim on Empowerment Research: On the Distinction between Individual and Psychological Conceptions", *American Journal of Community Psychology*, Vol. 16, 1990.